本著作的出版受到“2018 年度教育部人文社会科学基金
青年项目（项目批准号：18YJC910008）”资助

经济统计视野下的钢铁产能过剩问题研究

JINGJI TONGJI SHIYEXIA DE
GANGTIE CHANNENG GUOSHENG
WENTI YANJIU

贾帅帅 / 著

中国财经出版传媒集团
经济科学出版社
Economic Science Press

图书在版编目（CIP）数据

经济统计视野下的钢铁产能过剩问题研究/贾帅帅著．—北京：经济科学出版社，2021.6
ISBN 978－7－5218－2058－4

Ⅰ．①经…　Ⅱ．①贾…　Ⅲ．①钢铁工业－生产过剩－研究－中国　Ⅳ．①F426.31

中国版本图书馆 CIP 数据核字（2020）第 223035 号

责任编辑：王柳松
责任校对：王肖楠
责任印制：王世伟

经济统计视野下的钢铁产能过剩问题研究
贾帅帅/著
经济科学出版社出版、发行　新华书店经销
社址：北京市海淀区阜成路甲 28 号　邮编：100142
总编部电话：010－88191217　发行部电话：010－88191522
网址：www.esp.com.cn
电子邮箱：esp@esp.com.cn
天猫网店：经济科学出版社旗舰店
网址：http://jjkxcbs.tmall.com
北京季蜂印刷有限公司印装
710×1000　16 开　14 印张　200000 字
2021 年 6 月第 1 版　2021 年 6 月第 1 次印刷
ISBN 978－7－5218－2058－4　定价：58.00 元
（图书出现印装问题，本社负责调换。电话：010－88191510）

前　言

2003～2015年，国家密集出台了大量治理钢铁等行业产能过剩的相关政策，但相关行业生产能力反而持续增长且并未出现明显的库存积压，这一现象令人关注。中国钢铁等行业产能过剩的持续论断和投资持续增长的经济现实，需要更合理的分析予以解释。本书立足于经济统计分析视角，对此问题给出合理分析框架与可靠佐证依据。

既有研究文献更多地从过度投资、政府干预等角度阐释诱发产能过剩的原因，但并不能对其久治不愈的现象给出合理说明。本书关注中国钢铁等行业面临的市场需求迅速增长与落后产能持续淘汰的现实，基于与既有主流研究不同的视角对工业行业产能过剩问题进行解释。基于动态分析视角发现，中国钢铁等行业的产能过剩问题并没有媒体与部分学者所说的那么严重，需求持续增长是钢铁产能快速扩张的根本原因。支撑钢铁行业消费扩张的因素并未完全消失，中国钢铁行业所面临的产能过剩会随着宏观经济条件的改变而缓解、消除甚至逆转。

本书主要基于经济统计视野讨论三个问题：如何认识中国钢铁产能过剩问题；如何解释中国钢铁产能过剩"久治不愈"的现象；如何化解中国钢铁产能过剩。

通过对统计部门大规模常规调查数据的分析可以发现，2012～2015年，钢铁行业才进入产能利用率低于80%的阶段，之前年份并未产能过剩。从企业调查法得到的产能利用率数据来看，中国钢铁产能过剩应该是阶段性过剩而非长期产能过剩。经济统计视野下的基础数据核算是开展很多宏观问题研究的前提，对于钢铁产能过剩问题的研究同样适用于这一原则。

第1章，介绍本章的研究背景等信息。第2章通过对产能过剩一般性问题的总结以及对中国产能过剩问题的特殊性与研究困境的介绍，循序渐进地为第3章的研究内容奠定了基础。第3章是通过一个新的产能过剩表述模型和一个新的产能过剩分类标准，给出关于中国工业产能过剩问题的一个新的解释框架。本书在对现有产能过剩表述模型局限性以及中国国情与西方发达国家国情差异性分析的基础上，提出了改进现有产能过剩表述模型，以纳入需求变动、落后产能淘汰等因素。在新的产能过剩表述模型基础上，本书进一步地提出将产能过剩分为绝对性产能过剩与相对性产能过剩、将相对性产能过剩划分为周期性产能过剩、短板性产能过剩与局部性产能过剩的观点。新的产能过剩表述模型与新的产能过剩分类标准是笔者与徐滇庆教授共同提出的创新理论，对于理解中国工业行业产能过剩问题具有较强的实用价值，相关内容也是本书最大的贡献所在。本书后续章节是以此为基础展开的，也是为证实相应创新理论而服务的。研究初期，部分专家在成果评定环节建议补充有关产能利用率计算方法的梳理与比对，笔者曾部分采纳相应观点。笔者坚信本书中对相关计算方法的述评是具有合理性和可信性的，故而为了体现自身研究逻辑的合理性而在本书中未赘述相关的计算方法。

第4章从企业经营绩效、产品价格、行业投资等角度开展分析，检验有关中国钢铁行业产能过剩始于2012年的结论是否成立。研究发现，2003~2007年钢铁行业形势大好，2011年及之前年份也未出现产能过剩迹象，自2012年起，钢铁企业经营业绩显著下滑，钢材价格持续走低，行业投资水平回落，因而可以支撑有关“中国钢铁行业产能过剩始于2012年”的结论。本章从微观视野开展的经济统计分析，提高了研究结论的可靠性，使得钢铁供求关系的变化态势清晰可见。

第5章通过对钢铁行业与房地产行业关联性的分析，考察房地产开发对钢铁行业的拉动作用以及房地产宏观调控对钢铁行业的影响。研究发现，房地产市场景气状况会对钢铁行业生产活动与投资活动造成密切影响，从紧的房地产宏观调控政策使得钢铁消费需求增速放缓甚至下降，是客观上造成钢铁行业供求失衡以至产能过剩的关键因素。本章从产业关联角度开展的经济统计分析，使得钢铁供求关系的波动机制一目了然。

第 6 章在总结全球 16 个主要钢铁工业大国历史经验的基础上，考察了钢材需求影响因素及钢铁工业发展规律，对中国钢铁工业的发展前景予以评估，预测了 2020 年的中国钢铁生产总规模。本章从横向视野开展的经济统计分析提高了研究结论的可信度，使得钢铁需求的长期走势一望而知。

第 7 章从改善房地产供求关系、推进城镇化进程、推进房地产供给侧结构性改革等角度，说明加大公租房建设的必要性。从资金保障、土地供应与基础材料供给等角度说明了加大公租房建设的可行性，从国民经济核算角度说明了政府部门在推动公租房建设中的角色定位问题，从经济、社会等多个角度说明了加大公租房建设的重要意义。通过前述分析，可以认为加大公租房建设能够有力地推动当前的钢铁产能过剩问题的化解。

第 8 章考察了借助国际市场化解中国钢铁行业供求失衡的可行性。国际贸易可以使钢材出口国与钢材进口国发挥比较优势，共享贸易红利，积极开拓国际市场有助于化解国内钢铁行业产能过剩。在发达国家市场“存量竞争”形势不容乐观之际，积极开发发展中国家钢材需求潜力是务实之举。

第 9 章分为研究逻辑总结、研究结论、研究展望三部分。

总而言之，在综合考虑中国钢铁行业经营绩效、各国钢铁行业发展规律以及中国钢铁行业需求潜力的基础上，我们认为在 2011 年以前中国钢铁行业不存在真正的产能过剩。经济增速放缓带来的需求不振引发了 2012 ~2015 年间的暂时性产能过剩。在通过完善公租房保障体系以提振内需、通过国际产能合作以拉动外部需求、推进落后产能淘汰以降低钢铁产能的基础上，有望尽快实现供需平衡，走出产能过剩困境。

贾帅帅

2020 年 3 月

目　录

第1章 绪 论

1.1 研究背景与选题意义

1.1.1 研究背景

2015年12月18日至21日，中央经济工作会议在北京举行。会议认为，一方面，中国经济发展基本面是好的，潜力大，韧性强，回旋余地大；另一方面，也面临着许多困难和挑战，特别是结构性产能过剩严重。会议指出，引领经济发展新常态，要努力实现多方面工作重点转变。推动经济发展，要更加注重提高发展质量和效益。稳定经济增长，要更加注重供给侧结构性改革。会议指出，实行宏观政策要稳、产业政策要准、微观政策要活、改革政策要实、社会政策要托底的总体思路。会议指出，着力加强结构性改革，在适度扩大总需求的同时，去产能、去库存、去杠杆、降成本、补短板，提高供给体系质量和效率，提高投资有效性。①

正如2015年中央经济工作会议所言，去产能、去库存、去杠杆、降成本与补短板是当时经济社会发展的关键任务，钢铁等行业化解产能过

---

① http：//www. gov. cn/xinwen/2015 -12/21/content_ 5026332. htm.

剩问题与房地产行业去库存问题，是当时中国宏观经济管理的当务之急。①

2003 年以来，治理钢铁等行业存在的产能过剩问题成为中国宏观经济管理中的一项重要议程，很多配套政策陆续出台，“关、停、并、转”等化解产能过剩的措施不断实施。但值得注意的是，2003 ~ 2015 年间中国钢铁生产量持续、高速增长，钢铁行业逆宏观调控而不断扩张，政府调控目标的制定与市场行为出现了极大的反差。2003 年，中国粗钢产量为 2.22 亿吨，2014 年为 8.23 亿吨；2003 ~ 2014 年，中国粗钢产量增长了 2.71 倍。② 产能过剩治理问题多年来未能根治、钢铁行业产能持续增长的客观现实令人深思。

本书将以对中国钢铁行业产能过剩问题的研究为线索，在对已有研究文献的理论反思、对相关理论实证检验的基础上，解释中国钢铁行业产能持续扩张的现象，分析历年钢铁行业产能过剩问题的真实状态，并探讨化解钢铁行业产能过剩的可能途径。

房地产业是钢铁行业重要的下游产业，多年来，中国房地产业宏观调控政策频出，房地产市场景气状况持续波动，对钢铁行业产生了直接的显著影响。对于钢铁产能过剩及其治理问题的研究，绕不开对房地产问题的分析，因而，本书将对此有所涉及。

1.1.2 研究意义

中国钢铁产能过剩颇为耐人寻味，有关中国钢铁行业是否一直产能

---

① 钢铁行业不属于标准的国民经济行业分类，钢铁行业的统计口径为黑色金属冶炼及压延加工业。按《国民经济行业分类》（GB/T4754 - 2011），黑色金属冶炼及压延加工业包括炼铁、炼钢、钢压延加工和铁合金冶炼四个中类行业。按统计制度规定，凡主要业务属于这些中类行业的企业，均划归黑色金属冶炼及压延加工业。在管理和统计上，通常将铁合金归入钢铁生产主要原材料而非钢铁产品，因此，在统计上，钢铁产品仅包括生铁、粗钢、钢材三大类产品。本书按此标准开展分析。

② 钢铁是人类生活中不可或缺的重要原材料。尽管多年来一直存在有关中国乃至全球钢铁产能过剩的论调，但是，中国以及全球钢铁产能总体保持增长态势。2020 年，全球粗钢产量达到创纪录的 18.78 亿吨。中国 2019 年、2020 年粗钢产量也分别达到 9.95 亿吨和 10.65 亿吨，处于高位增长态势。相关数据均来源于世界钢铁协会发布的《钢铁统计年鉴》。

过剩、产业部门为何逆宏观调控而持续加大产能、地方政府在钢铁产能过剩问题上发挥何种作用、如何化解钢铁行业产能过剩难题、如何通过翔实的统计数据与可靠的计量分析对不同理论假设予以验证与甄别等问题，都需要深刻思考。

钢铁行业辐射面广、关联性强，在国民经济体系中具有基础性的关键地位。钢铁行业产能过剩会造成资源浪费，加大能源供应紧张、加剧环境污染，但并不能有效提高社会福利。同时，在产能过剩严重的情况下，有限的市场需求必然引致激烈的价格战、削弱企业的盈利能力与研发投资能力，限制行业发展。此外，考虑到钢铁行业既是资本密集型行业又吸收了大量就业，则严重的钢铁产能过剩还蕴含着一定金融风险并有可能恶化就业环境。

如何认识（准确评估）中国钢铁行业产能过剩问题，[①] 如何解释中国钢铁行业产能过剩久治不愈的现象，如何化解钢铁产能过剩，对这三个问题的研究与诠释具有关键的意义，有利于国民经济结构转型升级，提高资源利用效率，也有利于经济社会持久、健康发展。

1.2　研究内容与结构安排

如前所述，本书主要讨论三个问题：如何认识中国钢铁行业产能过剩问题；如何解释中国钢铁行业产能过剩久治不愈的现象；如何化解钢铁行业产能过剩。

整体而言，除第 1 章绪论与第 9 章研究总结外，本书按照逻辑顺序共分为四大部分，如图 1 - 1 所示。

首先，第 2 章通过文献梳理指出当前中国钢铁行业产能过剩问题研究的局限性与研究悖论；第 3 章提出产能过剩研究的一个新架构，在对于

① 本处所提到的如何认识中国钢铁行业产能过剩，实际上就是评估历年来钢铁行业生产能力、产出与市场需求之间的供求关系，产能利用率如何变动可以用“How to evaluate it”表述。

文献进行反思的基础上，对现有产能过剩表述模型进行更新并提出与之相契合的产能过剩分类标准，初步提出一个能够解释当前中国钢铁行业产能过剩诱发根源及多项研究悖论的理论框架，以作为后文研究的假设。

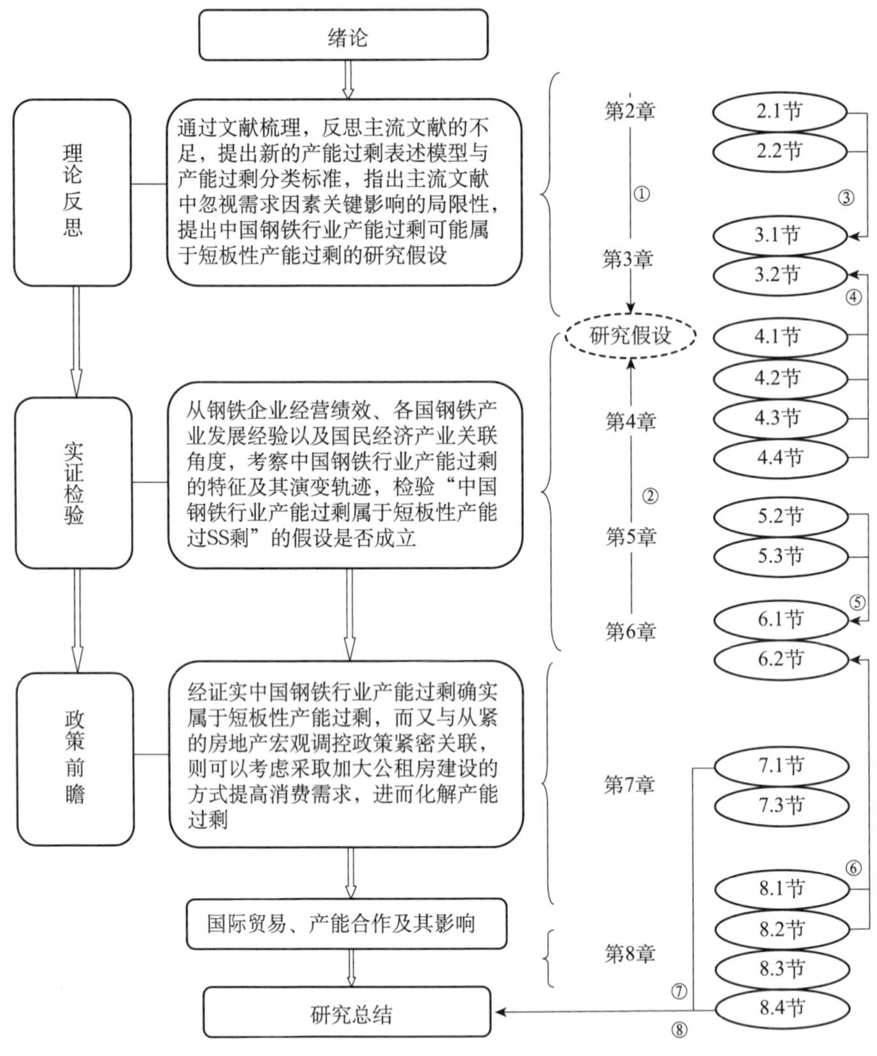

图 1－1　全书研究路线

注：每章研究总结未放进来。

其次，第 4 ~6 章分别通过对历年钢铁行业实际经营状况、钢铁行业与国民经济（尤其是房地产业）的行业关联性及钢铁行业国际发展经验的考察，从会计学、计量经济学和统计学等角度通过实证分析全面检验第 3 章所提理论框架与研究假设的合理性。

再次，第 7 章从多个角度论证通过大力建设公租房，开展房地产市场供给侧结构性改革的必要性与可行性、加大公租房建设的经济社会影响，并对公租房的经济属性、政府部门的角色问题、资金来源与运作方案等相关问题予以讨论。

最后，第 8 章结合当前颇具共识的、通过国际产能合作化解国内钢铁产能过剩的思路，论证国际贸易与国际产能合作对中国钢铁行业的影响，并在此基础上，探讨通过国际产能合作化解中国钢铁产能过剩问题的潜力以及中国钢铁行业的长期发展战略。

图 1 –1 既是全书研究框架图，也是全书逻辑关系图。图 1 –1 中既列示了全书的总体逻辑，也详细阐述了章节间的逻辑关系（图中以带圈的数字标示了全书章节间的 8 条主要脉络关系），有关章节逻辑关系的问题将在第 9 章进一步论述。

1.3　主要研究方法

钢铁产能过剩问题是当前宏观经济管理面临的重大课题，既涉及钢铁行业本身，又关系其上下游的煤炭及炼焦、房地产、工业制造等行业；既涉及国内消费需求，又关系到国际贸易与国际产能合作，需要置于国民经济整体视角予以分析、研究。为了对这个复杂问题展开分析研究，本书除了采用基本的统计分析方法外，还大量借鉴了会计学、计量经济学领域的分析方法。

本书所使用的统计学方法，包括分组分析、相关系数分析、同比指数与环比指数及算术平均数与几何平均数的对比分析，这些基本的统计方法理论基础相对简单，但是，朴素的分析方法却可以展示强大的生命力，为全书研究的顺利推进提供了可靠支撑。此外，本书还积极借鉴国民账户体系（SNA）有关变更交易流程、区分消费与投资、区分经济所有权与法定所有权、区分最终消费支出与实际最终消费、区分社会救济福利与实物形式的社会保障福利等方面的论述用于分析研究。尤其值得一提的是，本书借助 Python 网络爬虫等大数据技术开展房地产价格采集并用于价格指数分析取得了较好的效果，对于佐证当前房地产价格统计领域的局限性有一定参考价值。

本书所借鉴的会计学分析方法，包括对钢铁行业销售利润率与资产利用率等经营绩效分析指标的考察，尤其对钢铁行业总资产贡献率的分析，验证了钢铁行业对国民经济的重要贡献，证实了部分研究关于钢铁行业产能过剩问题的研究假设与推理。

本书所使用的计量经济学分析方法包括面板数据模型、带虚拟变量的回归模型、向量自回归模型（VAR）、向量误差修正模型（VECM）、状态空间模型（SPM）、时变参数模型（TVPM）、龚伯兹（Gompertz）曲线拟合等。其中，面板数据模型用于考察六国人均钢材生产量及其拐点的影响因素以及不同口径下六国钢铁消费模式的分析；带虚拟变量的回归模型，用于考察钢材价格走势的影响因素；向量自回归模型用于考察国内钢材价格与进出口价格之间的关联关系；向量误差修正模型用于考察国内钢材价格与进口钢材价格及出口钢材价格的均衡关系，以及房地产开发活动与钢材生产之间的均衡关系；状态空间模型和时变参数模型用于考察基础设施建设、房地产开发等对钢材生产的弹性系数变动情况。龚伯兹曲线用于拟合分析日本人均粗钢产量走势曲线以及中国人均钢铁需求量随人均 GDP 变动的曲线，以描述两国钢铁行业发展的轨迹。

此外，本书还借鉴微观经济学有关价格歧视与激励相容原理的分析，考察了有效区分公租房市场与商品房市场的运行策略问题。

由于本书的主要目的是基于经济统计视野分析中国钢铁行业产能过剩困境的诱发机制并据此探求妥善地化解方略，因此，对前述方法理论基础的介绍较为粗略，相关问题可以参阅有关的专业书籍，本书不予赘述。

1.4　研究创新点、研究局限性与进一步扩展方向

1.4.1　研究创新点

有关产能过剩及钢铁行业产能过剩分析的研究文献汗牛充栋，本书在总结与梳理主流文献研究方法、研究假设与研究结论的基础上，开展独立的分析研究，对相关问题的阐述略有创新，先罗列如下。

1. 本书建立了一个新的中国工业行业产能过剩问题研究架构。综合考虑中国消费需求快速增长与持续淘汰落后产能两项与西方发达国家不同的市场运行条件，对中国钢铁产能过剩治理问题给出较合理的解释。

如前所述，一些国内学者不仅认为 2003 ~ 2015 年间钢铁行业持久产能过剩，还将钢铁企业及一些地方政府的盲目投资视为导致中国钢铁行业产能过剩的根本原因。本书明确指出，中国存在市场需求持续、快速增长以及落后产能大规模淘汰两项与西方发达国家不同的经济特征，指出产能过剩评估需要依据供需之间的相对关系来下定论，产能过剩不等同于盲目投资。本书建立了一个综合考虑新增投资、新增需求以及落后产能淘汰的产能过剩分析框架，解释了 2003 ~ 2011 年中国钢铁行业产能爆发式增长而未出现明显产能过剩的缘由。

2. 本书提出了新的产能过剩分类标准。2012 ~ 2015 年间，经济增速放缓、房地产宏观调控等客观环境造成需求增速放缓导致的需求短板，是造成钢铁行业供求失衡乃至产能过剩的根本原因。投资旺盛是产能过剩的必要条件，但非充分条件。

产能过剩状态的评估应综合权衡供需情况，因而可以因供需具体情形将产能过剩分为绝对性产能过剩与相对性产能过剩。若市场生产能力

已经超过市场需求峰值水平，则属于绝对性产能过剩，理性的化解方案只能是逐步降低产能以避免资源浪费；若相关行业在特定条件下确已呈现产能过剩，但随着国民经济产业结构的调整等客观条件变化又可能转为产能不过剩，可以称为相对性产能过剩。

本书结合中国钢铁、水泥、平板玻璃、电解铝与造船五大重点产能过剩行业，将相对性产能过剩划分为短板性产能过剩、局部性产能过剩与周期性产能过剩。对于钢铁、水泥与平板玻璃等受短板行业需求疲软因素影响造成产能过剩的情形，归结为短板性产能过剩；对于电解铝等因资源分布不均衡、产品成本不一、存在区域竞争优势而造成局部地区产能过剩的情形，归结为局部性产能过剩。

房地产业虽然并非最主要的钢铁消费渠道，但却是数个主要的钢材消费渠道中波动性最大的一个，其景气状况对钢铁行业供求均衡性的影响非常显著。钢铁行业从投资到形成产能需要数年，在乐观市场预期情况下企业持续追加投资，当新投产产能失去充裕的市场需求支撑时，便会造成供求失衡甚至产能过剩。

3. 本书认为，房地产统计领域的一些统计方法存在改进空间，中国房地产市场长期需求潜力巨大。

本书认为，现行的房地产价格指数编制方案并不能充分反映高速城镇化带来的级差影响，低估了房价涨幅；从国民经济核算的角度，依据房地产属于固定资产、房屋购买属于投资的属性，提出居民购房行为与储蓄直接关联而非与收入直接关联，因而房价储蓄比较之房价收入比更能准确反映居民购房能力，更能显示居民群体间购房能力的差异。本书认为，经济学意义上由购买力支撑的房地产需求并不等同于完全由居民支付能力支撑的房地产需求，政府有责任为低收入者提供基本的住房保障，这一由政府为低收入者提供的公共租赁住房（公租房）服务属于实物形态的社会福利。

综上所述，本书认为，当前[①]房地产统计领域存在低估房价涨幅、高估居民购房能力、低估居民购房能力的不均衡性以及低估房地产需求总量等方面的偏差，对于房地产市场供给形势的判断过于乐观，适时地加大公租房建设蕴含着巨大的钢材消费需求。

4. 本书提出通过加大公租房建设来实现商品房市场与公租房市场有效区分，以开展房地产供给侧结构性改革的思路。

当前，中国房地产市场既存在总量问题，又存在结构问题，结构问题是关键。当前的房地产库存积压是多年积累的问题，且相对于不断增大的年度销售总量与海量的潜在市场需求而言并非不可控。中国当前呈现出大中型城市房价涨幅过快与三四线城市库存高企并存的局面，房地产市场分化严重，结构性失衡问题是当前我国房地产市场面临的重大课题。

本书认为，中国当前房地产市场存在供求区域结构失衡、供求属性结构失衡等问题，应该通过集中资源加大流动人口密集地区的公租房建设的方式开展房地产市场供给侧结构性改革。通过在市场需求旺盛的地区加大公租房建设力度，可以缓解相关地区住房供应紧张尤其是公租房供应紧张的形势；通过将资源更多地投入需求旺盛地区的公租房建设，可以使库存高企地区逐步自行化解房地产库存。依据第 7 章分析可以看出，在合理的制度设计基础上，完全可以实现对公租房市场与商品房市场的有效分割；在逐步完善公租房保障体系的基础上，有望实现对商品房市场宏观调控的松绑，最终实现公租房市场与商品房市场的共同发展，将中国房地产市场住房保障水平推到新的高度。

5. 本书从财政、核算与经济学等多个视角研究了公租房建设的相关问题，尤其基于国民经济核算视角对公租房经济属性的分析有一定学术价值。

本书通过对当前房地产市场一些核算偏差的分析，认为现行房地产统计体系对房地产市场的评估过于乐观，应该通过财政手段为低收入群

① 在本书中大多数“当前”都指 2015 年。

体提供适度的住房保障；本书通过对当前大中城市、经济发达地区住房价格涨幅过快而三四线城市库存高企，以及主要依靠市场提供商品房并不能全面满足各层次居民消费需求的现实，提出应该加大住房需求旺盛地区的公租房建设，以开展房地产市场供给侧结构性改革，理顺供求关系、满足市场需求。

基于国民账户体系2008（SNA2008）的相关论述与规定，本书认为，具有社会保障性质的公租房是一种实物社会转移。这一认定，对于认清公租房必须立足保基本的低标准、必须由政府主导建设以及必须优先满足最困难人群等基本特征具有关键意义。

6. 本书考察了国际钢铁贸易与国际钢铁产能合作对中国钢铁行业的可能影响并提出储备性的政策建议。

本书通过对国际钢铁贸易及国际产能合作的分析研究，认为积极开拓国际市场是化解国内产能过剩的重要措施之一，尤其在短期内具有一定可行性；但是，考虑到中国钢铁消费结构中仅有10%左右用于钢铁贸易的特征以及中国钢铁产量占据全球钢铁产业一半的格局，化解钢铁产能过剩主要还得依靠拉动内需。城镇化是扩大居民消费的必由之路、加大公租房建设是可行方略之一。从中长期来看，中国应该更多地依靠国际市场满足国内钢材消费需求，而非依靠国际市场消化国内钢铁产能，转变经济增长方式、加快经济结构调整势在必行。

党的十八届五中全会通过的《中共中央关于制定国民经济和社会发展第十三个五年规划的建议》提出，要重点围绕国家重大战略需求，开展前瞻性、针对性、储备性政策研究。① 前述有关建议虽并不完全针对当下形势，但有一定的前瞻性与储备性。

1.4.2 研究局限性

宏观经济问题往往受到纷繁复杂的多种因素综合影响，经济学家们

① http://www.gov.cn/xinwen/2015-11/03/content_5004093.htm.

历来在诸多关键而基本的宏观经济问题上存在显著争议。经济现象具有不可重复性，不能通过大规模的实验予以验证，经济学家只能在已知范围内试图对经济现象给出较合理的解释，而这几乎又不可避免地造成了诸多几乎对立观点并存的现象。本书也面临这样的问题，因而尽管在追求客观真理，但先力图对中国钢铁行业产能过剩问题“持续十余年而未根治”的现象给出一个能够自圆其说的解释。

作为一个转型中的发展中大国，中国具有人均消费基数低、增速快、消费总量规模可观等特征。本书认为，快速增长的市场需求是中国钢铁行业持续追加投资的客观逻辑，指出中国大规模淘汰落后产能的举动与主要发达国家及发展中国家均不相同。本书认为，从紧的房地产宏观调控政策客观上使得房地产开发力度受到抑制，2012～2015 年间，房地产市场出现的绝对性下滑对于钢铁行业有较大冲击。中国城镇化水平仍有望提高，已有城镇化成果尚需通过加快户籍人口城镇化予以巩固，进一步推进并深化城镇化进程仍将带来可观的钢铁消费需求。上述分析都有一定的逻辑合理性，但是，经济运行的规则是否确实如此，既无法证实，亦无法证伪，目前，仅停留在对历史数据的检验层次上。相关问题是宏观经济研究所面临的共性难题，本书也不可避免地存在上述问题。

受客观数据不足与自身学识的限制，有关钢铁行业运行状态的分析以及钢铁行业与国民经济的关联性分析尚不够深入。在对各国钢铁生产规律与消费规律的把握上，本书出于提高对历史数据解释能力的考虑，将经济增长因素、城镇化因素和工业化因素共同纳入分析模型；在对中国未来数年钢材消费总量的把握上，出于降低预测风险的考虑，本书仅依据对中国经济增长水平的估算来推测相应的钢材消费总规模。在逻辑上，前述假定都有其合理性，也有其必要性，但是，如何加强钢铁使用部门间的协调一致性，有待探讨。

此外，由于数据可得性的限制以及心理因素对居民消费行为与投资行为的影响，本书并不能准确地评估每一项房地产宏观调控政策对房地产行业以及钢铁行业的影响，而只能借助计量经济方法从统计上获得一定的信息，而这些信息是经过平均化处理的，是综合各项因素影响的总结果，并非与所期待的统计指标完全一致。与此类似，本书中有关计量经济分析结果的准确性与可靠性并不能得到充分保证，相关分析有何风险，风险有多大，都是未知数。

本书虽然提到了通过公租房建设开展房地产市场供给侧结构性改革，但并不能准确评估应该在何时、何地开展何等规模的公租房服务，也未就如何发行公租房专项债券筹资、如何对公租房合理地分配提供可行的方案，这都有待进一步分析研究。

1.4.3 进一步扩展方向

本书在开展钢铁行业与国民经济尤其是房地产业关联性分析时，更多地采用相对简单的计量经济分析手段、较粗浅的投入产出分析手段，鉴于数据可得性的限制而并未采用复杂的投入产出分析或可计算一般均衡（CGE）模型等更权威的分析手段开展研究。待客观条件得以满足，有必要采用相关方法开展分析研究，以提高研究结论的准确性与可靠性。

如前所述，本书并未就公租房专项债券的发行细则、公租房建设与运营的各项细则开展深入分析。若相关的政策建议能够部分被采纳，则这些技术性的问题有待进一步研究。

当前①，各级政府正在积极采取各项措施化解钢铁产能过剩、化解房地产库存，但相关的措施与本书所提出的政策建议并不完全一致。如何在现有政策基础上提出有针对性的完善措施，也是努力方向。

本书虽然先建立了一个针对中国工业行业“产能过剩”悖论与投资扩张之谜的解释模型，在此基础上重点以中国钢铁行业的数据对这一模型所得出的“2012～2015 年间中国钢铁行业所面对的产能过剩问题属于因经济增速放缓、房地产宏观调控等因素带来的需求不振而引发的短板性产能过剩”的结论进行检验，并在此基础上探究化解钢铁行业短板性

① 当前在本页指 2015 年。

产能过剩的方略。实际上，本书最初所建立的分析模型对于水泥、电解铝、造船（抑或是煤炭等本书未重点提及的）等行业具有同样的适用性。本书所提及的电解铝行业属于因区域电力成本差异导致的局部性产能过剩等结论，有待进一步检验与分析。

第 2 章　文献综述与研究反思①

2.1　产能过剩问题研究总结

2.1.1　产能过剩概念辨析

虽然产能的概念常常见诸经济分析中，但是，对这一概念的准确理论表述却很少受到关注，产能的概念往往是不言而喻的（Klein，1960）。产能过剩的概念建立在对产能的把握基础上，尤其与完全产能的概念密切相关。张伯伦定义了完全产能（full capacity）的概念，认为在给定资本存量和要素投入价格的情况下，企业长期平均成本曲线最低点所对应的产出水平是企业希望长期保持的产出水平，即为完全产能（Chamberlin，1947）。这一概念从微观经济学角度提出了产能的界定方式，获得了广泛认可（Hickman，1957；Johansen，1968；Berndt and Morrison，1981）。但这一理论概念需要对成本函数有所把握才能实现，因而，也被认为存在较大的缺陷（H. Demsetz，1959）。有研究从工程学角度对完全产能的概念进行了重新界定，认为可以将完全产能视为在现有设备正常运转条件下配合轮班制而实现的产出（A. Smithies，1957）。工程学意义

① 注：本章内容以《中国钢铁行业产能过剩研究悖论与理论反思》为题发表于 2017 年第 4 期《产业组织评论》（CSSCI）。

上的产能是指，特定时期内最大的可持续生产产出；而经济学意义上的产能则是，在给定厂房和设备的前提下期望的产出水平，通常在经济分析中所提到的产能是指，经济学意义上的产能。一般地，当垄断竞争行业或不完全竞争行业的企业生产设备开工率低于完全产能所对应的平均成本曲线的最低点时，即认为存在产能过剩。过剩产能常被表述为实际生产能力超过市场需求的部分（Chamberlin，1933；Cassels，1937）。也有文献将企业实际产出与完全产能之比称为产能利用率，并以产能利用率作为评判产能过剩与否的标准（Ross，1959；Kirkley，2002）。

张林（2016）总结了国内学者对产能过剩的界定，认为大体上可以归为微观层面、中观层面与宏观层面三类，实际产出低于产能产出达到一定程度时所形成的生产能力过剩即为微观层面产能过剩；在一定时期内，某行业实际产出低于行业产能产出并达到一定程度则称为中观层面产能过剩；而社会经济活动没有达到正常产出水平、导致生产要素闲置的现象称为宏观层面产能过剩（见表2－1）。本书在其基础上进行了一定补充，但必须指出的是，这一分类方式尽管有利于呈现各方观点，却难以避免分类错误的风险。

表2－1　　已有文献在三个层面上对产能过剩概念的定义

层面	代表性文献	不同文献中产能过剩的定义
微观层面	张晓晶（2006）	企业将资本边际收益维持在边际成本水平之上时所出现的产能过剩
	卢锋（2010）	发生在工业部门的闲置富余产能超过某种合理界限，伴随价格下降和利润减少以至持续亏损的现象，是特定产品和特定部门的微观经济现象
	曹建海和江飞涛（2010）	企业提供的生产能力和服务能力超出了均衡价格下的市场需求
	钟春平和潘黎（2014）	企业实际产出大于市场需求的程度超过了正常期望水平的状态
	胡荣涛（2016）	实质上是某些行业或企业按照既定技术水平和现有生产能力所提供的供给量超出了市场的需求量，从而形成闲置生产能力的现象

续表

层面	代表性文献	不同文献中产能过剩的定义
中观层面	周劲（2007）	在一定时期内某行业的实际产出低于产能产出的程度超过了行业正常水平范围时便出现了产能过剩问题
	窦彬和汤国生（2009）	一定时期内某行业的实际产出在一定程度上低于该行业的生产能力
	林毅夫等（2010）	由于信息不完全导致行业投资潮涌所引起的产能利用率低下的现象
	高越青（2015）	一般地，行业出现如下症状时，可以认定出现了产能过剩：行业产品库存持续上升，销售出现停滞；生产设备大量闲置，开工率大幅下滑；产品价格低于成本线，出现恶性竞争；行业大面积亏损，大量企业亏损甚至破产倒闭；出口不计成本，频繁出现国际贸易摩擦
宏观层面	张晓晶（2006）	经济活动没有达到潜在产出水平，从而存在着资源未充分利用
	周劲和付宝宗（2011）	当产能富余超过一定限度，并导致其对经济社会发展产生的负效应大于正效应时便出现产能过剩
	刘航和孙早（2014）	预先投入的生产能力超出了均衡产量所需，从而导致生产要素闲置的现象
	钟洪亮（2015）	产能过剩、重复建设、过度投资与过度竞争并没有本质区别，结合政策文本来看，并不是指市场经济周期波动中暂时的产能超越，而是强调我国社会主义市场经济建设过程中生产能力超过市场需求负荷的经济形态
	袁捷敏（2015）	产能过剩是指，产能利用率过低，低到其造成的负面影响超过正面影响，对企业生产、经济运行乃至居民生活产生全局性负面影响的情形

资料来源：笔者在张林．中国式产能过剩问题研究综述［J］．经济学动态，2016（9）：90－100基础上进行了补充。

实际上，受到统计信息局限性的影响，国际上较少关注产能过剩问题，而更多地以产能利用率作为研究对象观察其变化动态。国内学者在基本概念的把握上基本上沿袭了国外学者有关完全产能概念与产能过剩概念的表述。

2.1.2 产能过剩成因研究总结

国外学者更多地将产能过剩视为经济周期性波动中的常态，对其成因研究较少，主要有要素窖藏理论（factor hoarding behavior hypothesis）和企业策略性竞争行为（strategic competitive behavior）理论等。

宏观经济形势具有不确定性，而厂商的投资决策具有跨期特征；为减少因宏观经济波动与厂商预期不一致而造成的订单损失，厂商往往以一定的闲置要素投入应对市场需求的不确定性，这一现象称为要素窖藏；生产能力的过剩状态是理性厂商应对未来经济不确定性的理性选择。

厂商的策略性竞争行为也是造成产能过剩的可能原因之一。为应对潜在竞争对手的进入威胁，在位厂商可能利用过剩产能构筑行业壁垒，使得潜在竞争对手面临无利可图的风险而放弃进入，从而维持其（相对）垄断地位（Wender，1971；Spence，1977）；同时，厂商也会选择以过剩生产能力向客户和合作伙伴显示实力（植草益，2000）。

钟洪亮（2015）认为，有关产能过剩形成机理的研究，可以分为从消费能力稀缺探讨产能过剩、从体制机制和政策阐述产能过剩、从市场组织机构认识产能过剩以及从企业行为模式解释产能过剩四种类型。

在外文文献中，詹姆斯·梅特兰（James Maitland，1984）指出，产能过剩危机是由于储蓄减少导致消费、生产和预期收入的系统性收缩时，实际生产并没有减少反而逆向增长时出现的经济形态。西斯蒙第（Sismondi，1819）则认为，收入分配制度导致财产资源集中于少数人将使市场中规模庞大的消费群体的有效消费能力严重匮乏，引发贡献匹配性错位，进而爆发规模性产能过剩。艾伯特·阿夫塔里昂（Albert Aftalion，1913）提出，市场供给增加的同时，需求却没有协同增加，最终使得资本品创建受到过度刺激，从而引发产能过剩，钟洪亮（2015）认为，凯恩斯的消费倾向分析工具也提出了类似观点。贝恩（Bain，1959）提出过度竞争的概念，认为在部分低集中度的产业中存在持续性过度供给或过剩生产能力且经济绩效比较差的情形，并将其定义为过度竞争。

中文文献将过度竞争的概念论述为低集中度的市场结构会导致重复建设、过度竞争。在相关研究中，往往通过比较不同经济体的企业规模与集中度，来判定相关产业是否达到最佳生产规模或是否存在过度竞争与重复建设，低集中度的市场结构也被作为重复建设的重要表现与评判标准。一些研究认为，松散的寡头型市场结构是最优市场结构，具有最优的市场效率；低集中度会造成企业规模过小，以至于不能达到规模经济，因而被认为是对前述最优市场结构的偏离。低集中度是重复建设的重要表现，也是过度竞争的重要原因。但是，江小涓（1996）认为，不能简单地套用发达国家最优生产规模标准，评估中国在改革开放初期众多产业高速发展的特殊情况。江飞涛和曹建海（2009）认为，以有效竞争理论和最佳竞争强度理论为依据来说明低集中度会导致过度竞争的观点存在根本性缺陷，将市场结构与市场结果简单对应是不合适的，这一处理缺乏严谨的理论基础。

也有研究认为，低进入壁垒和高退出壁垒的结构特征，会导致重复建设。地方保护主义带来的融资渠道多样化、融资成本降低的便利使得企业进入壁垒降低，同时出于维持就业与税收等因素的考虑，一些地方政府会阻止企业退出或破产，形成较高的退出壁垒。低进入壁垒与高退出壁垒，必然导致过度竞争。江飞涛和曹建海（2009）认为，不应该简单地将进入壁垒与退出壁垒割裂开来分析，退出壁垒是企业进入相关行业必须考虑的风险成本，退出壁垒越高时企业的进入风险越大，相当于进入壁垒提高。因而从这个意义上讲，高退出壁垒不但不能解释产业的过度进入与产能过剩，反而应该导致产业的低进入与产能不足（李伟，2006）。企业是否进入某一行业的判断都是基于能否盈利的预期做出的，容易进入并不意味着大量企业在不考虑风险成本和预期收益的情况下盲目进入相关行业，高的退出壁垒本身会带来高风险成本，从而阻止进入。更可能的解释是，地方政府对于本地企业的各项优惠措施使得企业投资成本和风险外部化，地方政府通过为濒临破产的企业继续提供资金援助的方式干预其退出决策。也就是说，地方政府干预带来的成本外部化和预算软约束而非低进入壁垒和高退出壁垒是造成过度竞争的根本原因。

过度进入定理是指，寡头市场结构下自由进入的企业数目可能会大于社会福利最大化情况下自由进入的企业数目，也被称为过度竞争与重复建设形成机理的重要理论基础。在同质产品市场上，企业自由进入并相互竞争，则均衡时企业的数量将大于社会福利最大化时的企业数量，即自由进入将导致相对社会福利最大化而言更大的进入规模。江飞涛和曹建海（2009）指出，成本函数的假定，是过度进入定理能否成立的关键影响因素。张军（1998）、曹建海（2001）、罗云辉（2004）都通过产业组织理论关于过度进入的理论模型来说明过度竞争的存在性，即假定成本函数存在严格的规模收益递增特征，企业进入产业后采取特定竞争方式，得出最终自由进入的企业数量将大于社会福利最大化对应的企业数量的结论。但是，这一假定只有在自然垄断行业才能得到满足。不加论证地将相应结论的适用范围扩大是不合适的：过度进入定理的成立需要依赖于次可加性成本函数与商业盗窃效应的假设，运用这一理论来解释某一行业过度竞争的形成机理时，应该先检验这一行业的成本函数与企业行为是否同时符合次可加性成本函数与商业盗窃效应的假设。竞争性行业的成本函数并不能满足过度进入定理的基本假设，而且，多数竞争性行业的商业盗窃效应并不显著，因而，江飞涛和曹建海（2009）认为，以过度进入定理解释竞争性行业的过度竞争问题有一定局限性。

植草益（2000）构筑了一个同质企业无限期重复博弈模型，认为保有多余的生产能力能促进企业间形成合谋，并以此来解释过度的产能投资现象。罗云辉（2004）借用同质企业无限期重复博弈模型来说明市场经济中过度竞争存在的可能性。同质企业无限期重复博弈模型假定市场中存在很多家同质企业，任何一家企业在其生产能力范围内都能以固定边际成本进行生产，但不能提供超过其生产能力的产品供给。消费者先购买最低价企业的产品，然后，依次向价格次低的同质生产企业采购产品。在同一价格下，相应企业会平分市场。企业越是加大生产能力，保有的过剩生产能力就会越多，彼此间合作和增加利润的潜力越大，因而，企业为了获取合作利润会尽可能保有较多的过剩生产能力。但是，同质企业无限期重复博弈模型将企业的投资决策排除在模型的考虑之外，在模型中假定企业已经做出了产能决策，将产能投资作为沉没成本排除在模型的成本收益之外，假定作为沉没成本的产能投资越多越有利于企业间的默契合谋来避免价格战。但实际上，从企业产能投资决策的角度来看，企业投资过多的产能会带来更多的成本投入，若不考虑这一成本，则会对分析结论造成重要影响。

不少文献认为，重复建设是市场经济中的正常现象。高拴平和董明会（1998）认为，重复建设促进了市场竞争、改善了产业组织、提高了产业绩效。喻新安（2002）和袁钢明（2003）甚至认为，重复建设是市场竞争的必然结果，市场经济本身就应该是过剩经济。在完善的市场机制之下，过剩产能很快能够得到调整，市场与企业享受相应的收益以及调整成本风险，产能过剩不会成为经济发展的严重问题。但是，中国经济在尚不满足成熟的市场经济特征，改革开放初期从计划经济向市场经济转型过程中由于缺乏自我约束机制，科尔奈（1992）所论述的“投资饥渴症”在一定程度上是符合改革开放初期的中国状况的，投资决策的分散化使得企业投资过热倾向频发。随着市场机制的日趋完善以及非国有经济成分在国民经济中比重的大幅攀升，仅依靠科尔奈的理论已经不能很好地解释中国经济现实。皮建才（2008）在传统的从财政激励角度、预算软约束角度、产权制度角度和羊群行为角度等解释重复建设的角度之外，从两个地区先进部门技术差距太小以及经济现实中要素价格扭曲视角探究中国产能过剩问题的根本性原因。假定经济体内存在同时生产初级产品与制造品，但制造品生产率有较大差距的发达地区与落后地区，落后地区在劳动力与土地等生产要素上具有的显著成本优势，会使得在技术差距比较小的情况下先进地区制造业转移到落后地区具有比较强的经济合理性。这种转移实际不该被视为重复建设。

江飞涛和曹建海（2009）认为，随着土地要素价格的提升，地方政府以其作为干预产业投资的重要手段，通过模糊的土地产权形成对企业投资行为的变相补贴。这一投资补贴效应与成本外部化效应、风险外部化效应一起，成为引发中国企业过度投资和行业重复建设的主要原因。

2.1.3 产能利用率计算方法总结

产能利用率一般通过企业调查法获得，在缺乏调查数据的情况下需要通过估计得到。企业调查法通过调查获得企业实际产出和生产能力，再以实际产出与生产能力之比得到产能利用率。代表性的产能利用率企业调查有美国普查局组织的企业生产能力季度调查、中国国家统计局工业产能利用率调查、中国人民银行 5000 户工业企业设备能力利用水平调查等。此外，美国联邦储备委员会、经合组织（OECD）、国际货币基金组织（IMF）等机构在综合部分调查数据的基础上，也会发布相应的产能利用率调查数据。企业调查法多为季度调查，月度产能利用率主要通过插值法获得。虽然调查方法、样本空间以及计算方法的选择会对最终计算所得的产能利用率数值有所影响，但相互之间差别不大，都能较好地反映经济的产能利用水平（范阳阳，2013）。

企业调查法数据可信度较高，但是，出于成本方面的考虑而不能保证较高的调查频率，研究分析人员常使用各种计量模型法进行估计，其中常用的有，产出缺口法、成本函数法、全要素生产率法、数据包络分析法等。产出缺口法通过估计潜在产出或产出缺口来计算产能利用率，常用的有滤波法和生产函数法等。通过各种计量模型估计产能利用率已逐渐成为主流趋势（孙巍等，2009；韩国高，2011；董敏杰等，2015）。

2.2　中国产能过剩问题的特殊性与研究困境

2.2.1　中国产能过剩问题诱发机制具有特殊性

中文文献在吸纳外文文献有关产能过剩产生根源理论的同时，结合中国实践着重论证指出其所面临产能过剩问题的特殊性。林毅夫（2007）、巫和懋和邢亦青（2010）指出，由于后发优势的存在，发展中国家的企业很容易对下一个有前景的产业产生共识，从而出现投资上的“潮涌现象”，并随之出现产能过剩问题。不少中文文献指出，产能过剩的概念是从过度投资、恶性竞争、过度竞争等概念逐步演变而来的，认为过度投资造成生产能力大于需求进而出现产能闲置的局面。[①] 不少研究认为，地方政府干预是导致企业过度投资，从而引发产能过剩的体制性原因（周其仁，2005；江飞涛、陈伟刚和黄健柏等，2007；王立国和鞠蕾，2012；王文甫、明娟和岳超云，2014；董敏杰、梁咏梅和张其仔，2015）。

针对西方学者所提出的要素窖藏理论与企业策略性竞争行为理论两个造成产能过剩的可能因素也不能直接套用。钟春平与潘黎（2014）指出，面对一些地方政府在清理和化解过剩产能过程中所采取的维护大企业利益的政策偏向性，所有企业都力图扩大产能，以达到“大而不能倒”的预期效果，因而在中国当前形势下企业窖藏要素而扩大产能的出发点可能并非纯粹地为了应对市场风险，其中也有与地方政府博弈的考虑。徐滇庆和刘颖（2016）从对产能过剩舆论源头的反思中认为，占据市场份额的在位企业具有大肆宣传产能过剩以谋利的动机。在位企业制造产能过剩假象的目的，无非是要向潜在的市场进入者释放市场已经饱和且无利可图的信息，从而巩固其垄断地位。

总的来说，国外有关产能过剩形成机制的研究，主要是从要素窖藏理论与企业策略性竞争行为理论角度展开，这些研究大多是基于市场经济体制展开分析，侧重于从微观企业视角探究产能过剩形成的原因。不难发现，上述研究都建立在完全的市场经济（并非完全竞争的经济）与供求关系相对稳定的假设基础之上。对于西方发达国家而言，这两条假设基本上都可以成立，但这两条假设却不符合中国实际。和西方各国不同，中国正处于由计划经济向社会主义市场经济体制转型过程之中，政府在经济中的作用不容忽视；与西方发达国家市场相比，中国经济水平较低，改善性需求旺盛，往往同时呈现出人均消费量较低与消费总量增

① 将“过度投资”“过度竞争”等概念等同于“产能过剩”，几乎是学术研究的共识。江飞涛等（2007）引述周其仁（2005）的观点时，将“投资形成的生产能力大大超过市场需求”的表述直接理解为“周其仁认为产能过剩与过度投资指的是同一现象”。若不考虑市场需求因素的影响，前述结论无误；但若考虑市场需求的影响，则简单地将主要关注供给角度的投资过度概念与关注供求失衡关系的产能过剩概念等同视之，存在偏颇。

长较快的特征。有关中国产能过剩问题的研究，必须正视上述差别，也只有立足于中外经济、社会条件的差异，才能更有效地分析中国当前所面临的产能过剩问题。

需要指出的是，即便是在西方要素窖藏理论与企业策略性竞争行为理论的基础上考虑中国的实际情况，都只能解释产能过剩在中国发生的原因，而不能说明产能过剩问题持续的原因，即不能说明为何产能过剩问题久治不愈、屡禁不止。例如，林毅夫（2007）和林毅夫、巫和懋和邢亦青（2010）所提到的“即便现有产业已经产能过剩，对下一个新产业投资的‘潮涌现象’也可能继续发生”，与统计年鉴所公布的钢铁、水泥等少数几个产业持续产能过剩的现实相悖。在现实中（2012年以前），相关行业产销两旺与地方政府的投资冲动及国有银行的放贷意愿相符，乐观的投资前景是地方政府、银行、企业三方持续乐观的根本动因。

如前所述，面对产能过剩研究理论不能充分解释经济现实的困境，有文献独辟蹊径地提出了长期产能过剩或产能过剩常态化的观点，似乎对经济现实有所解释（Berndt，1981；Gorodnichenko and Shapiro，2011；钟春平和潘黎，2014）。但是若仔细推敲，则会发现长期产能过剩与产能过剩常态化的观点也有明显的不足之处。正如基于要素窖藏理论对产能过剩成因的阐释，企业长期保持一定的储备产能乃是企业效益最大化的必然选择，部分学者将产能利用率以持续低于100%的水平运行误认为是产能过剩，并冠以长期产能过剩，是与绝大部分产能过剩研究文献相悖的，在逻辑上也是有问题的。[①] 储备产能与过剩产能的区别，形同于产能利用率不足100%与产能利用率不足80%（经验值）的区别，是整体与部分、一般与特殊的关系。基于诸如“除战时年份外，美国产能利用率明显低于100%”的证据得出长期产能过剩结论的研究，都混淆了产能过

① 钟春平和潘黎（2014）提到“由美国制造业产能利用率的季度数据可以发现，除了1953年和1966年两个美国处于战时的年份外，其余年份的数值均低于90%，明显低于100%”，并以此作为长期产能过剩的证据。实际上，这一概念下的所谓长期产能过剩几乎是必然存在的，将这一必然现象加以特殊化并开展分析研究是没有意义的。

剩研究的基本概念，偏离了产能过剩研究的出发点。

基于经济学常识来看，产能过剩常态化的观点也是值得商榷的。评估产能过剩与否及产能过剩程度的一个重要目的，便是为了企业合理调配资金以获取更大利润，以使社会合理调配资源以获得更大福利，因此，无论是在市场经济体制还是在计划经济体制下，都不可能出现长期产能过剩的情况。在市场经济体制下，行业产能过剩会降低行业利润，促使资金转向有利可图的行业；在计划经济体制下，国民经济体系的协调均衡，是制定计划的重要目标之一。

2.2.2 中国产能过剩问题研究悖论

徐朝阳和周念利（2015）认为，国外学术界对产能过剩现象研究的重点是论证企业维持一定程度的过剩产能是符合利润最大化的理性精神的，但中国学术界却截然相反地侧重于论证中国的产能过剩现象是源于企业或者地方政府的各种非经济性目的。

但是，有关文献在研究过程中似乎存在逻辑上的矛盾：既然存在客观上的产能过剩，产业部门何以持续十余年来不断地追加投资、加大产能供给，在已产能过剩的基础上大举投资，为何没有导致产品价格大幅下跌?[①] 既然存在因产能过剩而引发的投资风险，为何趋利的民营企业等市场主体依然趋之若鹜？在产能过剩的严峻形势下，企业投资面临几乎必然亏损的风险，地方政府不会铤而走险，不会坚持力挺辖区企业在错误的道路上愈走愈远。

综上所述，中国产能过剩颇值得深思，有关中国是否一直存在产能过剩、产业部门为何逆宏观调控而持续扩大产能、地方政府在产能过剩问题上扮演着何种角色等问题都值得反思。本书将基于上述疑惑，从多

① 有关本轮钢铁产能过剩的论断大致始于2003年，但国内钢材综合价格持续显著下滑始于2011年末、2012年初（2005年2月国内钢材综合价格为5496元/吨，2011年12月为4781元/吨，2015年12月为2297元/吨；本轮钢材价格下滑始于2011年8月，至2015年12月，国内钢材综合价格下降了56.8%）。

个角度进行思考，以更好地把握这些关键性问题。

已有文献多从新增投资过多的角度来阐释造成产能过剩的原因（林毅夫，2007；林毅夫、巫和懋和邢亦青，2010；江飞涛、陈伟刚和黄健柏等，2009；韩国高、高铁梅和王立国等，2011；王立国和鞠蕾，2012；王文甫、明娟和岳超云，2014），甚至将过度投资视为与产能过剩等同的概念（江飞涛和曹建海，2009；等）。[①] 林毅夫（2007），林毅夫、巫和懋和邢亦青（2010）认为，由于后发优势的存在，发展中国家产业发展前景相对明朗，企业很容易对下一个有前景的产业形成共识，造成投资上的“潮涌现象”，进而引发产能过剩等问题。江飞涛和曹建海（2009）认为，地方政府不当干预微观经济的行为，通过成本外部化效应、投资补贴效应和风险外部化效应扭曲企业投资行为，正是导致企业过度投资、产能过剩和行业重复建设的主要原因。韩国高、高铁梅和王立国等（2011）认为，经济体制转型中，主要依靠投资来拉动的粗放式经济增长方式，是造成中国产能过剩的主要原因。相关研究众说纷纭，均有一定合理性，但都忽视了需求因素在产能过剩评估中不可或缺的地位。

也有一些中文文献认识到需求因素对产能过剩的影响。周其仁（2005）认为，根本的困难是不容易事先算出社会需求。人们只能猜测社会将来所需产品种类与产品数量，这一过程难免出现预测偏差；由投资到投产有一定时滞，即便投资前预测无误，也可能会发生市场需求变动。江飞涛等（2007）认为，投资规制政策的制定者不掌握准确预测市场需求所依赖的有关市场供求的大量细节知识，无法进行有意义的统计并据此进行正确计算及预测。在市场预测不准确基础上制订的计划和政策可能出现系统性偏差，反而会干扰市场的正常运行。卢锋（2009）认为，微观投资主体总是具有盈利预期，从事前视角看，应满足投资决策与其

① 江飞涛和曹建海（2009）引用周其仁（2005）以对其“‘重复建设’‘过度竞争’‘过度投资’‘产能过剩’等术语经常交替使用，所指基本为同一经济现象”的观点予以佐证。但是，周其仁（2005）原文是“这（产能过剩）就是，投资形成的生产能力大大超过市场需求……根本的问题是不容易事先算出社会需求”，可见，周其仁（2005）实际上意识到了市场需求在产能过剩与否的评判中的重要作用，而非完全与江飞涛和曹建海（2009）所阐述的观点一致。

盈利目的相一致的广义理性条件。但是，受到信息和其他条件约束，可能在事后发现预期偏差和失误。若因事先预期失误导致投资过高，则可能出现产能过剩。在经济高速增长过程中，未来市场规模快速扩张，企业会积极追加投资以竞争未来市场需求，在企业预测未来市场需求时可能因为预期偏差或后续形势变动而发生误判，从而加大产能过剩概率。罗云毅（2010）认为，2000 年以来的中国经济数据显示，较高的投资增速并未引发库存显著增长，说明投资与产能过剩并没有必然的关联。该文献认为，需求波动具有周期性，不可避免而仅能尽量降低其波动幅度；但是，投资却能够形成稳定而持久的物质生产能力，供需双方变动规律的差异很难协调。通过实地调研，罗云毅（2010）依据纺织行业协会反馈的信息以及钢铁行业不同种类产品供求关系的分化性，也得出了需求不足引发相关行业暂时性产能过剩的结论。徐朝阳和周念利（2015）认为，发达国家经济发展的早期阶段，全部行业都处于技术最前沿，在生产面具有很多不确定性；而中国作为具有后发优势的大型经济体，虽然在生产与技术上面临的不确定性较小，却在需求上面临较大的不确定性。需求上的不确定性，会对企业投资决策以及产业发展、成熟过程造成重要影响。面对市场的不确定性，理性的投资者都会比较谨慎，这就造成在一个行业发展不成熟的早期阶段，大量企业涌入，但市场集中度与产能利用率均偏低的现象。发展中国家新兴行业因企业谨慎投资造成产能利用率偏低的现象是市场有效性的体现，而非市场盲目性的体现。由此可见，不少学者都指出中国当前发展阶段所具有的需求迅速增长但又存在一定不确定性的突出特点，意识到需求的不确定性是中国产能过剩的关键影响因素。诚然，相关文献并未将需求对产能过剩的影响置于与投资同等重要的位置，甚至对于“投资与产能过剩并没有必然关联”的统计经验也未能予以合理诠释，且相关观点并非当前产能过剩研究的主流观点，但不可否认其理论价值与应用价值。

产能过剩实质上是供求失衡严重到一定程度的表现。由于市场需求的易变性以及产能的可变性，产能过剩的形势会随着市场供求关系的变动而处于动态变化之中。出于节能减排、提高企业经济效益与社会整体效益的考虑，中国频频以大规模淘汰落后产能的形式力推节能减排工作。中国工业行业投资旺盛的现象为人所共知，其大规模淘汰落后产能的举动也明显有异于其他国家：发达国家经济发展已进入平稳阶段，社会需求波动较小，设备更新进程也较平稳；部分发展中国家工业基础较差，产能供不应求而又缺乏投资资金，淘汰落后产能之事几乎无从谈起。

基于中国市场需求快速增长的事实与大举淘汰落后产能的特殊背景，只有综合考虑新增投资、新增需求与淘汰落后产能等因素，才能更全面地分析中国工业行业的产能过剩问题。

总而言之，产能过剩问题的研究离不开对投资、落后产能淘汰、市场需求变动等因素的综合把握。投资旺盛是引发产能过剩的必要条件，但并非充分条件，更不等同于产能过剩。市场主体的投资决策是在特定的市场需求预期下达成的，但这些跨期投资行为具有一定滞后性，不能紧随市场需求灵活变动；市场需求的突然萎缩或需求增速的明显放缓会使新投产产能大幅超出市场需求，进而导致产能过剩。

大量研究文献从多个角度论证地方政府在产能过剩问题中的重要影响。主要的研究文献大致分为从市场失灵角度论证政府产能调控措施必要性，本章的讨论以此为出发点。

基于市场失灵角度论证政府产能调控措施必要性的文献认为，市场经济社会化生产中决策的分散化必然引发供不应求状态下的企业大量进入并诱发市场经济波动，这是市场自发调节机制的根本性弊端。低进入壁垒下的企业过度进入（excessive entry）是自由市场经济条件下不可避免的现象，造成企业规模过小、市场集中度低，不能充分利用规模经济优势。企业的过度进入与偏低的市场集中度既是产业组织不合理的表现，也是重复建设、过度竞争的诱发原因。相关文献认为，市场失灵必然引发产能过剩，只有通过政府部门的干预方可避免（Von Weizsacker，1980；张军，1998；魏后凯，2001）。

2.2.3 产能过剩评估依据与产能利用率计算问题反思

产能利用率在产能过剩评估中具有核心地位，是当前主流研究的共识（窦彬和汤国生，2009；卢锋，2014），实际上，国外的相关研究甚至将对产能利用率的分析等同于对产能过剩问题的研究（钟春平和潘黎，2014）。

产能利用率一般通过企业调查法获得，在缺乏调查数据的情况下需要通过估计得到。企业调查法通过调查获得企业实际产出和生产能力，再以实际产出与生产能力之比得到产能利用率。代表性的产能利用率企业调查有美国普查局组织的企业生产能力季度调查、中国国家统计局工业产能利用率调查、中国人民银行5000户工业企业设备能力利用水平调查等。此外，美国联邦储备委员会、经合组织（OECD）、国际货币基金组织（IMF）等机构在综合部分调查数据的基础上，也会发布相应的产能利用率调查数据。目前，企业调查法多为季度调查，月度产能利用率主要通过插值法获得。虽然调查方法、样本空间以及计算方法的选择，会对最终计算所得的产能利用率数值有所影响，但相互之间一般差别不大，都能较好地反映经济的产能利用水平（范阳阳，2013）。

企业调查法数据可信度较高，但是，出于成本方面的考虑而不能保证较高的调查频率，研究分析人员常使用各种计量模型法进行估计，其中，常用的有产品缺口法、成本函数法、全要素生产率法、数据包络分析法等。产品缺口法通过估计潜在产出或产出缺口来计算产能利用率，常用的有滤波法和生产函数法等。通过各种计量模型估计产能利用率，已逐渐成为主流趋势（孙巍、李何和王文成，2009；韩国高、高铁梅、王立国等，2011；董敏杰、梁咏梅和张其仔，2015）。

但受到潜在产出估计难度的影响，不同方法估计所得产能利用率差别较大，估计所得产能利用率绝对水平的可靠性较差。不少文献都对中国历年钢铁行业产能利用状况进行了评估，表2－2与

表2－3分别列示了部分钢铁产能利用率研究文献的方法、数据及测算结果。

表2－2　　部分钢铁产能利用率研究文献基本信息

代表性文献	使用方法	基础数据
江源（2006a）	企业调查法	年末产能
江源（2006b）	企业调查法	年中产能
戚向东（2006a）	企业调查法	年末产能
戚向东（2006b）	企业调查法	全年平均产能/年中产能
江飞涛（2008）	企业调查法	年末产能
韩国高、高铁梅和王立国等（2011）	面板数据成本函数法	多项相关经济指标的替代指标
上海财经大学（2013）	企业调查法（统计年鉴基础上的综合预测）	核定钢铁产能和最高可达产能
韩国高（2014）	企业调查法	年末产能
汪涛（2014）	企业调查法	年末产能
张军扩和赵昌文（2014）	企业调查法	年末产能
周劲和付宝宗（2014）	企业调查法	年末产能
董敏杰、梁咏梅和张其仔（2015）	DEA法	省级行业投入产出数据
何蕾（2015）	面板数据协整方法测度分行业的产能利用率	构造分行业工业增加值和固定资本存量数据
李平、江飞涛和曹建海（2015）	企业调查法	年末产能
齐建国（2015）	企业调查法	年末产能
本书	企业调查法	年中产能

资料来源：笔者依据文献内容整理而得，本书由年度产品产量与年中生产能力之比取得产能利用率数据，见表2－3。

表2－3　　部分研究文献的钢铁产能利用率测算结果　　单位:%

代表性文献	1992年	1993年	1994年	1995年	1996年	1997年	1998年	1999年
江源（2006a）				80.58	78.55	78.03	77.00	75.42
江源（2006b）				84.18	81.99	81.15	79.79	78.93
戚向东（2006a）								
戚向东（2006b）								
江飞涛（2008）	91.09	92.05	84.16	81.29	81.70		84.75	84.91
韩国高、高铁梅和王立国等（2011）								46.23
上海财经大学（2013）								
韩国高（2014）								
汪涛（2014）								
张军扩和赵昌文（2014）								
周劲和付宝宗（2014）	91.10	92.10	84.20	81.30	81.70	—	84.70	84.90

续表

代表性文献	2000 年	2001 年	2002 年	2003 年	2004 年	2005 年	2006 年	2007 年
董敏杰、梁咏梅和张其仔（2015）								
何蕾（2015）		107.00						
李平（2015）								
齐建国（2015）								
本书	97.13	99.43	92.33	85.34	85.77	89.96	89.79	88.86
江源（2006a）	73.49	81.98	93.43	86.29	79.07	80.93		
江源（2006b）	75.68	84.29	95.94	98.20	91.96	89.07		
戚向东（2006a）		88.24	92.35	84.28	83.18	85.12		
戚向东（2006b）		94.29	98.91	96.43	93.69	93.46		
江飞涛（2008）		87.69	92.35	84.28	80.20	83.96	80.53	
韩国高、高铁梅和王立国等（2011）	51.81	50.07	55.86	66.74	75.57	65.62	62.23	58.51
上海财经大学（2013）								
韩国高（2014）								
汪涛（2014）								
张军扩和赵昌文（2014）								
周劲和付宝宗（2014）	75.10	87.70	92.40	84.30	80.20	84.00	80.50	80.30
董敏杰、梁咏梅和张其仔（2015）		60~70	60~70	60~70	60~70	60~70	60~70	60~70
何蕾（2015）		64.00						128.00
李平、江飞涛和曹建海（2015）								85.80
齐建国（2015）								
本书	87.09	94.55	98.98	96.42	93.69	92.48	93.53	90.37

代表性文献	2008 年	2009 年	2010 年	2011 年	2012 年	2013 年	2014 年
江源（2006a）							
江源（2006b）							
戚向东（2006a）							
戚向东（2006b）							
江飞涛（2008）							
韩国高、高铁梅和王立国等（2011）	58.22						
上海财经大学（2013）	75.80	81.94	82.00	80.38			
韩国高（2014）					76.00		
汪涛（2014）						72.00	
张军扩和赵昌文（2014）					高于80%		
周劲和付宝宗（2014）	74.10	78.70					
董敏杰、梁咏梅和张其仔（2015）	60~70	60~70	60~70	72.30			
何蕾（2015）	119.00	106.00	103.00	96.00	103.00	111.00	

续表

代表性文献	2008 年	2009 年	2010 年	2011 年	2012 年	2013 年	2014 年
李平、江飞涛和曹建海（2015）	75.80	81.00	82.00	80.00	72.00		
齐建国（2015）						78.70	
本书	80.19	84.00	83.94	82.39	79.41	75.41	低于 72.66

资料来源：笔者整理所得。为了方便对比，表中本书的计算结果一栏的数据源自第 3 章，在此预先列示。

韩国高、高铁梅和王立国等（2011）利用行业面板模型与成本函数法计算了 28 个工业行业的产能利用率，但是，相关数据显示，28 个行业中的 10 个行业年均产能利用率超过 100%，纺织服装业与皮革制品业常年产能利用率均达到近 200% 的水平，而烟草制造业年均产能利用率竟然达到了 325% 的惊人水平；在此基础上，计算所得的黑色金属钢铁行业的年均产能利用率仅为 59%，从数值上来看，可以得出黑色金属钢铁行业产能过剩的结论，但是，该研究结果却似乎有多处与常理相悖之处。首先，该模型的计算结果很难解释为何纺织服装业与皮革制品业等行业连续十余年产能利用率如此之高，厂商却未追加投资以缓解产能供不应求境况的悖论；其次，也不能解释为何黑色金属钢铁行业产能利用率如此之低，却依然吸引厂商趋之若鹜地竞相投资的悖论；最后，从常理上也很难理解为何不同行业产能利用率差别如此之大，烟草制造业产能利用率相比于黑色金属钢铁行业竟然多出五倍。

董敏杰、梁咏梅和张其仔（2015）通过工程意义上的生产能力（engineering capacity）、经济学意义上的生产能力（economic capacity）与技术意义上的生产能力（technological capacity）界定了调查法、函数法与 DEA 法之间的区别。调查法得到的生产能力是工程意义上的生产能力，即机器设备的设计生产能力，此时的产能利用率等同于设备利用率；函数法得到的生产能力是经济学意义的生产能力，是指企业生产达到成本最小化或利润最大化时的“最经济”产出水平；DEA 法得到的生产能力是技术意义上的生产能力，是指当前企业拥有的固定资产存量被用来购置生产能力最大的设备，且这些设备达到充分利用时的生产能力。

董敏杰、梁咏梅和张其仔（2015）认为，区分工程意义上的生产能力与技术意义上的生产能力，有利于理解落后产能问题，如采用工程意义上的生产能力会得到产能利用率较高的结论，但并不能反映生产资源浪费的真实情况，故而使用DEA法测算了技术意义上的生产能力以及因技术水平落后而造成的效率损失。该文献考虑了落后产能造成的效率损失，因而所得产能利用率低于其他研究结果，也低于统计局等部门的数据，还指出不同方法对生产能力的界定标准不一致，因而所得结果也无法直接比较。实际上，该文献测算所得2001~2011年黑色金属矿采选业年均产能利用率仅为52.5%，钢铁行业产能利用率也仅略高于60%，能够得出钢铁行业产能利用率远低于80%即存在严重产能过剩的结论。但是，该文献所选取的生产能力标准与绝大多数研究有所不同，其有关技术生产能力的假定与现实完全脱节。产能利用率是对现有生产能力利用情况的评估，以技术上的最大生产能力作为评估标准会使得相关研究失去现实的指导意义；同时，这一现象也凸显了主观设置对计量经济方法研究结论的显著影响。

尤其值得注意的是，尽管董敏杰、梁咏梅和张其仔（2015）明确指出，其研究结果中有色金属冶炼及压延加工业、专用设备制造业等行业产能利用率与韩国高、高铁梅和王立国等（2011）的发现基本一致，但是，其中却存在一定偏颇。实际上，韩国高、高铁梅和王立国等（2011）计算得到1999~2008年有色金属行业及专用设备制造行业年均产能利用率分别为63%和103%。从数值而言，两篇文献似乎在有色金属冶炼及压延加工业的产能利用状况上持有类似观点，但是，董敏杰、梁咏梅和张其仔（2015）曾明确指出，其采用技术生产能力的做法，使得研究结果偏低且不具有与其他研究的可比性；况且，韩国高、高铁梅和王立国等（2011）的有色金属冶炼及压延加工业年均产能利用率为63%的结论是在28个工业行业中至少10个行业年均产能利用率高于100%、部分行业超过200%的情况下得出的，而董敏杰、梁咏梅和张其仔（2015）所列39个工业行业部门的年均产能利用率均低于100%。即两篇文献在有关有色金属冶炼及压延加工业相对于其他行业的产能利用情况上实际上具有明显分歧。

江飞涛（2008）在依据统计年鉴数据显示 1992 ~ 2006 年钢铁行业产能并不过剩的情况下，认定产能利用率指标值不能真实反映中国钢铁工业的实际运行状况，认为这是由于中国钢铁工业产能统计不准确导致的。该文献认为中国钢铁工业产能统计数据来源于各企业上报到钢铁工业协会等部门的数据，各企业往往根据所面临的政策环境缩小或夸大产能数据。1997 ~ 2002 年，企业倾向于少报产能数量、夸大落后产能淘汰量；而 2003 ~ 2006 年，面对国家产业政策“扶大限小”的倾向，钢铁企业往往夸大产能数据。钟春平和潘黎（2014）也认为，不排除少数企业为了获取政策支持而扩大产能的事实，地方政府产业规制措施中所奉行的“大而不倒”的倾向实际加剧了产能过剩顽疾。江源（2006）利用相关的统计年鉴与普查数据，计算得出 1995 ~ 2005 年钢铁行业产能利用率，使用年中生产能力计算得到的粗钢产能利用率的平均值为 85. 56%，得出研究期间中国钢铁行业不存在产能过剩的结论。通过 2002 ~ 2004 年粗钢产能利用率超过 90% 的计算结果，甚至可以得到该时段中国钢铁行业产能不足的结论，恰与该时段中国钢铁行业的快速投资与迅猛增长的事实相互印证（见第 4 章）。戚向东（2006）从逻辑分析角度认为，中国钢铁产能过剩问题被严重夸大，从库存、产销率、产品价格、行业亏损率、企业破产率、钢材进口是否严重受阻六项衡量指标来看，都不能得出中国钢铁行业产能严重过剩的结论。该文献认为，钢铁产能被虚增、产能统计数据虚增、市场需求被低估等因素，导致钢铁行业产能利用率的严重低估。

总体而言，江飞涛（2008）对统计年鉴中企业调查数据的质疑与事实不符、相关推断具有很强的主观性，而江源（2006）则证实了相关企业调查数据的可靠性。事实上，通过大规模的调查搜集数据是各国的惯例，也是官方统计的一大优势。虽然实际调查过程中会存在各种可能的偏差，但是，一般而言，企业调查数据还是极具参考价值的。为了经济分析的可比性与可靠性，官方数据源公布的企业调查数据，依然是产能过剩问题研究数据的不二之选（见表2－3）。

通过表2－3可以看出，不同文献对于中国历年钢铁产能利用率的测算并不完全相同，相关结果大体分为两类：一类是以企业调查法数据为基础开展分析所得的钢铁产能利用率，这类文献所得结论基本相同，仅因数据取值为年末产能或年中产能等微小差别而略有不同；另一类是通过计量经济学方法开展分析，这类文献在研究方法、计算过程及测算结果等方面不仅与第一类文献不同，彼此之间也存在较大差别。

在通过计量模型计算产能利用率过程中，特定模型的使用往往存在一定前提条件，在变量选择过程中也会有各种人为的假设与推理，在一系列理论假设之下，各模型往往通过间接方式计算产能利用率。① 由于假设条件的主观性与计算过程的多环节特征，不同计量经济模型方法所测算的产能利用率，很难具有可比性（董敏杰、梁咏梅和张其仔，2015）。

综上所述，产能利用率依赖于生产能力的界定。受主观性等因素的影响，使用计量经济模型方法所得计算产能利用率的方法存在较大缺陷，诸类方法之间可比性差，估计结果不稳定，有可能出现逻辑悖论。相对而言，由企业调查法所得到的生产能力及产能利用率具有较好的准确性和可比性。

① 以韩国高、高铁梅和王立国等（2011）为例，该文以固定资产投资价格指数来代替资本品的市场购置价格（相对于劳动力的相对价格），以燃料与动力类购进价格指数来近似度量能源消费价格，按照2005年的比例将1999～2004年制造业工资总额拆分成各行业工资总额，以2005～2008年各行业从业人员数与在岗职工人数平均比例以及1999～2004年各行业从业人员数计算各行业1999～2004年在岗职工人数，以七大类原材料购进价格指数作为原材料价格的替代变量、以七大类原材料购进价格指数代替28个行业的原材料价格指数，以间接方法计算各行业原材料投入成本。上述假定都有一定合理性，属于数据缺失条件下的无奈之举，但难免出现偏差。在模型拟合阶段，很多分析都是近似估计，未开展稳健性分析、未给出拟合结果的置信区间，因而很难保证研究结果的有效性。相关回归分析结果不理想、造成不少不合常理的回归结果与前述假设条件的主观性及计算过程的复杂性不无关系。其他以计量分析方法估计产能利用率的文献，也有类似问题。

第 3 章 中国工业产能过剩：一个新的解释框架①

3.1 新的产能过剩表述模型

3.1.1 现有产能过剩表述模型的局限性

通常，统计部门要求企业上报的产能中，包括运行产能和储备产能。如果总产能大于本期的市场需求，就称之为产能过剩。传统的过剩产能定义为：

$$S = (Y + Z) - D \tag{3.1}$$

在式（3.1）中，S 表示过剩产能，Y 表示运行产能，Z 表示储备产能，D 表示市场需求。其中，运行产能与储备产能之和，即为生产能力。运行产能可以近似为当期产出，生产能力中未运行部分即为储备产能。

产品产出量数据与产品消费量数据都与一定的交易相关联，容易通过税收、资金流等信息予以佐证，通常具有较强的可信性与准确性。但是，有关行业生产能力的数据，除使用峰值法、资本存量法等计量经济

① 注：本章内容以《产能过剩悖论与中国投资扩张之谜——一个新的解释》为题发表于 2016 年第 11 期《经济学家》（CSSCI），后全文转载于人大复印资料《国民经济管理》2017 年第 2 期，以《一种新的产能过剩分类方式》长文转载于《中国社会科学文摘》2017 年第 5 期。

方法估算外，通常使用调查方法由企业自行填报。值得注意的是，通过计量经济方法估算往往受数据限制而存在较大置信区间，虽有利于学术研究却容易莫衷一是。[①] 而企业自报产能的方式，也存在一定局限性：且已有研究表明，出于厂商间博弈或厂商与政府部门博弈的需要，厂商或行业协会有夸大行业产能的动机与嫌疑（钟春平等，2014）；即使客观上存在产能核算标准不明确、产能统计时限不统一、产能影响因素不清晰等技术问题，也是不易解决的。

根据前文所述理论，企业应保持必要的储备产能以应对市场的不确定性。一般认为，当储备产能低于总生产能力的20%左右时，可以认定这部分应对市场需求的不确定性储备产能是必要的；当储备产能超过总生产能力的20%时，可以认为储备产能过度，即呈现出产能过剩的状态（Corrado and Mattey，1997；窦彬，2009；钟春平，2014）。

因此，有必要对式（3.1）加以调整。只有当不足80%的生产能力运行即可满足市场需求时，才可以认为存在产能过剩[②]。此时，若 $S>(Y+Z)\times 0.2$，则说明存在产能过剩；若 $S\leqslant(Y+Z)\times 0.2$，则说明不存在产能过剩。

为说明方便，下文以E表示过剩产能，则有：

$$\begin{aligned} E &= [(Y+Z)-D]-(Y+Z)\times 0.2 \\ &= (Y+Z)\times 0.8-D \end{aligned} \tag{3.2}$$

若 $(Y+Z)\times 0.8-D>0$，则存在产能过剩；若 $(Y+Z)\times 0.8-D\leqslant 0$，则不存在产能过剩。即，若 $E>0$，则存在产能过剩；若 $E\leqslant 0$，则不存在产能过剩。

运行产能与总生产能力之比，为产能利用率；若不考虑库存变动，则市场需求与运行产能之比近似于产品销售率。产能利用率侧重于从行

---

① 例如，韩国高、高铁梅和王立国等（2014）根据当年产能与产量数据指出，2012年钢铁行业产能利用率为76%；而使用计量经济学方法算出的1999～2008年黑色金属行业产能利用率却明显低于这一数值。这一现象与几乎所有研究公认的"2009年起钢铁行业产能利用率持续降低"的结论相悖（董敏杰、梁泳梅和张其仔，2015）。同时，使用计量经济学方法，还常常得出部分行业产能利用率长期高于200%的结论，明显不符合常理。

② 80%是通过产能利用率评估产能过剩与否的经验指标，为行文方便，本书采纳此标准以作说明。

业角度开展分析，而产品销售率侧重于从微观企业角度开展分析。一般而言，产品销售率事关企业经营状况，企业会优先保持生产与销售之间的相对均衡、避免存货积压，因而运行产能不会长期较大偏离市场需求。当市场需求波动时，考虑到保持生产与销售相对均衡的重要性，企业会适度调节储备产能；当储备产能长期超过一定限额时，即可称为形成了明显的产能过剩。

企业正常运行时，可以假定运行产能与市场需求相等以保持企业存货水平稳定。令 Y = D，则式（3.2）可以变为：

$$E = Z \times 0.8 - D \times 0.2 \tag{3.3}$$

经简单计算可知，在式（3.3）中，当储备产能 Z 超过市场需求的25%（即0.2÷0.8）时，过剩产能 E > 0，即产能过剩；当储备产能 Z 不超过市场需求的25%时，过剩产能 E≤0，即产能不过剩。

在式（3.2）与式（3.3）中，生产能力主要受到投资的影响，市场需求受到需求规律的影响，而过剩产能则受到生产能力与市场需求的动态关系影响。当某段时期内生产能力增长快于市场需求增长时，企业一般也会继续维持生产与销售之间的均衡关系，此时，生产能力增长快于运行产能增长，储备产能增加，产能过剩状况会有所恶化；反之，当某段时间内，生产能力增长慢于市场需求增长时，若企业依然维持生产与销售之间的均衡关系，此时，生产能力增长慢于运行产能增加，储备产能减少，则产能过剩状况会有所缓解。特别地，若市场需求增长快于生产能力增长，储备产能降低为0时，甚至会出现现有生产能力不足以满足市场需求的状况，即会由产能过剩状态演变为供不应求状态。

由式（3.1）、式（3.2）与式（3.3）可知，过剩产能实为储备产能中超过一定合理界限的部分。鉴于要素窖藏理论与企业策略性竞争行为理论，一定的储备产能是合理的，也是必要的；但是，当储备产能超过合理界限，权衡利弊，则可以认为过多地储备产能不利于企业盈利，也会造成社会资源的浪费。由此可见，前述部分文献混淆储备产能与过剩产能甚至得出“长期产能过剩”结论的观点，便是没有对这一问题认识清楚而导致的。

历经数百年工业化进程，西方发达国家基础设施已相对完善，对于钢铁、水泥等基础工业产品的需求也主要用于对已有基础设施和住宅的更新替换。无论从绝对量还是增速来讲，西方发达国家对于钢铁、水泥等产品的需求都比较容易预测，因而在评估产能过剩状态时无论采用本期需求还是下期需求区别并不大。

然而，相关假设却不符合当前中国的国情。

第一，上述公式中的变量仅采用当期数据来推理和说明不便于动态分析。研究产能过剩的最终目的之一是探讨投资策略，不仅要关注本期市场供求状况与产能过剩状况，还要考察市场供求状况与产能过剩状况的跨期变动。由于投资形成产能存在明显的时间滞后，因而不能孤立、静止地讨论产能过剩问题。在讨论产能过剩时，应考虑下期市场需求的影响，而不是仅限于对本期市场需求的考察。在投资策略既定的情况下，按照不同的市场需求假定，会对产能过剩状态得到不同的评估结果。面对中国这样一个市场需求不确定的环境，很有必要在分析中引入市场需求的影响（徐朝阳和周念利，2015）。考虑到现阶段中国投资领域的不稳定性，有必要动态地考察产能与市场需求之间的相对关系。

第二，在讨论产能过剩时，必须考虑淘汰落后产能的影响。尽管西方国家也有机器折旧和淘汰落后产能的事情，但是，在中国这项任务特别严重。在改革开放初期，中国市场需求突然迸发，乡镇企业一拥而上却依然难以满足巨大的市场需求。在供不应求的特殊历史条件下，各工业行业不断上马新的生产产能，土工艺、小作坊大行其道，混杂了不少高污染、高能耗的设备；时至今日，为实现可持续发展，必须逐步淘汰落后产能，以先进设备取而代之。若用新增产能逐步取代落后产能，则不能将在本期被淘汰的落后产能计入下一期的产能。

3.1.2 产能过剩表述模型的改进

根据中国的国情，在产能过剩的定义中应当充分考虑市场需求变动与落后产能淘汰的影响。由式（3.2）可知，产能过剩的计算公式应当表述为：

$$E_{t+1}=[(Y_t+Z_t)-L_t+I_{t+1}]\times 0.8-D_{t+1} \tag{3.4}$$

在式（3.4）中，L_t表示t期被淘汰的落后产能，I_{t+1}表示t+1期投产的新增产能，D_{t+1}表示t+1期的市场需求。

在式（3.4）中，(Y_t+Z_t)表示t期产能，而$[(Y_t+Z_t)-L_t+I_{t+1}]$表示t+1期产能，$I_{t+1}-L_t$表示产能净变动；t+1期过剩产能由t+1期产能与t+1期市场需求决定。因此，式（3.4）并非对传统公式$E=(Y+Z)\times 0.8-D$的颠覆，而是对传统公式的丰富。

图3-1以示意图的形式对此问题进行简要说明。假设在t年总产能为100个单位，其中，运行产能为80个单位（合格产能为60个单位，落后产能为20个单位），储备产能为20个单位。假定运行产能生产出来的80个单位产品都销售出去，库存没有发生变化。在这种情况下，市场需求等于运行产能，为80个单位。

储备产能（20）Z_t
总运行产能（80）Y_t
落后产能（20）Y^1_t
合格产能（60）Y^2_t

储备产能（20）Z_{t+1}
新增产能(30) I_{t+1}
继承产能(70) Y_t-L_t
总运行产能（100）
$Y_{t+1}=Y^1_{t+1}+Y^2_{t+1}$
$Y_{t+1}=I_{t+1}+(Y_t-L_t)$
落后产能(10) $Y^1_{t+1}=Y^1_t-L_t$
合格产能(90) $Y^2_{t+1}=Y^2_t+I_{t+1}$

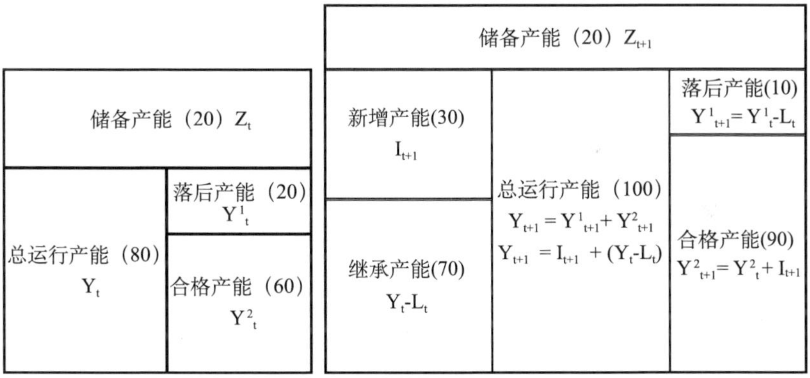

图3-1　产能过剩状况跨期变动示意

注：t期总产能为100单位，其中，储备产能为20个单位，运行产能为80个单位；总运行产能中包括20个单位落后产能和60个单位合格产能。t+1期总产能增加至120个单位，其中，储备产能仍为20个单位，运行产能100个单位；总运行产能包括10个单位落后产能和90个单位合格产能。t+1期较之t期新增产能30个单位，淘汰落后产能10个单位，净增20个单位生产能力。综上所述，t+1期较之t期总产能净增20个单位，但合格产能净增30个单位。

资料来源：笔者使用office办公软件绘制。

按照当前流行的算法，t 期储备产能恰等于总生产能力的 20%，即可认为企业处于存在产能过剩的临界点，且有足够的储备产能应对市场需求变动，在这种情况下没有必要投资兴建新厂。假定在此期间，淘汰落后产能 10 个单位，还有 10 个单位的落后产能留待以后处理。如果下一期市场需求增长到 100 个单位，则运行产能必须达到 100 个单位才能满足市场需求，其中，合格产能必须达到 90 个单位。为说明方便，假定储备产能还保持在 20 个单位，则这段时期内需要增加投资 30 个单位。

显然，从 t 期来看，t+1 期根本不存在产能过剩，而且，产能缺口为 30 个单位，必须投资兴建新厂才能满足市场需求。

由于投资钢铁、原铝、造船等行业需要较长生产周期才能形成生产能力，因此，在研究产能过剩时只能考虑下一期新投产产能，而不能把正在施工兴建的产能计算进去，否则，有可能高估产能过剩情况；但是，也必须提前预测市场需求变动并适时追加投资，否则，短期之内无法满足新增产品需求。

显然，两种不同的统计方法，导致完全不同的政策建议。

由式（3.4）可得：

$$E_t = [(Y_{t-1} + Z_{t-1}) - L_{t-1} + I_t] \times 0.8 - D_t \tag{3.5}$$

进一步地，由式（3.4）、式（3.5）可得：

$$\begin{aligned} E_{t+1} - E_t = [&(Y_t - Y_{t-1}) + (Z_t - Z_{t-1}) \\ &- (L_t - L_{t-1}) + (I_{t+1} - I_t)] \times 0.8 - (D_{t+1} - D_t) \end{aligned} \tag{3.6}$$

为说明方便，此处假定储备产能不变，即 $(Z_t - Z_{t-1}) = 0$；由新增产能来自投产产能与淘汰产能之间的互动关系，即 $(Y_t - Y_{t-1}) = I_t - L_{t-1}$，则有：

$$E_{t+1} - E_t = (I_{t+1} - L_t) \times 0.8 - (D_{t+1} - D_t) \tag{3.7}$$

式（3.7）表示，当市场需求增长或者落后产能不断被淘汰而需要更新设备时，需要不断有新产能投产才能得以满足，此时，并不会引起产能过剩状况的恶化。若市场需求增长过快、淘汰落后产能速度过快，而新投产产能不足，产能过剩状况会得以缓解，甚至有可能会由产能过剩变为产能不足；若投资过快而使得新投产产能超过了市场需求增长与淘汰落后产能之和，则产能过剩状况会恶化，甚至由产能不足变为产能过剩。

有关研究中国产能过剩状况的文献，更多地偏向于从学理上解释盲目投资形成较大生产能力以至于造成产能过剩的机制；相关的研究往往并未对市场需求的变动予以充分重视，并未通过翔实的数据论证中国产能过剩问题。陈明森（2006）、林毅夫（2007）、王立国和鞠蕾（2012）、王文甫、明娟和岳超云（2014）等并未提及市场需求变动；周其仁（2005）分析指出，市场需求的不可预测性，是造成产能过剩的重要原因；林毅夫、巫和懋和邢亦青（2010）在市场竞争的动态框架内，讨论了“潮涌现象”的微观理论基础；徐朝阳和周念利（2015）建立了市场需求不确定性情况下的企业动态性模型并加以分析。但遗憾的是，上述文献均未结合实际市场运行状况予以说明，即未意识到中国产能过剩问题或有被夸大的可能。

由于中国市场需求持续高速增长，而又在持续淘汰落后产能，只有不断增加新的生产能力才能维持正常的产品供应。因而企业大举投资，一些地方政府和银行也不遗余力地对其投资行为予以支持，同时，市场也对三方给予了充分回报；地方政府与企业预期不会因造成重大损失而承担风险及追求自身利益，并未执行“坚决遏制新生产线上马的政策”，市场需求得以满足；同时，强制淘汰落后产能政策，仅仅在客观上加快了企业生产能力更新。

只有这一新的产能过剩表述公式，才能解释中国钢铁、水泥等行业大举扩张的现实——或许现实中，企业竞相投资的行为仅仅是市场行为，相关行业产能过剩状况并非媒体与部分学者所强调的那么严重。

3.1.3　基于中国粗钢产业的检验与说明

表3－1以中国粗钢产业运行数据为例，对上述公式予以说明。表3－1中所示生产能力、产出量与表观消费量数据分别来自《中国钢铁工

业年鉴》《世界钢铁年鉴》等；储备产能、年度净增生产能力、过剩产能与产能利用率为计算而得。如前所述，为研究方便，本书将年度粗钢产出量近似为运行产能，生产能力中未运行部分即为储备产能。

表 3 - 1　1989 ~ 2014 年中国粗钢产业运行状况一览　单位：万吨

年份	粗钢生产能力（年中均值）	粗钢产出量/运行产能	表观消费量	储备产能	年度净增生产能力	过剩产能	产能利用率（%）
	$Y_t + Z_t$	Y_t	D_t	Z_t	$I_t - L_{t-1}$	E_t	
	(1)	(2)	(3)	(1) - (2)	Δ (1)	Z × 0.8 - D × 0.2	(1) / (2)
1989	6541	6159	7103	382			94.17
1990	6957	6635	6828	322	416	-1108	95.38
1991	7601	7100	7018	501	644	-1003	93.41
1992	8333	8094	8594	239	733	-1528	97.13
1993	9007	8956	12611	51	674	-2482	99.43
1994	10030	9261	12181	769	1023	-1821	92.33
1995	11174	9536	10110	1638	1144	-712	85.34
1996	11804	10124	11246	1679	630	-906	85.77
1997	12111	10894	11966	1216	307	-1421	89.96
1998	12874	11559	13170	1315	763	-1582	89.79
1999	13984	12426	13618	1558	1110	-1478	88.86
2000	14755	12850	13809	1905	771	-1238	87.09
2001	16038	15163	17065	874	1283	-2714	94.55
2002	18425	18237	20572	188	2388	-3964	98.98
2003	23058	22234	25858	824	4633	-4513	96.42
2004	30197	28291	28731	1906	7139	-4222	93.69
2005	38195	35324	36195	2871	7998	-4942	92.48
2006	44813	41915	39340	2898	6618	-5550	93.53
2007	54140	48929	43586	5211	9328	-4549	90.37
2008	62731	50306	46548	12425	8591	630	80.19
2009	68114	57218	57442	10896	5383	-2772	84.00
2010	75914	63723	61206	12191	7800	-2489	83.94
2011	83179	68528	66793	14650	7265	-1638	82.39
2012	91160	72388	68761	18771	7981	1266	79.41
2013	103307	77904	76575	25403	12147	4854	75.41
2014	110622	80383	74038	30239	7315	9384	72.66

资料来源：年末生产能力数据，1988 ~ 2000 年来自《中国钢铁工业五十年数字汇编》，2001 ~ 2014 年来自历年《中国钢铁工业年鉴》，生产能力（年中均值）由年末生产能力数据计算而得。钢铁产出量/运行产能数据来自历年《中国统计年鉴》；钢铁表观消费量数据来自历年《世界钢铁统计年鉴》。相应年鉴中，2014 年末，全国钢铁企业粗钢生产能力数据缺失，但 2014 年末中钢协会员企业粗钢生产能力为 86561 万吨，较 2013 年末增加 2.69%。为行文方便，表中列示了 2014 年粗钢生产能力为年初值（即 2013 年末值），因而，相应产能利用率会比实际值偏高。

由表 3 - 1 可以看出，1989 ~ 2011 年，中国粗钢年生产能力由 6541 万吨提高到 83179 万吨，中国粗钢年产出量由 6159 万吨提高到 68528 万吨；粗钢生产能力与粗钢产出量的年均增速分别高达12.25%和11.57%。1989~2011年，中国粗钢表观消费量的年均增速为10.72%，较高的消费增速使得中国粗钢产业仅在2008年国际金融危机背景下出现了产能过剩状况。[①] 由表3-1可以看出，在粗钢生产能力与粗钢产出量持续略高于表观消费量增长速度长达20余年后，粗钢产业产量利用率波动下滑并最终于2012年、2013年进入低于80%的区间。2012年、2013年，中国粗钢产业确实存在一定程度的产能过剩，但过剩程度并不严重。2014年，中钢协会员企业粗钢生产能力增长2.69%，而同期全国粗钢生产能力数据缺失；以2014年初粗钢生产能力计算的年度粗钢生成能力为72.66%；若按比例推算，则以年中值计算的2014年粗钢产能利用率为71.70%。由此可见，2012~2014年，粗钢产能利用率持续下降，尤其2014年产能过剩情况已经较为严重。

综上所述，中国粗钢产业历来并未出现严重的产能过剩状况，仅2012~2014年，产能过剩形势有所抬头。企业更准确地把握住市场需求迅速变化的信息并加以利用，既实现了自身追求经济利益的目标又满足了社会需求。同时，需要指出的是，由于市场变动状况的复杂性，微观企业并不能做出完全准确，有效的研判，以至于行业储备产能常有波动，甚至2012~2014年出现了轻微的产能过剩倾向。

值得注意的是，表3-1中“过剩产能大于0”与“产能利用率低于80%”的标准并非完全一致，这是由于式（3.3）的推动过程中假定Y=D所带来的细微偏差造成的。但是，考虑到表3-1中过剩产能与产能利用率之间的高度相关关系，二者仅略有偏差，可以考虑将二者相结合用于产能过剩状态的评估。例如，2013年过剩产能大于0（占年生产能力的4.70%），且产能利用率明显低于80%，则可以认为该年份存在较明显的产能过剩；2012年，过剩产能大于0（占年生产能力的1.39%），且

① 根据前述公式，这一现象是由于市场需求突然下降、生产能力因前期投资而继续增长导致的。

产能利用率略低于80%，则可以认为该年份存在较轻程度的产能过剩；2008年，过剩产能大于0（占年生产能力的1.00%），但产能利用率略高于80%，则可以认为该年份处于产能过剩临界状态。有关结合过剩产能与产能利用率开展产能过剩状况评估的标准尚待进一步商榷，但这一研究成果确实为产能过剩评估提供了有益的改进方向。①

在西方成熟的市场经济体系中，需求增长缓慢，落后产能的淘汰过程也较为平稳，故投资需求增长的规律较容易把握，不会出现投资速度过快而导致产能过剩形势急剧恶化的情形（徐朝阳和周念利，2015）。但是如表3-1所示，中国面临需求迅速增长的形势，需不断提高产品产出以满足市场需求，因而需要大量投资以提高产能。

可以想象，当短期内出现大量投资导致生产能力迅速扩大（“潮涌现象”与部分研究提到的一些地方政府干预企业盲目扩大投资的情形，便是这一状况的特例）或市场需求增速突然偏离预期而放缓的情形（2008年，因全球金融危机而造成的粗钢市场需求下降便属于这一状况），就会使得产能过剩状况恶化，或者会由产能供给正常变为产能过剩。

3.2 新的产能过剩分类标准

3.2.1 现有产能过剩分类方式的局限性

国外学者主要关注产能利用率指标对宏观经济管理的预警功能，很

① 将来可以结合二者将产能过剩状态分为产能过剩（过剩产能大于0、产能利用率低于80%）、模糊状态（过剩产能大于0、产能利用率高于80%）、产能不足（过剩产能小于0、产能利用率高于80%）三类或者明显产能过剩［过剩产能大于0且超过生产能力5%（经验值，可分别设置为1%、5%或10%）、产能利用率高于80%］、轻微产能过剩（过剩产能大于0且不超过生产能力5%、产能利用率高于80%）、模糊状态（过剩产能大于0、产能利用率高于80%）、轻微产能不足（过剩产能小于0且不超过生产能力5%、产能利用率高于80%）、明显产能不足（过剩产能小于0且超过生产能力5%、产能利用率高于80%）五类。按照三分组法，结合表3-1数据，可以将1990~2007年、2009~2011年归为产能不足，将2008年归为模糊状态，将2012年与2013年归为产能过剩；按照五分组法，可以将1990~2007年归为明显产能不足，将2009~2011年归为轻微产能不足，将2008年归为模糊状态，将2012年与2013年归为轻微产能过剩。

少关注产能过剩问题，少量有关产能过剩问题的文献也大多仅限于对渔场经营、森林资源管理等市场失灵领域的研究，因而对于产能过剩的分类研究也鲜有关注。一些中文文献对于产能过剩分类的研究较多，但众说纷纭，尚未有较一致的结论。

刘西顺（2006）从中观层面和微观层面简要分析了中国目前实际存在大中型企业的生产资料过剩、中小企业及民营企业的产能损耗和银行的流动性过剩三种产能过剩。江飞涛（2008）指出，相关部门将产能过剩分为已出现的产能过剩和潜在产能过剩。张新海（2010）从形成机理看，产能过剩主要有需求萎缩型产能过剩和投资过度型产能过剩。陈文玲（2014）将产能过剩分为周期性、结构性、体制性和绝对性四种。时红秀（2014）认为，有必要区分周期性原因、结构性原因引起的产能过剩。

通过以上分析可以看出，国内有关产能过剩分类的研究成果不少，但主要都集中于根据经济问题的表象来分类，往往并不能切中问题要害，甚至还存在分类之间的相互包含关系，难免引发一些争议。①

3.2.2　对现有产能过剩分类方式的改进

受前述研究启发，根据中国工业行业发展的实际情况以及本书分析视角，不妨将产能过剩分为绝对性产能过剩与相对性产能过剩。绝对性产能过剩是指，生产能力已经超过了市场需求峰值的情形，部分文献中所提及的“某单个厂商产出量足以满足全球市场需求”的状况以及“过时的产品或按照落后技术标准所生产的产品”都可以归为绝对性产能过

① 有关分类方式都有一定逻辑基础，但是，若将不同文献相互比照，则更容易发现特定分类方式可能存在的局限性：由以下几篇文献可以看出，刘西顺（2006）将银行的流动性过剩纳入产能过剩研究范畴似有不妥。江飞涛（2008）的分类方式略显不足，并不能有针对性地给出治理建议。张新海（2010）仅考虑了需求萎缩与过度投资两种情形，却未考虑“需求萎缩 + 投资适度/需求增长 + 投资过度/需求萎缩 + 投资过度”不同情形之间的区别；陈文玲（2014）未认识到体制性因素与周期性因素之间的交互影响。时红秀（2014）未意识到周期性原因与结构性原因并不能解释所有产能过剩情形。虽然不同文献相互间的逻辑矛盾，并不足以否定所有分类方式，但却在一定程度上说明了当前有关分类研究的乱象。

剩一类。根据产品生命周期理论，在生产能力不变而需求日益萎缩的前提下，产能过剩形势只会进一步恶化而不会改善，理性的决策方案是逐步减少产能从而避免资源浪费。

由式（3.7）可知，当 $t+1$ 期市场需求小于 t 期市场需求时，即便新增产能为 0，则产能过剩状况仍将恶化；此时，只有停止新增投资而同步加大产能淘汰力度，方可保持产能过剩状况不变，即市场需求萎缩时只有拆除已有设备才能避免产品积压，这便是绝对性产能过剩所面临的局面。

假定初始状态第 t 期产能供求均衡，即 $E_t = Z_t \times 0.8 - D_t \times 0.2 = 0$；假定第 t 期市场需求 D_t 为需求的峰值水平，即对于任意 $t+n(n\geqslant 1)$ 期市场需求都有 $D_{t+n} \leqslant D_t$ 或 $D_{t+n} - D_t \leqslant 0$，即第 t 期之后，任意时期的市场需求较之第 t 期都要小；当新增产能大于 0，即新增产能增速快于落后产能淘汰速度时，$(I_{t+1} - L_t) > 0$；依据式（3.7）可以变形为 $E_{t+n} - E_t = (I_{t+n} - L_t) \times 0.8 - (D_{t+n} - D_t) > 0$；即 $t+n$ 期较之 t 期开始出现产能过剩。基于前述分析可以看出，当 $D_{t+n} \leqslant D_t$，若要实现 $E_{t+n} - E_t \leqslant 0$，则必定要求 $(I_{t+n} - L_t) \leqslant 0$；即前述分析表明，对于绝对性产能过剩，可行的应对措施唯有绝对性地淘汰已有产能。

类似地，在需求增速放缓或需求增速低于预期达到一定程度时，若要实现 $E_{t+n} - E_t \leqslant 0$，即产能过剩状况不恶化的目标，也需要对新增产能速度予以控制。若需求增速放缓或需求增速低于预期，但新增产能增速并未放缓，则供需失衡程度将有所恶化。

顾名思义，相对性产能过剩是指，相关行业在特定条件下确已呈现产能过剩的状态，但是，随着经济运行、国民经济产业结构或产业分布等客观条件的改变，相关行业可能会由产能过剩状态转变为产能不过剩状态。对于相关部门一再提及的钢铁、水泥、平板玻璃、造船与电解铝行业，尚未有证据表明市场对上述五大行业产品已出现绝对性饱和①，因

① 钢铁、水泥、平板玻璃与电解铝均为基础材料生产部门，造船业为运输工具生产部门，五行业均非最终消费部门；在钢铁、水泥等基础材料生产部门仍有望随着经济发展而增加需求的情况下，不可轻言产能过剩（造船业所面临的状况也与此类似）。

而相关产业或许属于相对性产能过剩。

相对性产能过剩的特征，当期产能过剩但长期来看不过剩。即虽然当期供求失衡，但市场需求有望继续增长，若同期产能扩张速度较低，则有可能扭转供求失衡的形势。

$$E_t = Z_t \times 0.8 - D_t \times 0.2 > 0$$

$$\exists m \geqslant 1,\ E_{t+m} = Z_{t+m} \times 0.8 - D_{t+m} \times 0.2 \leqslant 0 \tag{3.8}$$

需要注意的是，在基期供求失衡基础上，只有当市场需求增速超过产能增长幅度足以抵消前期过剩产能的情况下，供求局面才会逆转。即上述公式中有一个隐含条件，即产能扩张速度受到一定抑制。

具体而言，造船业需求受全球宏观经济形势与世界航运市场景气周期的直接影响，呈现为典型的周期性特征，因而造船业有可能呈现周期性过剩特征（Tinbergen，1931；谭宏，2007；陶永宏和祁爱琳，2009；张昕，2012；李秀苑，2014）。受美国“次贷危机”与欧洲主权债务危机影响，自 2008 年以来，世界经济形势不容乐观，全球航运市场进入下行周期，日本、韩国等主要的造船业大国都压缩产能以应对行业周期波动，但中国造船业产能却持续增加。2007 年，世界造船业新承接订单量为 4836 艘，合计 27050 万载重吨、8950 万修正总吨。2013 年，世界造船业新承接订单量为 2481 艘、15820 万载重吨、5330 万修正总吨；2007 年，世界造船业年底手持订单量为 10062 艘、53020 万载重吨、19000 万修正总吨，2013 年，世界造船业年底手持订单量为 2176 艘、29830 万载重吨、10870 万修正总吨。可见，2007～2013 年，世界造船业市场需求呈现显著下降趋势。但值得注意的是，2007 年中国船舶工业企业为 1101 家，主营业务收入为 2414 亿元；2013 年，全国船舶工业企业为 1680 家，主营业务收入为 6820 亿元；可见，2007～2013 年，中国船舶工业产能却呈现上升趋势。[①] 综上所述，在世界造船业面临总体需求下降趋势时，中国船舶工业产能却逆势增长，因而难免出现产能过剩问题。若全球经济复苏、

① 资料来源：《中国船舶工业统计年鉴（2014）》《中国船舶工业统计年鉴（2008）》。

世界航运市场恢复景气，则中国船舶工业所面临的产能过剩问题可望缓解。

对于电解铝行业而言，则又有其独特性。据学者统计，当前虽然中国已经成为最大的电解铝消费国，但人均消费量依然很低，仍有较大发展空间（万红艳，2012）。但是，电解铝行业属于典型的高能耗生产部门，对电力资源的依赖性很强（牛新国等，2004；卢宇飞，2005；万红艳，2012）。

中国传统的制铝大省为河南省、山东省，两省占2005年全国电解铝行业总产量的1/3；但是，受到铝冶炼行业用电价格持续上涨的压力，中国铝冶炼产能开始向内蒙古自治区、新疆维吾尔自治区等能源丰富、价格低廉的区域转移，铝电联营迅速发展。

中国西部地区保有大量低品质煤炭资源，若从经济成本角度来看，这些煤炭资源并不适合长途运输至消费市场；将低品质煤炭资源就地发电并将电力输送至消费市场，则较之运送低品质煤炭至消费市场更为经济，但是，对于部分偏远地区而言，远程电力输送的成本也不容小觑，若就地开展铝电联营则可以避免远程电力输送所造成的损失，考虑到电解铝的价值高且方便存储，在某种程度上来看对电解铝产品的储存即为对能源和电力的储存，则西部能源丰富尤其具有低品质煤炭能源的省区在电解铝行业大有可为。按照前述研究结论，若电解铝行业产能由人口稠密、电力资源紧缺的河南、山东转移至内蒙古、新疆，则中国电解铝行业面临的产能过剩问题有望化解。

表3－2列示了2001～2015年中国部分省区电解铝产量变动情况。由该表可以看出，2001～2013年，河南省始终是第一大电解铝生产省；2003年，河南省电解铝产量占全国的份额达到最高，为26.13%；2013年，河南省电解铝产量占全国的份额降为15.22%；截至2015年，前六个月，河南省电解铝产量占全国的份额达到新低，为10.94%，下降趋势明显。

表3－2 中国部分省区市电解铝产量前十强分布变动状况

单位：万吨

地区	2001年	地区	2002年	地区	2003年	地区	2005年	地区	2006年
河南	32.13	河南	63.48	河南	73.99	河南	193.96	河南	203.24
青海	28.98	青海	39.76	青海	40.04	山东	74.18	山东	93.22
贵州	24.30	贵州	24.61	山西	27.41	青海	66.56	青海	81.58
山西	19.84	宁夏	24.33	宁夏	26.89	甘肃	56.94	山西	74.05
云南	15.70	山西	19.93	贵州	23.30	内蒙古	51.35	内蒙古	67.53
宁夏	15.66	云南	16.39	四川	21.27	贵州	41.36	甘肃	63.77
辽宁	9.05	四川	16.01	辽宁	15.33	云南	37.87	贵州	56.09
四川	7.40	辽宁	7.33	云南	15.00	四川	36.97	宁夏	55.82
山东	6.54	山东	6.60	山东	5.31	宁夏	35.82	云南	46.56
湖南	4.14	湖南	5.07	湖南	5.28	湖北	24.68	四川	40.07
全国	178.49	全国	242.31	全国	272.15	全国	742.17	全国	918.77
地区	2007年	地区	2008年	地区	2009年	地区	2010年	地区	2011年
河南	311.69	河南	327.54	河南	317.74	河南	365.77	河南	388.78
山东	120.62	山东	144.32	山东	149.52	山东	163.94	山东	190.51
山西	108.16	内蒙古	127.17	内蒙古	118.68	青海	146.83	青海	169.22
内蒙古	102.43	青海	102.38	甘肃	94.79	内蒙古	146.30	内蒙古	168.22
青海	94.67	山西	96.67	青海	91.03	甘肃	100.40	宁夏	118.36
甘肃	76.46	甘肃	95.77	贵州	81.36	宁夏	91.51	甘肃	109.89
贵州	71.95	宁夏	60.35	山西	76.40	贵州	89.97	山西	93.68
宁夏	60.00	贵州	58.67	宁夏	64.12	山西	81.02	云南	88.32
云南	57.87	云南	54.03	云南	62.72	云南	67.61	贵州	87.70
四川	51.36	广西	49.81	广西	52.99	广西	64.86	广西	63.12
全国	1227.28	全国	1315.74	全国	1299.31	全国	1552.27	全国	1746.42

续表

地区	2012年	地区	2013年	地区	2014年	地区	2015年上半年
河南	358.97	河南	333.35	新疆	430.37	山东	350.86
青海	203.19	新疆	241.18	河南	339.43	新疆	287.75
山东	194.73	青海	220.60	内蒙古	238.69	河南	167.62
内蒙古	179.90	山东	204.14	山东	234.89	内蒙古	132.81
甘肃	176.00	内蒙古	203.00	青海	231.42	甘肃	122.70
宁夏	152.35	甘肃	200.04	甘肃	219.52	青海	112.01
山西	105.61	宁夏	153.32	宁夏	139.97	宁夏	67.21
贵州	104.35	贵州	113.04	云南	97.58	云南	52.14
云南	89.47	山西	102.12	山西	83.71	贵州	41.88
新疆	86.98	云南	91.43	贵州	69.24	山西	33.95
全国	1967.84	全国	2189.67	全国	2408.58	全国	1531.75

资料来源：中经网产业数据库，2004年数据缺失。

新疆自 2012 年起跨入全国电解铝生产量的前十大省区行列，2012 年位列全国第十位，2013 年位列全国第二位，2014 年成为全国最大的电解铝生产省区；2012 年，新疆电解铝产量占全国总量的 4.42%，2014 年该份额达到 17.87%，增长势头明显。

2013 ~2014 年，新疆电解铝产量由 241.18 万吨增长到 430.37 万吨，增长了 189.19 万吨；同期，河南、内蒙古、山东年度电解铝产量分别增长了 6.08 万吨、35.69 万吨和 30.75 万吨。由此可见，中国电解铝产业的省域分布正在发生显著变化。但是，2015 年上半年，山东省电解铝行业的扩张势头与电解铝行业向中西部能源储备丰富而经济相对落后地区转移的趋势相悖，值得关注。①

对于钢铁行业、水泥行业与平板玻璃行业而言，这三个行业都与建筑业的景气状况密切相关。建筑业是水泥行业与平板玻璃行业的最重要下游产业，也有研究表明建筑业消耗的钢铁量占中国钢铁产量的 55% ~60%②（冶金工业规划研究院，2014），同时，房地产业的发展也将带动汽车、家电等行业消费，从而间接增大钢铁消费需求（梁云芳，2006）。③可以想象，若建筑业发展较为迅速，则可以带动钢铁行业、水泥行业与平板玻璃行业需求的快速增长；反之，亦反是。考虑到 2005 ~2015 年中国广泛地通过“限价、限购、限贷”等措施开展房地产市场调控，尤其 2012 ~2015 年更是实施了所谓“史上最严厉的房地产调控措施”，房地产行业已成为国民经济运行的短板行业，因而客观上也使得与其相关的钢铁行业、水泥行业与平板玻璃行业的需求受到一定限制。在基础设施建

① 据现有数据表明，2015 年第一季度各行业用电量异常出现大幅滑坡（参见《2015 年中国统计摘要》），使得山东省电解铝行业电力供应得以满足；若这一解释确实反映了现实状况，则可以预期山东省电解铝行业扩张势头必定不可持续，待经济形势好转后又将面临电力短缺。

② 依据 2012 年中国投入产出表可以看出，建筑业对钢铁行业产品的消耗状况。通过直接消耗系数矩阵可知，房屋建筑、土木工程建筑、建筑安装、建筑装饰和其他建筑服务四行业直接消耗的钢压延产品共计 1.966 亿吨，分别占中间使用合计的 39.56% 和总产出的 38.35%；通过完全消耗系数矩阵可知，房屋建筑等四行业消耗的钢压延产品共计 2.929 亿吨，分别占钢压延产品中间使用合计及总产出的 58.93% 和 57.13%。

③ 依据 2012 年中国投入产出表，通过完全消耗系数矩阵可知，汽车整车及汽车零部件两个行业所使用的钢压延产品占中间使用合计及总产出的 5.53% 和 5.36%。

设高位运行的情况下，房地产行业需求波动会对钢材市场供求关系造成关键影响。考虑到中国当前人均住房面积颇有不足、住房改善需求仍有很大空间（徐滇庆，2014），则可以认为，当房地产市场需求增长，相关的钢铁、水泥与平板玻璃等行业的产能过剩问题会得到缓解与改善。

根据五大行业特点，可以将其重新归类，以便有针对性地采取措施化解相关行业产能过剩问题。其中，将造船业归为周期性产能过剩，以反映其主要因全球宏观经济周期波动而引发供求失衡的特征；将钢铁行业、水泥行业与平板玻璃行业归为短板性产能过剩，以反映国民经济产业关联体系中出现未预期的需求短板，而引发上游行业供求失衡的特征；将电解铝行业归为局部性产能过剩，以反映其主要因局部地区生产要素价格过高而引发供求失衡的特征。①

以上述五大行业为例，相对性产能过剩被分为周期性产能过剩、短板性产能过剩和局部性产能过剩。为了便于理解，除前述对周期性产能过剩、短板性产能过剩和局部性产能过剩做出的描述性概念外，下面，将以简单公式的形式予以表述。②

3.2.3 基于研究新架构的新产能过剩分类再审视

3.1 节有关产能过剩的新表述方式，加入了对市场需求变动与淘汰落后产能因素的分析，有效地解释了中国钢铁等行业产能过剩问题屡禁不止。对于有关周期性产能过剩、短板性产能过剩与局部性产能过剩的分类方式，可以从前述产能过剩表述模型中寻求到一定的理论支撑。

1. 新表述模型下的造船业全球市场周期性产能过剩

顾名思义，在遭遇全球市场周期性产能过剩问题时，行业市场需求

---

① 周期性产能过剩与局部性产能过剩较容易理解。认为钢铁等行业存在短板性产能过剩的原因在于，国民经济各部门之间总是存在一定的相对均衡性，国民经济的增长取决于各部门的协同发展、受制于发展较慢的部门。这类似于一个大木桶容积的扩充有赖于各块木板的共同作用，而木桶的容量关键取决于最短的那块木板。倘若出现了一块短板，其他的板子就可能“过剩”，故徐滇庆和贾帅帅（2015）将这一现象称为“短板性产能过剩”。

② 描述性概念（descriptive concept）是指，那些被认定为客观且能显示其存在的事实。

必然小于前期市场需求，即（$D_{t+1}-D_t$）<0；此前，厂商因未预期到市场需求的突然下滑而投资，则有（$I_{t+1}-L_t$）>0。即，按照计划，本期新投产产能大于上期淘汰的落后产能。

由（$D_{t+1}-D_t$）<0，以及（$I_{t+1}-L_t$）>0，根据式（3.7）可知，必然有（$E_{t+1}-E_t$）>0；即 t+1 期过剩产能大于 t 期水平，则此时有可能会发生过剩产能进一步增大、储备产能降低，而依然保持产能不过剩或由产能不过剩演变为产能过剩等情形。

因全球宏观经济形势下滑带动市场需求小于前期市场需求但将来仍有望继续增长，即（$D_{t+1}-D_t$）<0；则可能发生 t 期产能不过剩、t+1 期产能过剩，但 t+m 期产能不过剩的情况。即同时满足如下三个条件：

$$E_t = Z_t \times 0.8 - D_t \times 0.2 \leqslant 0$$

$$E_{t+1} = Z_{t+1} \times 0.8 - D_{t+1} \times 0.2 > 0$$

$$\exists m > 1,\ E_{t+m} = Z_{t+m} \times 0.8 - D_{t+m} \times 0.2 \leqslant 0 \qquad (3.9)$$

式（3.9）源于式（3.8），但为了说明方便而调整了下标。除全球经济景气状况恢复以拉动需求增长外，式（3.9）有一个隐含假定，即未来产能扩张速度会与市场需求相适应，即不会出现产能盲目扩张的现象。只有在市场需求增长超过产能增长的情况下，产能过剩状况才会得以缓解。

由前述分析可知，在遭遇世界经济危机与全球航运市场下滑的情形下，中国造船业依然持续增加其产能，因而发生了造船行业的产能过剩；若全球宏观经济形势改善带动造船行业订单增长而产能扩张有所限制，则造船业有望走出产能过剩困局。

2. 新表述模型下的钢铁等行业短板性产能过剩

在房地产市场宏观调控措施之下，居民购房意愿降低，商品房销售面积增速放缓甚至下滑。房地产市场销售情况恶化，客观上间接导致钢铁、水泥与平板玻璃等行业市场需求降低。在始料未及的情况下，三大行业陷入储备产能增加而依然保持产能不过剩、由产能不过剩演变为产能过剩或者过剩产能状况进一步增大的情形（也可能按时间顺序逐步经历这三种情形）。

因下游行业市场需求小于前期市场需求但将来仍有望继续增长，即（$D_{t+1}-D_t$）<0；则可能发生 t 期产能不过剩、t+1 期产能过剩，但 t+m（∃m>1）期产能不过剩的情况。即同时满足如下三个条件：

$$E_t = Z_t \times 0.8 - D_t \times 0.2 \leqslant 0$$

$$E_{t+1} = Z_{t+1} \times 0.8 - D_{t+1} \times 0.2 > 0$$

$$E_{t+m} = Z_{t+m} \times 0.8 - D_{t+m} \times 0.2 \leqslant 0,\ \exists m > 1 \tag{3.10}$$

式（3.10）源于式（3.8），但为了说明方便而调整了下标。除了下游行业景气状况恢复以拉动产能过剩行业需求增长外，式（3.10）有一个隐含的假定，即未来产能扩张速度会与市场需求相适应，即不会出现产能盲目扩张现象。

当前，中国钢铁、水泥与平板玻璃等行业产能过剩是实情。但是，中国房地产市场发展还不完善，人均住房面积较为有限，将来有望逐步改善（徐滇庆、李昕，2014）。若因房地产市场调控政策松动、经济增长带来良好的市场预期或公租房新政的实施而使建筑业恢复元气，则钢铁、水泥与平板玻璃等行业市场需求有望联动增长，相关行业的产能过剩问题当迎刃而解，也必将迎来新的大发展时期。

3. 新表述模型下的电解铝业局部性过剩

如前所述，河南、山东等人口密集、经济较发达地区的电解铝产业在全国范围内占有重要份额。但是，电解铝行业作为耗电大户，受到电力供应的严重制约，因而上述地区的电解铝行业存在因电力紧张而无法运行的产能，这部分未运行产能乃是企业被动形成的储备产能。

在电解铝产业由东中部地区向西部地区转移过程中，东中部地区电解铝行业储备产能降低，即全国范围内（$Z_{t+1}-Z_t$）<0；此时，西部地区电解铝行业生产能力增加，同时运行产能增加，即（$Y_{t+1}-Y_t$）>0。东中部地区淘汰的生产能力是原储备产能，并不会造成市场供应大幅减少；西部地区新增的生产能力有足够的电力保障，则运行产能增加。由此，在东中部地区淘汰已有闲置产能、西部地区新增电解铝产能的情况下，上述产能布局调整使得在市场需求得到满足的同时，降低了储备产能。

局部性产能过剩需要满足两个条件：局部过剩（同时，局部不过剩），产能分布结构调整后可以化解局部产能过剩。用公式表示为：

$$E_{t,1} = Z_{t,1} \times 0.8 - D_{t,1} \times 0.2 > 0$$

$$E_{t,2} = Z_{t,2} \times 0.8 - D_{t,2} \times 0.2 \leqslant 0$$

$$E_{t+1,1} = (Z_{t+1,1} - \Delta Z) \times 0.8 - D_{t+1,1} \times 0.2 \leqslant 0$$

$$E_{t+1,2} = (Z_{t+1,2} + \Delta Z) \times 0.8 - D_{t+1,2} \times 0.2 \leqslant 0 \tag{3.11}$$

电解铝行业的产业布局调整并非落后产能的淘汰与新增产能的增加，而是缺乏电力支撑的电解铝产能淘汰与有电力支撑的电解铝产能增加。这是局部性产能过剩与其他产能过剩类型的重要区别。

3.2.4　小结

按照前述分析，图 3－2 以示意图的形式展示了市场供求及产能过剩状况的分类情况。如前所述，图 3－2 中将中国钢铁、水泥、平板玻璃、电解铝与造船五大行业产能过剩问题分为周期性过剩、短板性过剩与局部性过剩三种类型。这五大行业的产能过剩问题都属于相对性产能过剩，即相关产业所面临的产品供大于求局面具有阶段性特征，随着产业发展环境中某些因素的变动会有所缓解甚至根本改变。

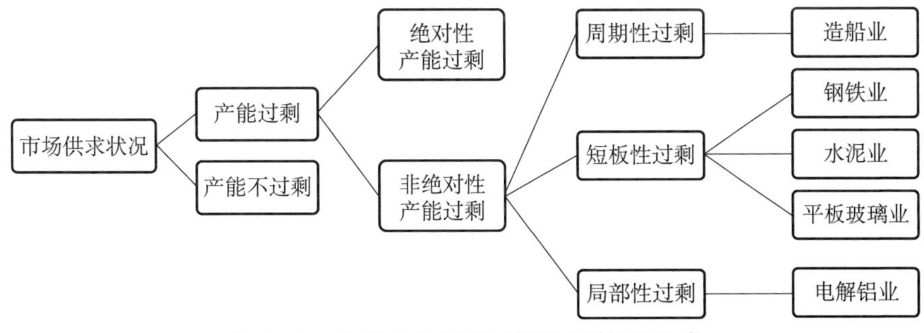

图 3－2　市场供求状况及产能过剩状况分类

资料来源：笔者绘制。

五大行业并未出现绝对性产能过剩的结论与中国经济社会稳步发展、人民物质需求不断提高的客观事实相吻合。同时，有关五大行业产能过剩状况的分类分析，也能够解释2003～2015年中国产能过剩问题持久不能根治的原因——五大行业的运行特征各异且处于动态变动之中，根本不可能由“一刀切”似的产业政策一劳永逸地加以根治。五大行业的产能过剩问题属于发展中的问题，伴随经济社会的发展而生，也会伴随经济社会的发展而动态变化；产能过剩问题可能会呈现阶段性的缓解，但很有可能会随着产业运行环境的变化而复发；只有以发展的眼光、动态的视角因势利导，才有可能对相关问题加以解决。

同时，根据前述研究可以认为，在现阶段[①]五大行业的产能过剩问题只能通过有针对性的政策加以防范而难以完全避免；但是，通过对中国产能过剩问题特殊性的把握，完全可以避免产能过剩问题对中国的经济社会发展造成重大影响。

3.3 研究总结

本章先回顾了产能过剩研究的基本理论，从产能过剩概念辨析与产能过剩形成机制的研究总结出发，结合中国产能过剩问题的特殊性与研究困境，对中国产能过剩的诱发根源、政府部门在产能过剩问题形成中的角色问题、产能过剩评估依据与产能利用率计算方法等问题展开分析与研究。在此基础上，本书构建了一个新的、适用于中国工业行业产能过剩问题分析的研究架构，新的研究架构包括新的产能过剩表述模型及与这一表述模型相契合的产能过剩分类方式。通过本部分的分析，有如下结论：

第一，中国产能过剩问题研究，必须重视市场需求快速扩张并衍生

① 现阶段在此处指2015年。

出大量投资需求的现实。

通过对产能过剩基本理论及中国特色的研究与分析，研究发现西方发达经济体的市场发育程度较高，基础性工业产品的需求基本饱和，所需仅用于更新换代而不会有显著增长，因而市场需求及投资行为较为平稳；中国除了面临市场需求持续、快速扩张的形势外，还面临加快经济结构转型升级、淘汰落后产能的客观需要，因而市场需求及投资行为存在较大的不确定性。

第二，必须认可市场机制在中国经济体系中的关键作用。

中国是一个转型中的发展中大国，市场经济体制尚不完备。在现有经济社会发展阶段，由政府宏观调控来弥补市场机制的缺陷是客观需要。但是，也必须意识到，经过改革开放仅 40 余年的发展，市场观念已经深植于中国经济体制中，无论是民营企业还是国有资本都能够主要按照市场机制运行。由前述分析可知，中国钢铁等行业的市场需求持续增长，加之大规模淘汰落后产能，形成了极大的投资需要。由于市场信息的分散性与易变性，政府部门甚至是中央政府也不可能总是及时地对市场形势做出准确评估，在市场机制下还要更加重视市场本身的作用，充分发挥企业的灵活自主性。

第三，从长期来看中国对钢铁、水泥等基础性工业产品的消费需求很可能尚未见顶。

当前，中国已经是世界第二大经济体（按照购买力平价法已经是世界第一大经济体），人民生活水平也有了很大提高。但是，中国也是世界第一人口大国，人均收入与人均消费水平相对于西方发达国家及部分发展中国家有显著差距。随着中国经济规模的持续扩大与人均收入水平稳步提升，即便不考虑人口增长因素，也可以很肯定地认为中国对于钢铁、水泥等基础性工业产品的消费需求还将继续增加。

第四，中国钢铁行业产能利用率与多项计量经济学研究文献结论的差异值得关注。

2003 年以来，政府便开始防范钢铁行业产能过剩问题并加以调控，多数研究文献认为，在钢铁、水泥等行业存在显著的市场失灵，企业与地方政府盲目扩大产能造成钢铁等行业产能过剩问题久治不愈。但是，通过对历年钢铁行业产能与产量的综合分析，会发现尽管钢铁投资活跃、产能持续快速增长，但 2003 ~2007 年钢铁行业产能利用率始终保持在 90%以上，即处于产能不足的状态；受 2008 年国际金融危机与大规模投资刺激方案实施的影响，钢铁行业供求状况改善、产能利用率有所降低，但 2008 ~2011 年钢铁行业产能利用率依然在 80%以上，即并未出现明显的产能过剩。自 2012 年起，钢铁行业产能利用率开始突破 80%的防线，但 2012 年、2013 年产能利用率依然高于 75%，处于轻微产能过剩水平；2014 年，钢铁行业产能利用率已经接近 70%，产能过剩问题日益严峻。

第五，大体上可以认为，中国钢铁行业产能过剩属于因下游行业出现未预期到的需求短板而引发的短板性产能过剩。

通过前文分析，可以认为存在以下情况。(1) 中国钢铁行业在 2012 年后确实出现了产能过剩，且形势逐渐恶化。(2) 从中长期来看，中国钢铁消费总量与人均钢铁消费水平还有较大的增长空间。(3) 多年来，中国实行从紧的房地产宏观调控政策，通过“限价、限购、限贷”等措施打击房地产市场投机行为，也不可避免地对非投机行为造成干扰。房地产业辐射面广、关联性强，从紧的房地产调控政策最初因市场需求旺盛而未能显现出立竿见影的效果，却在客观上存在拖累经济增长的效果；随着调控政策力度加强和长时间发酵，近年来，房地产企业商品房销售面积增速逐渐走低，甚至出现绝对性下滑。(4) 在外需疲软、内需回落、房地产调整及深层次结构变动的力量综合作用下，经济下行压力加剧。近年来，中国经济增长速度持续下滑，又会造成钢材消费需求增速放缓甚至绝对下降。

上述几种经济现象的存在，说明中国钢铁行业产能过剩具有如下特征：(1) 短期性，短期内确实显现了钢铁产能过剩的困境，但长期来看，市场需求有望增长；(2) 阶段性，2012 年之前，不存在钢铁产能过剩，2012 年，开始出现钢铁产能过剩，若采取有效措施，则有望顺利化解；

(3) 这一轮的钢铁产能过剩，始发于 2012 年，与房地产宏观调控和国民经济下滑具有很强的关联性；(4) 房地产不景气是造成国民经济下滑的关键因素之一。

综上所述，大体上可以得出结论，2012 年以来中国钢铁行业所发生的产能过剩与房地产宏观调控有紧密关联，是因国民经济在房地产开发领域出现需求短板而呈现出的短板性产能过剩。

房地产开发项目所消耗的钢材比例在钢材消费结构之中并不占有主导地位，但是，多年来中国基建投资高位运行，而工业制造领域消耗的钢材波动较小，以至于房地产开发领域的钢材消费波动在全部钢材消费波动中占据了关键地位，使得房地产开发领域的钢材波动情况直接影响了钢铁行业整体的供求形势。钢铁行业供求失衡的关键因素，在于房地产市场景气状况的波动，或许化解钢铁行业产能过剩也可以由此入手，相关问题有待进一步分析。

第 4 章　钢铁短板性产能过剩：来自中国行业运营视角的证据[①]

第 2 章有关产能过剩研究的反思以及第 3 章有关新的产能过剩评估方法及新的产能过剩分类方法的论述已经论证了中国钢铁行业产能过剩问题的性质，认为中国钢铁行业产能过剩问题属于国民经济中出现了需求短板而导致的短板性过剩。为了弥补已有文献的不足，深化系列研究成果，尚需通过数据分析进一步验证中国钢铁行业属于短板性产能过剩的假设是否合理，也需要进一步验证房地产市场调控政策是否对钢铁需求造成重大冲击并因实际市场需求低于预期而造成短板性的产能过剩。本章是关于中国钢铁行业经营状况的实证分析，第 5 章考察中国房地产调控政策对钢铁市场的影响。

本章分钢铁行业基本情况、钢铁行业经营状况、钢铁产品价格情况、钢铁行业投资情况四部分展开分析。一般来说，除了通过产能利用率直接评估产能过剩与否，还可以通过产品价格、行业利润率、净进口增长率等指标辅助评判，这是共识性的结论（窦斌和汤国生，2009；林毅夫等，2010；王立国，2010；于立和张杰，2014；韩国高，2014；钟春平和潘黎，2014）。此外，通过第 2 章与第 3 章对中国钢铁行业及各地方政府“盲目”投资观点的反思，认为中国钢铁行业的投资行为并非与市场机制

---

① 注：本章部分内容以《产能过剩背景下国内外钢材价格联动关系研究》为题发表于 2016 年第 6 期《价格理论与实践》，部分内容以《去产能背景下我国钢铁价格走势研究——基于钢铁行业供给侧结构性改革成效的分析》发表于 2017 年第 7 期《价格理论与实践》（CSSCI）。

格格不入甚至背道而驰。中国钢铁行业的投资行为依然满足按照市场规律运行的客观规律，即市场前景看好时投资意愿提高，市场前景看淡时投资意愿降低，因此，投资增长情况以及企业单位数变动情况也可以作为行业产能过剩形势判断的辅助依据。

可以预期，若一段时间内钢铁行业产品价格较高（通过纵向对比予以考察）甚至价格上涨，则从逻辑上不能得出钢铁行业产能过剩的结论；反之亦反是。若一段时间内钢铁行业利润率较高（通过纵向对比予以考察），则从逻辑上不能得出钢铁行业产能过剩的结论；反之，亦反是。若一段时间内钢材净进口规模显著增长且进口价格维持在较高水平，则从逻辑上不能得出钢铁行业产能过剩的结论；反之，亦反是。若一段时间内钢铁行业投资热情高涨，企业单位数持续扩大，则从逻辑上不能得出钢铁行业产能过剩的结论（若投资过度进而导致后续考察期内钢铁行业产能过剩则是另外一回事，必然会在产品价格及行业利润率等指标上予以体现）；反之，亦反是。

按照上述逻辑，本部分着重从前述指标体系出发，考察 2012 年前后中国钢铁行业经营状况是否出现显著变化，并据此检验有关“中国钢铁行业自 2012 年前后进入短板性产能过剩”状态的结论是否成立。若各项指标显示 2012 年以后钢铁行业产能过剩问题严重，但 2012 年之前不存在产能过剩问题，则可以证明第 2 章所提出的研究假设；否则，相应的研究假设可能会存在一定不足。

4.1　钢铁行业单位数及产量变动情况分析

对钢铁行业基本情况的分析，从钢铁行业产品产量、钢铁行业企业单位数两个角度开展分析。通过前文第 3.1 节的分析，可以认为企业在市场情况不理想的情况下，会降低产能利用率，控制产品产量以便减少库存，从而提高经营绩效；也即，在遭遇市场前景下滑的情况下，企业会优先考虑降低产品产量而不是减少行业产能。这一经营策略是在理性厂商假设基础上得出的，是与市场经济体制相符合的必然结果。通过对钢铁行业产品产量、行业单位数等基本情况的分析，可以检验本书研究假设的可靠性。

如表4－1所示，改革开放以来，中国钢铁行业产品产量迅猛攀升，其中，2015年粗钢、生铁与钢材的产量分别为1978年产量的25.3倍、19.9倍和50.9倍。考察期内三种产品的年均增长率分别为9.12%、8.41%和11.20%；2003年开始实施产能过剩问题治理以来，三种产品的年均增长率分别为11.30%、10.28%和13.68%；特别地，2012～2015年，三种产品的年均增长率分别为3.55%、1.38%和5.53%。综上可见，纵然在宏观调控政策从紧的不利形势之下，2003年以来钢铁行业依然实现了较快发展，甚至比改革开放以来的平均发展速度更快；但是，2012年以来钢铁行业三项产品产量增速明显放缓。因此，可以看出2003年以来钢铁行业总体经营状况较好，但自2012年起市场环境有所变化。

表4－1　　1978～2015年中国钢铁行业产量状况　　单位：万吨

年份	粗钢产量	生铁产量	钢材产量	年份	粗钢产量	生铁产量	钢材产量
1978	3178	3479	2208	1997	10894	11511	9979
1979	3448	3673	2497	1998	11559	11864	10738
1980	3712	3802	2716	1999	12426	12539	12110
1981	3560	3417	2670	2000	12850	13101	13146
1982	3716	3551	2902	2001	15163	15554	16068
1983	4002	3738	3072	2002	18237	17085	19252
1984	4347	4001	3372	2003	22234	21367	24108
1985	4679	4384	3693	2004	28291	26831	31976
1986	5220	5064	4058	2005	35324	34375	37771
1987	5628	5503	4386	2006	41915	41245	46893
1988	5943	5704	4689	2007	48929	47652	56561
1989	6159	5820	4859	2008	50306	47824	60460
1990	6635	6238	5153	2009	57218	55283	69405
1991	7100	6765	5638	2010	63723	59733	80277
1992	8094	7589	6697	2011	68528	64051	88620
1993	8956	8739	7716	2012	72388	66354	95578
1994	9261	9741	8428	2013	81314	71150	108201
1995	9536	10529	8980	2014	82231	71375	112513
1996	10124	10723	9338	2015	80383	69141	112350

资料来源：若非单独注明，本章数据来自中经网产业数据库。

由表4－2可以看出，虽然黑色金属冶炼及压延加工业规模以上工业企业单位数有些许波动，但总体呈现为明显的上升态势。2014 年，大中型工业企业单位数是 1999 年的 4.29 倍、2014 年工业企业单位数是 1999 年的 2.37 倍，行业企业规模扩容明显。2003 年起规模以上工业企业亏损单位数波动中扩张的态势直至 2010 年才开始扭转并出现负增长，但是大中型工业企业单位数直到 2012 年才开始持续下滑。可以看出，在 2003 ~ 2010 年以前，钢铁行业呈现持续扩张态势（尤其 2003 ~2005 年呈现井喷式扩张），2010 年以后上述持续扩张态势得以终止。因而，有理由认为，中国钢铁行业在 2010 年之前并不存在显著的产能过剩局面；单从上述指标来看，2011 年局势并不明朗。

表 4 -2　1999 ~2014 年黑色金属冶炼及压延加工业规模以上工业企业单位数

单位：个

年份	大中型工业企业单位数	工业企业单位数	规模以上工业企业亏损单位数	规模以上工业企业单位数扩张速度，%
1999	389	4451	1255	—
2000	369	4508	967	1.28
2001	383	4738	996	5.10
2002	371	4975	930	5.00
2003	689	5802	905	16.62
2004	666	7327	1255	26.28
2005	970	9798	2081	33.72
2006	1038	10651	1964	8.71
2007	1078	11627	1723	9.16
2008	1164	12529	2374	7.76
2009	1140	13729	2875	9.58
2010	1225	13352	1913	-2.75
2011	1331	10777	1386	-19.29
2012	1780	11031	2102	2.36
2013	1776	11034	1946	0.03
2014	1668	10564	1921	-4.26

资料来源：中经网产业数据库与国泰安数据库，截至 2016 年 11 月 1 日尚未公布 2015 年数据（此后若非特殊说明，一般都已将数据更新至 2016 年 11 月 1 日截止的数据）。

但是，值得注意的是，在表 4 -2 中，黑色金属冶炼及压延加工业规模以上的工业企业亏损单位数，1999 年的亏损率接近三成，2014 年，规模以上工业企业的亏损率接近两成。钢铁行业持续大面积亏损是一大特征，值得关注，也确实已经引起各级政府及众多学者广泛关注。

4.2 钢铁行业经营绩效分析

行业经营业绩向来被视为与产能过剩与否息息相关，不少文献将行业经营业绩下滑视为产能过剩的重要表现。本节有关钢铁行业经营状况的分析主要从亏损情况、利润情况、纳税情况、就业情况、行业产销与库存情况等角度开展分析。

通过表4-3中的黑色金属冶炼及压延加工业规模以上工业销售利润率、资产利润率及成本费用利润率等三项利润指标来看，相关企业的经营绩效呈现出明显波动。1999~2002年三项指标较低、2003~2007年三项指标极好、2008~2011年，三项指标有所回落、2012~2014年，三项指标进一步恶化。值得注意的是，行业企业数目扩张速度、规模以上工业企业亏损率等指标均与行业利润率之间保持了高度的关联性，行业利润率高时企业数目增多、行业亏损率下降。

表4-3 1999~2014年黑色金属冶炼及压延加工业规模以上工业企业经营绩效

单位:%

年份	规模以上工业企业亏损率	销售利润率	资产利润率	成本费用利润率	总资产贡献率
1999	28.20	1.16	0.55	0.89	4.66
2000	21.45	3.23	1.78	3.34	6.18
2001	21.02	3.71	2.15	3.73	6.25
2002	18.69	4.53	3.11	4.79	8.12
2003	15.60	5.86	5.04	6.39	10.84
2004	17.13	6.44	7.00	7.03	14.02
2005	21.24	4.86	5.52	5.25	11.31
2006	18.44	5.26	6.04	5.63	11.61
2007	16.44	5.11	6.12	6.42	13.70
2008	21.97	2.46	4.37	3.61	11.06
2009	20.39	2.41	2.36	3.25	7.97
2010	14.06	2.72	3.09	4.09	9.30
2011	12.86	2.89	3.91	3.39	8.88
2012	19.06	1.73	2.16	2.36	7.68
2013	28.20	2.22	2.71	2.29	7.21
2014	21.45	2.20	2.54	2.44	6.97

资料来源：中经网产业数据库。

图 4－1 绘制了 1999～2015 年黑色金属冶炼及压延加工业规模以上工业企业数与行业亏损率、资产利润率之间的关系。理论上来讲，当行业利润率提升时，行业亏损率将会降低，会吸引更多资本进入黑色金属冶炼及压延加工业，增加规模以上工业企业数量。

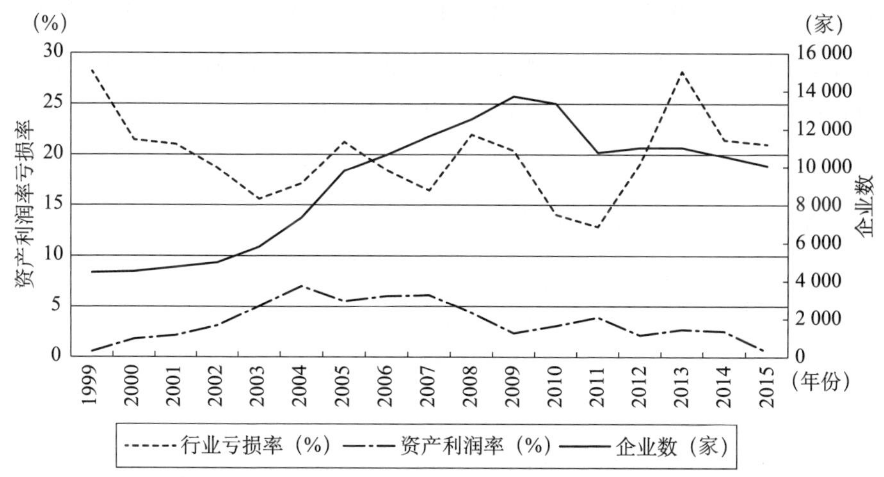

图 4－1　1999～2015 年钢铁行业经济绩效与行业企业扩张状况的关系

资料来源：若非特别说明，本章各图的基础数据均来自中经网产业数据库。

由图 4－1 可以看出，规模以上黑色金属冶炼及压延加工业亏损率、资产利润率以及企业数之间确实存在一定相关关系。经计算发现，钢铁行业资产利润率与企业数增长率及亏损率之间存在显著的相关关系。其中，行业资产利润率与行业企业数增长率之间的相关系数为 0. 609，显著性系数 sig 值为 0. 012；行业资产利润率与行业亏损率之间的相关系数为 －0. 496，显著性系数 sig 值为 0. 043。

从 1999 年起，钢铁行业资产利润率不断上升，带动行业亏损率下降；2003 年钢铁行业资产利润率超过 5%，此时，行业亏损率达到较低水平。在行业亏损率降低与资产利润率提高的刺激下，自 2003 年起钢铁行业规模以上工业企业数开始快速增加；随之，行业资产利润率停止增长而趋于稳定，行业亏损率有所抬头。2005 年，钢铁行业规模以上工业企业数增速达到历史最高水平，其行业亏损率比上年明显上升、资产利润率比上年明显下降。2006~2009年，钢铁行业资产利润率略有下降但仍保持较高水平，期间行业企业数也持续增长，但行业亏损率持续波动。2010~2011年，行业企业数开始减少，期间行业资产利润率与亏损率有所向好。2012年起，钢铁行业资产利润率大幅下滑，使得行业亏损率猛然提升、行业企业数量缓慢下降。截至2015年10月底，黑色金属冶炼与压延加工业以2015年前三季度行业利润总额算，钢铁行业资产利润率下滑至历年最低水平，行业亏损率居高不下，行业企业数量开始减少。

表4-4给出了黑色金属冶炼及压延加工业规模以上大中型工业企业主要经济指标，由表4-3和表4-4，还可以发现另外两个现象。

表4-4　　1999~2014年黑色金属冶炼及压延加工业规模以上大中型工业企业经营绩效　　单位：亿元

年份	资产总计	负债合计	主营业务收入	主营业务成本	利润总额	应交增值税	主营业务税金及附加
1999	7562	—	3170	2776	30	179	21
2000	8005	—	3862	3264	138	223	26
2001	8781	—	4472	3833	177	241	27
2002	8440	—	5072	4269	259	293	31
2003	11045	—	8834	7420	576	470	49
2004	13227	7725	13182	11314	969	570	59
2005	16848	10099	17740	15812	971	665	81
2006	20913	12693	21473	19033	1260	823	96
2007	26356	15974	29126	25527	1874	1174	165
2008	31677	20083	38200	34576	1307	1295	220
2009	37149	23630	36556	33532	1109	1066	153
2010	41209	27133	45299	41539	1692	1133	176
2011	46849	31727	54832	50281	1757	1185	163
2012	51199	34853	56850	52786	1042	1251	163
2013	54298	37150	59543	55501	1038	1051	155
2014	56941	37981	58480	53901	1225	1163	158

资料来源：中经网产业数据库。

第一，行业亏损率居高不下，但行业利润率始终为正值。

由表4-3可以看出，1999~2014年钢铁行业亏损率居高不下，但行业利润率始终为正值。这说明，存在一定的行业亏损率，并不表明企业没有盈利能力，实际上，在某些年份的企业利润率相当可观。

行业亏损情况与行业盈利情况是分别计算的，由亏损企业的经营业绩计算行业亏损情况，由盈利企业的经营业绩计算行业盈利情况。行业亏损率是规模以上工业企业亏损单位数与规模以上工业企业单位总数之比，只要行业内存在一定数量的亏损企业，其亏损率必然非零，但并不说明其他企业没有盈利。

第二，行业总资产贡献率始终保持在可观的水平上。

总资产贡献率，等于利润总额、税金总额、利息支出之和与平均资产之比，其中，税金总额等于应交增值税加上产品销售税金及附加。总资产贡献率反映了企业全部资产的获利能力，是企业经营业绩和管理水平的集中体现，是评价和考核企业盈利能力的核心指标。即便2013年行业亏损率近三成，其行业总资产贡献率也超过7%。由表4－4可以看出，1999～2014年相关企业缴纳的税收规模并不小，即钢铁行业相关企业所创造的社会价值并不能完全由利润总额或利润率来反映。

由于企业自身条件的差异性，部分企业在行业整体盈利的状况下亏损或部分企业在行业整体亏损的状况下盈利的情况都是普遍存在的。从以上分析可以看出，尽管黑色金属冶炼及压延加工业企业亏损率居高不下，其社会贡献却不可忽视，相关企业缴纳了可观的税收并吸纳了大量就业（见表4－5）。如不少学者所言，钢铁企业确实能够缴纳大量税收并创造就业，这解释了政府部门有动力积极发展钢铁产业的原因，或许也部分地解释了地方政府有意愿维系亏损企业继续经营的原因。

可见，以行业亏损率作为评估钢铁行业是否存在产能过剩的标准是不可取的，部分企业亏损并不能说明行业整体业绩不理想，也不能说明亏损企业没有做出社会贡献；一些文献，如窦斌（2009）指出，以行业利润率作为评估钢铁行业是否存在产能过剩或有一定参考价值。特别需要指出的是，事实证明，在2003年本轮调控措施的第一份钢铁行业产能过剩问题规制政策出台时，中国钢铁行业并未存在明显产能过剩，反而开启了一个中国钢铁行业难得的黄金时期，这也证实了第2章在综合考虑了行业需求快速增长、落后产能持续淘汰等因素后得出的结论。

表4－5　　2003～2013年黑色金属冶炼及压延加工业城镇单位就业人员数及工资情况

年份	年末就业人数（万人）	工资总额（亿元）	平均工资（元）
2003	190.0	345.8	17989
2004	184.5	389.9	21074
2005	187.2	450.0	24030
2006	187.7	506.0	26999
2007	193.3	589.3	30786
2008	189.4	656.8	34482
2009	192.1	708.0	36686
2010	196.6	806.7	41220
2011	216.4	959.6	44238
2012	239.3	1105.3	46086
2013	268.7	1372.4	50370

注：列出了黑色金属冶炼及压延加工业城镇单位就业人员数及工资情况，可见，黑色金属冶炼及压延加工业创造了大量城镇单位就业岗位。值得注意的是，该表所列示的仅仅是城镇单位就业人员，而非全国钢铁行业的就业人员。仅从黑色金属冶炼及压延加工业城镇单位就业人员数统计中并不能全面地反映出钢铁行业吸收的就业人员规模，但通过这一指标也能够发现，钢铁行业创造的就业规模相当可观。“—”表示无数据缺失。

资料来源：笔者根据历年《中国劳动统计年鉴》整理而得。

表4－6和表4－7按照企业类型划分，列出了不同类型黑色金属冶炼及压延加工业企业的盈利水平和经营情况。[①]

表4－6　　钢材库存与产销情况　　单位：%

年份	钢材库存增减率	钢材产销率	年份	钢材库存增减率	钢材产销率
1999	14.3	99.6	2007	23.4	99.4
2000	1.3	99.9	2008	11.9	99.4
2001	22.6	99.3	2009	22.5	99.5
2002	−4.8	100.3	2010	4.8	99.8
2003	−0.9	100.1	2011	24.7	99.3
2004	23.6	99.7	2012	15.8	99.6
2005	51.7	99.2	2013	29.8	99.1
2006	11.2	99.7	2014	22.3	99.3

资料来源：中经网产业数据库。

① 按照国家统计局公布的统计方案，股份制企业实际上与外资企业、私营企业及国有企业之间有重复部分。

表 4－7　1996～2015 年黑色金属冶炼及压延加工业的工业生产者出厂价格指数（上年同月＝100）

年月	价格指数	年月	价格指数	年月	价格指数	年月	价格指数
1996 年 10 月	98.45	2000 年 1 月	94.11	2003 年 4 月	109.80	2006 年 7 月	97.26
1996 年 11 月	100.16	2000 年 2 月	95.62	2003 年 5 月	109.60	2006 年 8 月	97.62
1996 年 12 月	99.98	2000 年 3 月	97.46	2003 年 6 月	109.30	2006 年 9 月	97.88
1997 年 1 月	98.92	2000 年 4 月	98.08	2003 年 7 月	110.30	2006 年 10 月	99.20
1997 年 2 月	98.63	2000 年 5 月	103.40	2003 年 8 月	111.30	2006 年 11 月	101.26
1997 年 3 月	97.93	2000 年 6 月	103.47	2003 年 9 月	110.80	2006 年 12 月	102.41
1997 年 4 月	97.61	2000 年 7 月	104.21	2003 年 10 月	112.00	2007 年 1 月	104.89
1997 年 5 月	97.93	2000 年 8 月	105.29	2003 年 11 月	113.40	2007 年 2 月	105.92
1997 年 6 月	97.71	2000 年 9 月	104.26	2003 年 12 月	114.60	2007 年 3 月	106.88
1997 年 7 月	96.85	2000 年 10 月	104.16	2004 年 1 月	118.60	2007 年 4 月	105.97
1997 年 8 月	97.11	2000 年 11 月	104.40	2004 年 2 月	122.00	2007 年 5 月	106.54
1997 年 9 月	96.52	2000 年 12 月	104.90	2004 年 3 月	124.40	2007 年 6 月	106.32
1997 年 10 月	97.01	2001 年 1 月	102.90	2004 年 4 月	124.30	2007 年 7 月	105.43
1997 年 11 月	97.70	2001 年 2 月	103.70	2004 年 5 月	121.10	2007 年 8 月	107.01
1997 年 12 月	98.14	2001 年 3 月	102.90	2004 年 6 月	118.50	2007 年 9 月	109.49
1998 年 1 月	98.70	2001 年 4 月	101.90	2004 年 7 月	116.20	2007 年 10 月	110.48
1998 年 2 月	97.34	2001 年 5 月	102.00	2004 年 8 月	117.10	2007 年 11 月	111.66
1998 年 3 月	97.16	2001 年 6 月	101.50	2004 年 9 月	117.20	2007 年 12 月	114.38
1998 年 4 月	95.31	2001 年 7 月	99.90	2004 年 10 月	117.50	2008 年 1 月	117.31
1998 年 5 月	95.11	2001 年 8 月	99.30	2004 年 11 月	115.80	2008 年 2 月	117.94
1998 年 6 月	95.25	2001 年 9 月	98.90	2004 年 12 月	114.20	2008 年 3 月	121.18
1998 年 7 月	94.33	2001 年 10 月	98.10	2005 年 1 月	110.80	2008 年 4 月	124.82
1998 年 8 月	93.54	2001 年 11 月	97.30	2005 年 2 月	107.60	2008 年 5 月	126.70
1998 年 9 月	93.81	2001 年 12 月	95.30	2005 年 3 月	106.50	2008 年 6 月	128.69
1998 年 10 月	92.21	2002 年 1 月	96.50	2005 年 4 月	106.30	2008 年 7 月	130.96
1998 年 11 月	91.74	2002 年 2 月	96.20	2005 年 5 月	107.40	2008 年 8 月	129.87
1998 年 12 月	92.71	2002 年 3 月	96.40	2005 年 6 月	107.90	2008 年 9 月	124.70
1999 年 1 月	92.42	2002 年 4 月	97.90	2005 年 7 月	106.40	2008 年 10 月	115.31
1999 年 2 月	92.89	2002 年 5 月	97.30	2005 年 8 月	104.30	2008 年 11 月	103.30
1999 年 3 月	92.99	2002 年 6 月	98.00	2005 年 9 月	102.60	2008 年 12 月	96.13
1999 年 4 月	92.42	2002 年 7 月	98.10	2005 年 10 月	100.30	2009 年 1 月	92.80
1999 年 5 月	92.32	2002 年 8 月	98.70	2005 年 11 月	98.70	2009 年 2 月	91.10
1999 年 6 月	93.44	2002 年 9 月	99.20	2005 年 12 月	97.00	2009 年 3 月	85.00
1999 年 7 月	93.68	2002 年 10 月	100.10	2006 年 1 月	93.41	2009 年 4 月	81.30
1999 年 8 月	92.79	2002 年 11 月	100.80	2006 年 2 月	92.38	2009 年 5 月	77.60
1999 年 9 月	93.57	2002 年 12 月	102.50	2006 年 3 月	91.40	2009 年 6 月	75.20
1999 年 10 月	95.75	2003 年 1 月	104.40	2006 年 4 月	90.78	2009 年 7 月	75.20
1999 年 11 月	93.97	2003 年 2 月	106.70	2006 年 5 月	92.60	2009 年 8 月	78.70
1999 年 12 月	94.82	2003 年 3 月	108.90	2006 年 6 月	95.75	2009 年 9 月	79.00

续表

年月	价格指数	年月	价格指数	年月	价格指数	年月	价格指数
2009 年 10 月	82.90	2011 年 5 月	109.50	2012 年 12 月	89.54	2014 年 7 月	95.48
2009 年 11 月	92.13	2011 年 6 月	111.30	2013 年 1 月	91.61	2014 年 8 月	93.88
2009 年 12 月	96.11	2011 年 7 月	113.48	2013 年 2 月	93.56	2014 年 9 月	91.53
2010 年 1 月	98.56	2011 年 8 月	112.28	2013 年 3 月	93.21	2014 年 10 月	90.88
2010 年 2 月	99.78	2011 年 9 月	109.43	2013 年 4 月	91.66	2014 年 11 月	90.43
2010 年 3 月	104.48	2011 年 10 月	106.15	2013 年 5 月	90.74	2014 年 12 月	89.63
2010 年 4 月	111.14	2011 年 11 月	101.21	2013 年 6 月	89.73	2015 年 1 月	88.53
2010 年 5 月	112.56	2011 年 12 月	98.40	2013 年 7 月	90.86	2015 年 2 月	85.73
2010 年 6 月	110.92	2012 年 1 月	95.61	2013 年 8 月	95.24	2015 年 3 月	85.27
2010 年 7 月	106.58	2012 年 2 月	92.54	2013 年 9 月	99.42	2015 年 4 月	84.44
2010 年 8 月	104.01	2012 年 3 月	92.61	2013 年 10 月	97.59	2015 年 5 月	83.23
2010 年 9 月	107.70	2012 年 4 月	92.67	2013 年 11 月	96.47	2015 年 6 月	82.22
2010 年 10 月	110.09	2012 年 5 月	91.15	2013 年 12 月	96.41	2015 年 7 月	80.43
2010 年 11 月	111.42	2012 年 6 月	89.80	2014 年 1 月	94.57	2015 年 8 月	79.97
2010 年 12 月	111.54	2012 年 7 月	88.93	2014 年 2 月	92.54	2015 年 9 月	80.02
2011 年 1 月	115.68	2012 年 8 月	85.31	2014 年 3 月	91.67	2015 年 10 月	79.62
2011 年 2 月	117.69	2012 年 9 月	82.11	2014 年 4 月	92.72	2015 年 11 月	78.80
2011 年 3 月	115.10	2012 年 10 月	84.72	2014 年 5 月	94.44	2015 年 12 月	77.70
2011 年 4 月	109.70	2012 年 11 月	88.12	2014 年 6 月	96.03		

资料来源：中经网产业数据库。

表 4－6 列示了 1999～2014 年以来黑色金属冶炼及压延加工业规模以上工业企业的钢材产销率及钢材库存增减率变动情况。由该表可以看出，钢铁企业的钢材产销率始终在 99% 以上水平，通过面向市场的决策机制，钢铁企业库存情况并未发生严重恶化。这也验证了前述有关“钢铁企业在遭遇市场不景气时优先减少产量以控制库存，然后，才有可能压缩生产能力”的论断。

通过上述的简要分析，可以看出以下两个问题。

第一，钢铁行业企业的经营状况并非历来不佳。

尤其是开启钢铁产能过剩问题治理的 2003～2007 年可算得上是中国钢铁产业发展的黄金岁月，并不存在产能过剩；但不可否认的是，2012～2014 年，中国钢铁行业企业的经营状况确实较之以往年份有了明显恶化。这些现象是与通过钢铁行业产能利用率分析得出的结论相符的，即中国钢铁行业确实是从 2012 年才开始进入产能过剩困境，而 2003～2011 年却不存在产能过剩。

第二，钢铁企业的社会贡献及经济贡献远非利润率所能体现。

由前述分析可以看出，即便个别年份钢铁行业整体经营状况较差，但其依然吸收了大量就业，缴纳了大量税款。这些特征既体现了钢铁产业的重要性（当然，钢铁行业作为基础工业，对于保障国家经济社会安全也有重大贡献），或许也是造成钢铁行业投资充裕并进一步因需求放缓而引发产能过剩的重要原因。鉴于钢铁行业的重要贡献，从实现供需均衡的目标来讲，挖掘需求潜力比卸载生产能力效果更佳。如何化解钢铁行业产能过剩难题并避免对经济社会造成不良冲击有待斟酌。

4.3　钢铁产品价格走势分析

产品价格情况分析是评估黑色金属冶炼及压延加工业运行状况的重要内容，是甄别钢铁行业是否存在产能过剩的重要手段。本节从工业生产者出厂价格指数、国内市场钢材价格、国际市场钢材价格等角度开展分析。

4.3.1　工业生产者出厂价格指数走势分析

本节先考察黑色金属冶炼及压延加工业的工业生产者出厂价格指数（上年同月 =100）。图 4 –2 列出了 1996 年 10 月至 2015 年 7 月的黑色金属冶炼及压延加工业的工业生产者价格指数，相关数据为以上年同月为 100 的同比指数。可以看出，1996 年 10 月至 2015 年 7 月共有五次价格持续走低和四次价格持续走高的过程，本轮价格下降始于 2011 年 12 月。1996 年 11 月 ~2000 年 4 月，是观测期内黑色金属冶炼及压延加工业的工业生产者价格指数的第一个下降区间，2001 年 7 月 ~2002 年 9 月，构成第二个下降区间，2005 年 11 月 ~2006 年 10 月，构成第三个下降区间，

2008 年 12 月 ~2010 年 2 月，构成第四个下降区间，2011 年 12 月至 2015 年 7 月构成第五个下降区间。与五个下降区间相间的是 2000 年 5 月 ~ 2001 年 6 月、2002 年 10 月 ~2005 年 10 月、2006 年 11 月 ~2008 年 11 月、2010 年 3 月 ~2011 年 11 月四个黑色金属冶炼及压延加工业的工业生产者出厂价格的上升区间。

相关数据始于 1996 年 10 月，若以各年 10 月的工业生产者价格指数（上年同月 =100）为基准进行考察，则 2014 年工业生产者价格指数是 1995 年 10 月的 1.047 倍。即，以 1995 年 10 月工业生产者出厂价格为 100，2014 年 10 月为 104.7。由于 2015 年 9 月工业生产者价格指数（上年同月 =100）为 80.02，可以认为 2015 年 10 月工业生产者价格指数大体上相当于1995 年10 月工业生产者价格指数的83.80%。即，以1995 年 10 月工业生产者出厂价格为 100，2015 年 9 月，工业生产者出厂价格大体上等于 83.80。

由图 4 -2 结合表 4 -7 可以看出，2002 年 10 月 ~2005 年 10 月长达 37 个月的价格上升期与 2006 年 11 月 ~2008 年 11 月长达 25 个月的价格上升期几乎是连贯的，而且，2002 年 10 ~2008 年 11 月期间工业生产者出厂价格指数始终高于 90。即，在 2003 ~2008 年，钢铁行业生产者出厂价格持续走高。这与前文所得到的同期钢铁行业经营绩效极佳、行业投资热情高涨的典型事实相符；从价格指数角度来看，2003 ~2008 年，不仅不存在钢铁产能过剩，还存在一定程度的供不应求。

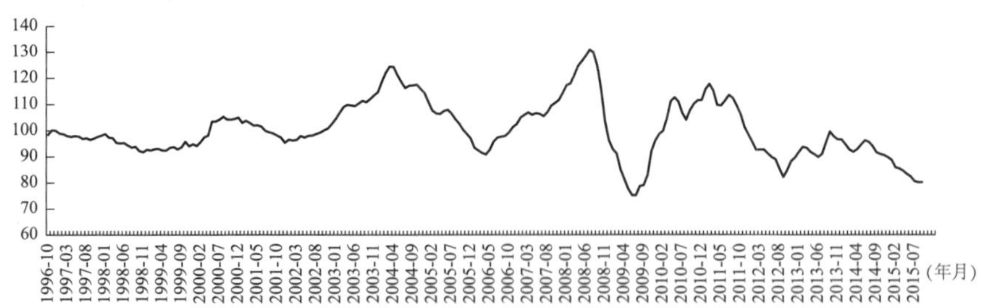

图 4 -2　1996 ~2015 年黑色金属冶炼及压延加工业工业生产者出厂价格指数变动趋势

为了更好地理解黑色金属冶炼及压延加工业的工业生产者出厂价格指数的变动情况，图4-3特别列出冶金部门工业生产者出厂价格指数以作对比。由该图可以看出，冶金工业的工业生产者价格指数也呈现出明显的波动特征，其中，2002年12月~2008年10月连续71个月大体保持了持续上涨的势头，在经过一年左右的大幅下挫后，于2009年12月又开启了一个持续24个月的持续上涨期，但2011年12月至2015年9月一直处于价格下降区间。

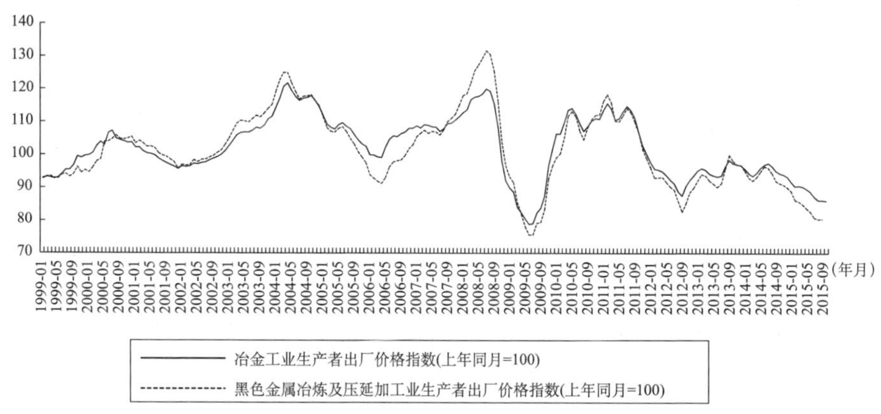

图4-3　1999~2015年冶金部门的工业生产者出厂价格指数走势

若以1999年1月的价格为100，则2015年1月的价格为129.00；若以1999年12月的价格为100，则2015年10月的价格为129.04；总体来看，在考察期的202个月内，冶金工业生产者价格指数呈现上涨趋势。对应黑色金属冶炼及压延加工业价格变动的考察期，2005年1月~2015年1月，冶金工业生产者价格指数上涨了2.96%；2005年12月~2015年10月，冶金工业生产者价格指数上涨了1.24%。可见，虽然在2005年至今的11年中钢铁行业呈现产品价格的大幅下跌，冶金行业的产品价格并未下降，也能从侧面反映当前钢铁行业产能过剩问题严重。

4.3.2　国内钢材价格走势分析

表4-8列出了2005年以来高线、热轧卷板、镀锌板、角钢、螺纹钢、中厚板、冷轧薄板、无缝管等八种钢材价格以及国内钢材综合价格情况。

表 4-8　　2005 年 2 月~2015 年 12 月国内钢材价格　　单位：元/吨

月份	高线	热轧卷板	镀锌板	角钢	螺纹钢	中厚板	冷轧薄板	无缝管	国内钢材综合价格
2005 年 2 月	3609	5172	7315	—	3713	5308	7435	5839	5496
2005 年 3 月	3852	5431	7623	—	3977	5651	7826	5921	5756
2005 年 4 月	3617	5322	7793	—	3736	5661	7624	5944	5679
2005 年 5 月	3446	5140	7584	—	3548	5627	7287	5914	5518
2005 年 6 月	3187	4137	6991	—	3157	5283	6395	5738	4987
2005 年 7 月	3325	3993	6658	—	3330	5125	6182	5604	4879
2005 年 8 月	3360	3975	6598	—	3387	4957	6117	5581	4851
2005 年 9 月	3217	3841	6354	—	3226	4463	6002	5583	4680
2005 年 10 月	3061	3493	5828	—	3081	3865	5601	5560	4376
2005 年 11 月	3091	3255	5355	—	3087	3683	4936	5470	4140
2005 年 12 月	3048	3120	4744	—	3053	3544	4480	5331	3919
2006 年 1 月	2981	3167	4743	—	2981	3431	4631	5215	3884
2006 年 2 月	3004	3557	5041	—	3008	3579	5078	5265	4077
2006 年 3 月	3062	3985	5291	—	3072	3887	5459	5276	4305
2006 年 4 月	3154	4100	5418	—	3160	4142	5419	5283	4397
2006 年 5 月	3356	4191	5565	—	3261	4320	5422	5240	4482
2006 年 6 月	3468	4604	6221	—	3329	4837	5711	5246	4779
2006 年 7 月	3133	4047	6041	—	3048	4426	5370	5095	4469
2006 年 8 月	3153	4016	5858	—	3055	4274	5197	5022	4373
2006 年 9 月	3195	4116	5917	—	3090	4348	5251	4997	4424
2006 年 10 月	3151	4110	6009	—	3075	4376	5276	4960	4429
2006 年 11 月	3117	3983	5982	—	3092	4328	5233	4940	4389
2006 年 12 月	3120	3947	5970	—	3106	4311	5267	4892	4375
2007 年 1 月	3201	4191	6043	—	3244	4461	5410	4898	4496
2007 年 2 月	3263	4315	6096	—	3324	4613	5475	4916	4572
2007 年 3 月	3254	4286	6082	—	3330	4640	5463	4916	4569
2007 年 4 月	3381	4373	6073	—	3433	4686	5488	4923	4625
2007 年 5 月	3666	4376	6022	—	3632	4850	5489	4982	4716
2007 年 6 月	3557	4180	5872	—	3514	4800	5408	4924	4606
2007 年 7 月	3583	4094	5722	—	3609	4900	5375	4908	4590
2007 年 8 月	3780	4270	5724	—	3823	5044	5424	4947	4699
2007 年 9 月	3895	4421	5730	—	3980	5141	5459	5032	4791
2007 年 10 月	3933	4461	5743	—	4042	5186	5422	5067	4823
2007 年 11 月	4153	4534	5718	—	4258	5248	5432	5108	4954
2007 年 12 月	4528	4910	5917	—	4619	5533	5763	5339	5258
2008 年 1 月	4467	4976	5955	—	4551	5573	5936	5404	5301
2008 年 2 月	4810	5341	6350	—	4867	6031	6412	5777	5680
2008 年 3 月	4993	5505	6696	—	5002	6312	6740	6359	5980
2008 年 4 月	5208	5644	6823	—	5214	6603	6815	6549	6156
2008 年 5 月	5832	5941	7287	—	5714	6990	7221	7014	6592

续表

月份	高线	热轧卷板	镀锌板	角钢	螺纹钢	中厚板	冷轧薄板	无缝管	国内钢材综合价格
2008 年 6 月	5777	6030	7735	—	5610	7105	7479	7630	6785
2008 年 7 月	5694	6154	7758	—	5585	7061	7465	7717	6806
2008 年 8 月	5031	5620	7350	—	5136	6795	6995	7524	6397
2008 年 9 月	4777	5273	6972	—	4905	6217	6628	7126	6049
2008 年 10 月	3552	3626	5224	—	3673	4701	4927	6022	4563
2008 年 11 月	3568	3547	4777	—	3679	4485	4609	5166	4299
2008 年 12 月	3589	3804	4889	—	3721	4396	4668	5061	4341
2009 年 1 月	3865	4171	5111	—	3961	4655	5069	5111	4591
2009 年 2 月	3449	3717	4783	—	3598	4261	4673	4977	4251
2009 年 3 月	3270	3591	4639	—	3429	4048	4613	4775	4101
2009 年 4 月	3304	3438	4550	—	3474	3958	4485	4575	3974
2009 年 5 月	3496	3616	4650	—	3656	4059	4610	4497	4084
2009 年 6 月	3672	3810	4895	—	3775	4157	4871	4593	4244
2009 年 7 月	4073	4150	5351	—	4187	4388	5373	4804	4584
2009 年 8 月	3780	3810	5446	—	3996	4285	5374	5022	4502
2009 年 9 月	3513	3733	5201	—	3682	4054	5155	4732	4271
2009 年 10 月	3501	3718	5070	—	3629	3982	5048	4652	4203
2009 年 11 月	3636	3917	5271	—	3759	4171	5279	4643	4343
2009 年 12 月	3744	3988	5460	—	3847	4251	5586	4690	4462
2010 年 1 月	3831	4009	5527	—	3900	4368	5708	4803	4543
2010 年 2 月	3839	4059	5505	—	3892	4329	5703	4805	4542
2010 年 3 月	4140	4444	5740	—	4205	4790	6022	5017	4860
2010 年 4 月	4533	4817	5956	—	4576	5166	6302	5651	5242
2010 年 5 月	4129	4551	5786	—	4219	4983	6018	5559	5010
2010 年 6 月	4002	4373	5601	—	4028	4812	5708	5349	4822
2010 年 7 月	3977	4334	5424	—	4039	4729	5409	5243	4722
2010 年 8 月	4208	4375	5576	—	4200	4847	5549	5305	4850
2010 年 9 月	4395	4490	5718	—	4364	4916	5667	5396	4970
2010 年 10 月	4385	4473	5726	4354	4301	4469	5385	5620	4857
2010 年 11 月	4616	4532	5761	4445	4552	4503	5411	5670	4936
2010 年 12 月	4742	4710	5826	4572	4680	4722	5505	5774	5066
2011 年 1 月	4848	4966	5967	4720	4829	4952	5655	5948	5236
2011 年 2 月	4912	5068	6050	4824	4921	5053	5718	6124	5334
2011 年 3 月	4697	4865	5979	4756	4705	4884	5634	6064	5198
2011 年 4 月	4876	5041	6026	4825	4918	5034	5665	6037	5303
2011 年 5 月	4958	5035	6050	4851	5024	5048	5645	6080	5336
2011 年 6 月	4910	4932	6034	4835	4953	4967	5522	6060	5277
2011 年 7 月	4984	4953	6032	4840	4995	4921	5500	6027	5282
2011 年 8 月	5077	4970	6069	4876	4996	4944	5563	6027	5315
2011 年 9 月	4908	4832	6053	4843	4802	4837	5556	5980	5226

续表

月份	高线	热轧卷板	镀锌板	角钢	螺纹钢	中厚板	冷轧薄板	无缝管	国内钢材综合价格
2011 年 10 月	4434	4413	5864	4618	4293	4444	5367	5843	4910
2011 年 11 月	4587	4410	5644	4508	4412	4352	5319	5713	4868
2011 年 12 月	4465	4390	5453	4430	4329	4268	5255	5659	4781
2012 年 1 月	4343	4380	5428	4385	4256	4236	5210	5614	4732
2012 年 2 月	4234	4397	5389	4348	4209	4273	5177	5611	4705
2012 年 3 月	4380	4506	5445	4407	4368	4437	5218	5579	4793
2012 年 4 月	4379	4506	5460	4403	4353	4448	5193	5592	4792
2012 年 5 月	4181	4373	5418	4342	4159	4272	5091	5502	4667
2012 年 6 月	4135	4290	5368	4231	4119	4163	4941	5443	4586
2012 年 7 月	3826	3934	5201	4082	3779	3837	4674	5342	4334
2012 年 8 月	3638	3661	5005	3854	3578	3559	4491	5057	4105
2012 年 10 月	3840	3860	5012	3816	3850	3673	4558	4927	4192
2012 年 11 月	3698	4008	5014	3790	3744	3761	4584	4952	4194
2012 年 12 月	3682	4075	5033	3783	3688	3796	4628	4869	4194
2013 年 1 月	3757	4193	5084	3871	3770	3977	4745	4932	4291
2013 年 2 月	3846	4250	5164	3965	3877	4070	4893	4947	4377
2013 年 3 月	3726	4044	5180	3938	3735	3931	4798	4930	4285
2013 年 4 月	3695	3945	5163	3911	3686	3866	4745	4883	4237
2013 年 5 月	3636	3772	5057	3777	3614	3745	4658	4827	4136
2013 年 6 月	3446	3642	4897	3573	3414	3588	4462	4721	3968
2013 年 7 月	3543	3755	4842	3584	3554	3678	4455	4698	4014
2013 年 8 月	3639	3818	4891	3646	3644	3714	4526	4717	4074
2013 年 9 月	3582	3744	4880	3615	3552	3597	4540	4714	4028
2013 年 10 月	3546	3641	4841	3562	3579	3495	4499	4617	3973
2013 年 11 月	3546	3641	4841	3562	3579	3495	4499	4617	3973
2013 年 12 月	3546	3659	4797	3562	3576	3540	4436	4572	3586
2014 年 1 月	3453	3613	4766	3544	3460	3494	4411	4551	3912
2014 年 3 月	3342	3505	4731	3513	3307	3455	4335	4450	3830
2014 年 4 月	3424	3567	4716	3524	3366	3509	4276	4435	3852
2014 年 5 月	3342	3521	4716	3462	3266	3470	4226	4404	3801
2014 年 6 月	3271	3498	4697	3410	3203	3440	4182	4363	3758
2014 年 7 月	3223	3481	4653	3371	3179	3381	4121	4289	3712
2014 年 8 月	3170	3434	4646	3333	3121	3327	4096	4212	3667
2014 年 9 月	2946	3244	4559	3192	2902	3169	4012	4080	3513
2014 年 10 月	3039	3188	4504	3146	2993	3074	3972	4023	3492
2014 年 11 月	2993	3142	4469	3108	2942	3025	3938	3974	3449
2014 年 12 月	2858	3131	4414	3037	2791	3010	3891	3883	3377
2015 年 1 月	2608	2883	4260	2869	2568	2705	3728	3736	3170
2015 年 2 月	2540	2776	4162	2801	2498	2632	3637	3687	3092
2015 年 3 月	2630	2714	4049	2762	2610	2638	3467	3604	3059
2015 年 4 月	2574	2640	3911	2737	2498	2576	3292	3480	2964
2015 年 5 月	2519	2630	3822	2712	2449	2543	3233	3408	2915

续表

月份	高线	热轧卷板	镀锌板	角钢	螺纹钢	中厚板	冷轧薄板	无缝管	国内钢材综合价格
2015 年 6 月	2294	2427	3563	2548	2196	2277	3038	3283	2703
2015 年 7 月	2235	2207	3376	2426	2124	2131	2797	3153	2556
2015 年 8 月	2345	2218	3262	2422	2209	2170	2746	3093	2558
2015 年 9 月	2208	2143	3182	2350	2092	2048	2690	2983	2462
2015 年 10 月	2165	2088	3091	2300	2083	2026	2601	2923	2410
2015 年 11 月	2116	1988	3000	2197	2030	1965	2488	2840	2328
2015 年 12 月	2036	2070	2975	2107	1947	1951	2593	2698	2297

注："—"表示数据缺失，2012 年 9 月数据缺失。

资料来源：中经网产业数据库。

首先，需要指出的是，八种钢材价格走势与国内钢材综合价格走势大体一致，因而可以由国内钢材综合价格作为代表指标。其次，需要指出的是，2011 年以来各种钢材价格持续显著下滑。2011 年 8 月以来国内钢材综合价格由 5315 元/吨降至 2015 年 8 月的 2558 元/吨，降幅达到 51.87%。若以 2008 年 7 月峰值水平的 6806 元/吨来计算，则国内钢材综合价格下降了 62.42%；2015 年 8 月，国内钢材综合价格仅为近十年来历史峰值的 1/3 左右。

依据钢材价格及工业生产者出厂价格指数等信息，2011 年末以来的近四年时间内国内钢铁价格持续走低，恰恰与第 2 章依据产能过剩状况评估公式得出的"2012 年以来钢铁行业确实存在轻微程度的产能过剩（按照新的评估公式计算的 2012 年、2013 年粗钢产能利用率分别为 79.41%和 75.44%，2014 年产能利用率低于 72.66%）"一致。

因数据原因，前述研究尚未评估 2014 年、2015 年钢铁行业的产能利用率；但是，考虑到近两年来钢材价格持续走低的现象，有理由认为，2014 年、2015 年钢铁行业产能利用率有可能低于 70%，甚至更低，则可以较肯定地得出钢铁行业已经出现产能过剩甚至产能过剩状况还比较严峻的结论。

按照第 3 章提出的理论，2012 年以来钢铁行业出现的产能过剩属于因需求增长低于预期，包含新投产产能后的钢铁总产能远超出市场需求的"短板性产能过剩"，相关结论尚有待进一步验证。

八种钢材价格走势与国内钢材综合价格指数走势基本一致，因此可以由国内钢材综合价格作为代表指标考察近年来国内钢材市场价格变动的情况。图4－4、表4－8单独列出了2005～2015年国内钢材综合价格变动情况，图4－4还给出了12个月的平滑线及长期趋势线，表4－9给出了国内钢材综合价格变动情况。由线性趋势线可以看出，2005～2015年国内钢材综合价格呈现下降趋势；由12个月的平滑线可以看出，2005年、2009年的两次大幅下挫和2007年的钢材价格上涨尤为明显；2012～2015年的钢材价格降低速度虽缓但持续时间极长，也很值得关注。

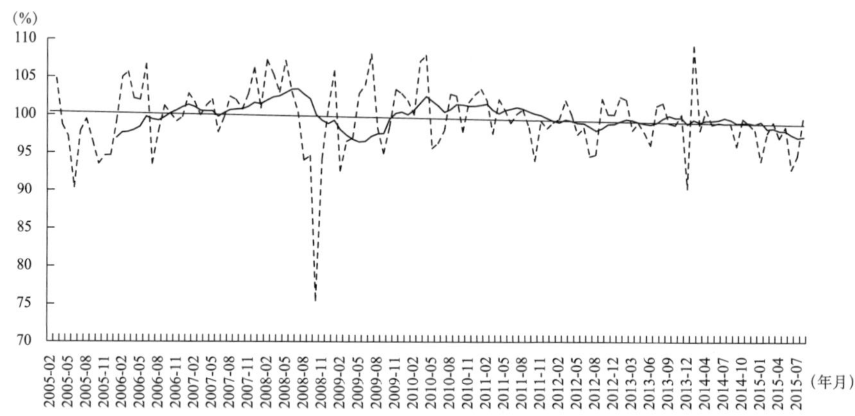

图4－4　2005～2015年国内钢材综合价格变动情况

由月度国内钢材综合价格变动情况可以看出，2005～2015年，国内钢材价格大幅波动。11年间，年内钢材综合价格上涨的年份有2006年、2007年和2010年，其余年份的年末价格均低于年初价格；从月份上来看，年内价格上涨月份多于下降月份的有2006年、2007年、2008年和2010年，年内价格上涨月份少于下降月份的有2005年、2012年、2013年、2014年及2015年。2009年及2011年均分别有6个月上涨和6个月下降。值得注意的是，2008年10月国内钢材综合价格较之上月大幅下跌近25%，使得该年虽然有8个月价格上涨总体却呈现价格下降；而2009年12月及2011年12月较之同年1月的钢材综合价格降幅均小于10%，可见，上述两种视角的观察并不矛盾，非参数统计分析有一定价值。

结合一年期趋势平滑线，可以看出十余年间钢材价格大致经历了三次价格持续下滑与两次价格持续上涨的过程：2005 年前后、2008 年前后及 2011 年以后的钢价持续下滑和 2007 年前后、2010 年前后的钢价显著提升。值得注意的是，连续 10 个月以上钢材价格同向变动的时间段共有三次，分别是 2005 年 4 月 ~2006 年 1 月间的钢铁价格下滑、2007 年 8 月 ~ 2008 年 7 月的钢铁价格上涨和 2014 年 5 月 ~2015 年 7 月间的钢铁价格下滑。

根据表 4 –8 计算可得。虽然 2005 ~2015 年国内钢材综合价格有涨有跌，但总体而言上涨的力量弱于下降的力量，以至于国内钢材综合价格从 2005 年 2 月的 5496 元/吨降低至 2015 年 8 月的 2558 元/吨，降幅达到 53.46%。实际上，2005 年 2 月 ~2015 年 8 月，高线、热轧卷板、镀锌板、螺纹钢、中厚板、冷轧薄板、无缝管的价格分别下降了 35.02%、57.12%、55.41%、40.51%、59.12%、63.07%和 47.03%。

依据分析，2003 ~2005 年，规模以上黑色金属冶炼及压延加工业企业利润率较高，因而，当时钢铁行业价格或许处于相对较高的水平，后期有所降低；但是，通过对 2012 年及以后数年利润率情况的分析，可以发现规模以上黑色金属冶炼及压延加工业企业的经营状况不佳。仅从这一点来看，2012 ~2015 年钢铁行业的经营效益比之有关钢材行业过剩产能规制政策一出台时的境况相差甚远，也能够佐证 2012 年以后钢铁行业确实存在产能过剩，但 2003 年刚开始制定相关政策时钢铁行业未有产能过剩的结论。

图 4 –4 还给出了 1999 年以来冶金部门工业生产者出厂价格指数走势，并辅以黑色金属冶炼及压延加工业生产者出厂价格指数作为参照。可以看出，冶金部门工业生产者出厂价格指数也呈现出明显的波动特征，其中，2002 年 12 月 ~2008 年 10 月连续 71 个月大体保持持续上涨势头，在经过约一年大幅下挫后，于 2009 年 12 月又开启了一个持续 24 个月的上涨期，但 2011 年 12 月 ~2015 年 12 月一直处于价格下降区间。

依据表4-9总体来看，在考察期的202个月内，冶金工业生产者出厂价格指数呈现上涨趋势，但是，以不同月份为基准计算的环比价格上涨幅度不同：若以1999年1月的冶金工业的工业生产者出厂价格为100，则2015年1月的冶金工业生产者出厂价格为118.95；若以1999年12月的价格为100，则2015年10月的价格为127.92。以此类推，表4-10列出了分别以不同月份为基准计算的冶金工业生产者出厂价格指数上涨幅度，以这12个不同基准的环比价格指数求算术平均值和几何平均值分别为122.01和121.89，二者相差无几。如表4-10所示，对黑色金属冶炼及压延加工业计算的各月基准的环比价格指数均明显小于冶金工业对应月份的环比价格指数，黑色金属冶炼及压延加工业各月基准环比价格指数的算术平均值与几何平均值分别是105.91及105.70。

表4-9　2005~2015年国内钢材综合价格变动情况（上月=100）

年月	价格变动	年月	价格变动	年月	价格变动	年月	价格变动
2005年3月	104.73	2006年10月	100.11	2008年5月	107.09	2009年12月	102.73
2005年4月	98.66	2006年11月	99.10	2008年6月	102.94	2010年1月	101.81
2005年5月	97.16	2006年12月	99.68	2008年7月	100.30	2010年2月	99.98
2005年6月	90.38	2007年1月	102.77	2008年8月	93.99	2010年3月	107.01
2005年7月	97.83	2007年2月	101.69	2008年9月	94.56	2010年4月	107.85
2005年8月	99.43	2007年3月	99.93	2008年10月	75.44	2010年5月	95.57
2005年9月	96.47	2007年4月	101.23	2008年11月	94.21	2010年6月	96.25
2005年10月	93.50	2007年5月	101.97	2008年12月	100.98	2010年7月	97.93
2005年11月	94.61	2007年6月	97.67	2009年1月	105.77	2010年8月	102.71
2005年12月	94.66	2007年7月	99.65	2009年2月	92.58	2010年9月	102.47
2006年1月	99.11	2007年8月	102.37	2009年3月	96.49	2010年10月	97.73
2006年2月	104.97	2007年9月	101.96	2009年4月	96.89	2010年11月	101.64
2006年3月	105.59	2007年10月	100.67	2009年5月	102.76	2010年12月	102.64
2006年4月	102.14	2007年11月	102.72	2009年6月	103.92	2011年1月	103.34
2006年5月	101.93	2007年12月	106.14	2009年7月	108.01	2011年2月	101.87
2006年6月	106.63	2008年1月	100.81	2009年8月	98.22	2011年3月	97.45
2006年7月	93.51	2008年2月	107.16	2009年9月	94.88	2011年4月	102.02
2006年8月	97.85	2008年3月	105.28	2009年10月	98.41	2011年5月	100.63
2006年9月	101.17	2008年4月	102.93	2009年11月	103.33	2011年6月	98.88

续表

年月	价格变动	年月	价格变动	年月	价格变动	年月	价格变动
2011 年 7 月	100.09	2012 年 8 月	94.72	2013 年 10 月	98.62	2014 年 12 月	97.91
2011 年 8 月	100.64	2012 年 10 月	102.11	2013 年 11 月	100.00	2015 年 1 月	93.86
2011 年 9 月	98.33	2012 年 11 月	100.04	2013 年 12 月	90.27	2015 年 2 月	97.54
2011 年 10 月	93.94	2012 年 12 月	100.01	2014 年 1 月	109.08	2015 年 3 月	98.95
2011 年 11 月	99.16	2013 年 1 月	102.31	2014 年 3 月	97.91	2015 年 4 月	96.87
2011 年 12 月	98.21	2013 年 2 月	101.99	2014 年 4 月	100.58	2015 年 5 月	98.35
2012 年 1 月	98.96	2013 年 3 月	97.92	2014 年 5 月	98.67	2015 年 6 月	92.75
2012 年 2 月	99.43	2013 年 4 月	98.87	2014 年 6 月	98.87	2015 年 7 月	94.56
2012 年 3 月	101.87	2013 年 5 月	97.62	2014 年 7 月	98.78	2015 年 8 月	100.08
2012 年 4 月	99.98	2013 年 6 月	95.94	2014 年 8 月	98.79	2015 年 9 月	95.82
2012 年 5 月	97.40	2013 年 7 月	101.15	2014 年 9 月	95.79	2015 年 10 月	97.91
2012 年 6 月	98.26	2013 年 8 月	101.51	2014 年 10 月	99.41	2015 年 11 月	96.50
2012 年 7 月	94.51	2013 年 9 月	98.86	2014 年 11 月	98.75	2015 年 12 月	98.27

资料来源：中经网产业数据库。

表 4－10　　2005～2015 年黑色金属冶炼及压延加工业与冶金工业历年环比价格指数的对比

对比期数	黑色金属冶炼及压延加工业的工业生产者出厂价格指数（上年同月＝100）	冶金工业的工业生产者出厂价格指数（上年同月＝100）
1 月环比价格指数	105.66	118.95
2 月环比价格指数	105.25	117.87
3 月环比价格指数	105.90	120.70
4 月环比价格指数	103.84	120.53
5 月环比价格指数	104.96	119.38
6 月环比价格指数	104.00	122.81
7 月环比价格指数	98.88	119.76
8 月环比价格指数	99.00	116.71
9 月环比价格指数	94.87	114.62
10 月环比价格指数	118.92	133.47
11 月环比价格指数	116.33	131.47
12 月环比价格指数	113.36	127.92
算术平均数	105.91	122.01
几何平均数	105.70	121.89

资料来源：笔者计算而得。

对应黑色金属冶炼及压延加工业价格变动的考察期，即 2005～2015

年可以发现：2005 年 1 月 ~2015 年 1 月，冶金工业生产者出厂价格指数上涨了 2.96，但黑色金属冶炼及压延加工业的工业生产者出厂价格指数下降了 10.82；同理，2005 年 2 月 ~2015 年 2 月，冶金工业生产者价格指数下降了 0.69，黑色金属冶炼及压延加工业的工业生产者出厂价格指数下降了 15.20；若进一步求出各基准的算术平均数，可知冶金工业生产者出厂价格指数下降了 2.77，黑色金属冶炼及压延加工业的工业生产者出厂价格指数下降了 17.50。可见，虽然在 2005 ~2015 年的 11 年中钢铁行业呈现产品价格大幅下跌，但冶金行业的产品价格并未过多下降，这能从侧面反映出当前钢铁行业产能过剩问题的严重程度。

4.3.3 国际钢铁价格走势分析

图 4 –5 列示了 2005 ~2015 年间国际与国内两大市场钢铁价格变动情况。由该表可以看出，以左轴为刻度的国际钢铁价格指数（1994 年 = 100）与以右轴为刻度的国内钢材综合价格指数（1994 年 =100）走势基本相同，但是，前者明显大于后者。即 1994 ~2015 年国际钢铁市场上的价格上涨幅度要大一些。

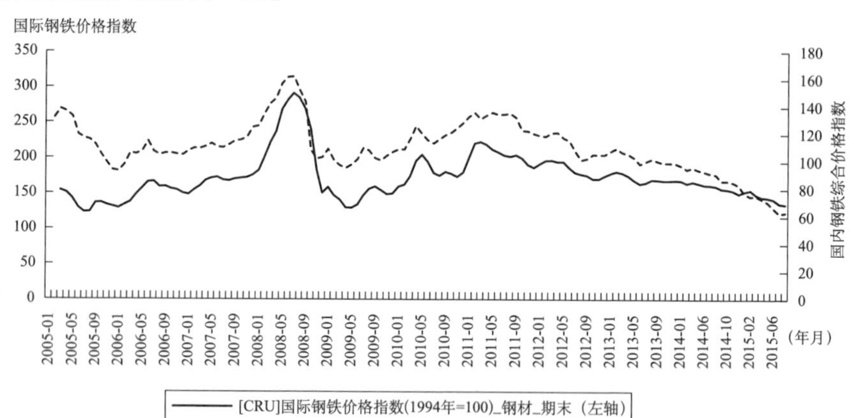

图 4 –5 近年来国际钢铁价格、国内钢铁价格指数（月度，1994 年 =100）

资料来源：中经网产业数据库。

依据图 4 - 5 进一步观察可知，2005 年 3 月，国内钢铁价格指数为 138.3、同期国际钢铁价格指数为 154.5，而 2015 年 8 月的国内钢铁价格指数为 63.36、国际钢铁价格指数为 134.7。在考察期内，国内钢铁价格下降了 54.19%，而国际钢铁价格仅下降了 12.82%。即，2005 ~ 2015 年，国内市场钢铁价格下跌幅度超过一半、而国际市场上钢铁价格仅下降一成左右。在不了解国内外钢铁价格相对水平的情况下，若将国内市场、国际市场钢铁价格的变动自动默认为唯一由供求关系决定，则国内市场供大于求的程度更严重。

图 4 - 6 给出了 2004 年以来国际市场上主要的钢材出口国家交易价格。由图 4 - 6 可以看出，中国与德国均同时作为钢铁出口国参与国际钢铁贸易，但德国的贸易模式恰与中国相反：中国出口低价钢材，而德国出口高价钢材。这一贸易模式实际上说明，中国出口低端钢材而进口高端钢材调剂、德国出口高端钢材却进口低端钢材调剂，可见，中国钢铁工业虽然产量已居于世界第一位，但产品的品位尚与发达国家有一定差距。

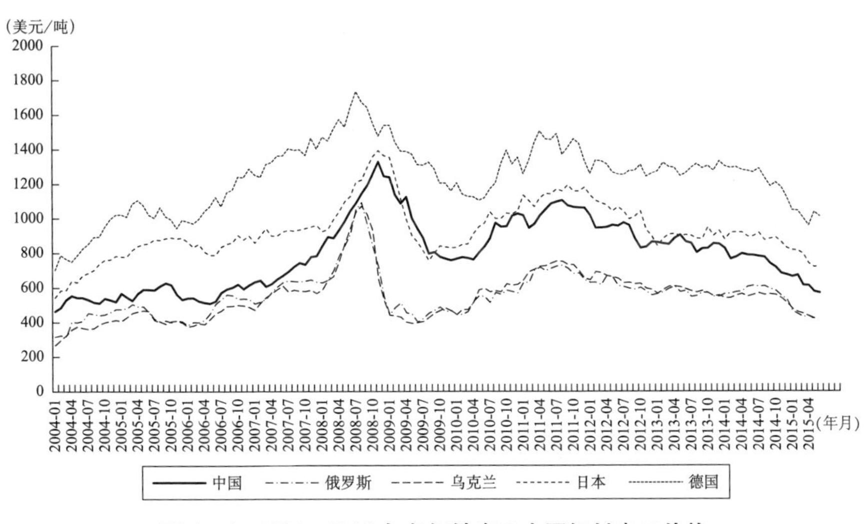

图 4 - 6　2004 ~ 2015 年各钢铁出口大国钢材出口价格

值得一提的是，即便中国相对于日本和德国在出口低价（低端）钢材，但俄罗斯与乌克兰所出口钢材的均价尚明显低于中国。中国作为国际贸易体系中的一员，如何通过国际贸易实现国家利益最大化，值得深思。

4.3.4　钢材价格走势影响因素分析

1996～2015年，中国钢铁市场供求状况大幅波动，部分年份钢材供求关系紧张、有些年份钢铁行业产能过剩，因而钢材价格也出现了显著波动。由图4－2可知，黑色金属冶炼及压延加工业生产者出厂价格指数（上年同月＝100）显示，2003～2005年、2007～2008年、2010～2011年，钢铁行业产品出现了持续价格上涨；而2006年、2009年及2012～2015年，钢铁行业产品又呈现为持续的价格下降。

价值变动是价格变动内在的、支配性的因素，是价格形成的基础，成本在商品价格决定中具有关键性影响；供求关系也是决定商品价格变动的重要影响因素。本节选取煤炭及炼焦工业的工业生产者出厂价格指数表征钢材产业的成本变化，选取钢铁行业产能利用率反映供求关系的变化，以综合分析钢铁行业产品价格受成本及供求关系变化的影响，其中，以中国钢铁工业协会（CISA）国内钢材综合价格指数表示钢铁行业产品价格变动情况。

由表4－11的回归结果可以发现：

（1）以煤炭及炼焦工业的工业生产者出厂价格指数反映的上游行业成本变动，确实会显著影响钢铁行业产品价格变动。在五个拟合方程中，煤炭及炼焦工业的工业生产者出厂价格指数的系数均在1%的显著性水平上显著，说明上游行业产品成本的变动会反映到钢铁行业的产品价格变动中去。显然，这是与预期相符的。

表4－11　黑色金属冶炼及压延加工业的工业生产者价格指数影响因素拟合分析情况

指标	(1)	(2)	(3)	(4)	(5)
煤炭及炼焦工业的工业生产者出厂价格指数	0.906 (11.00)***	0.887 (11.83)***	0.743 (8.99)***	0.836 (9.87)***	0.796 (8.31)***

续表

指标	(1)	(2)	(3)	(4)	(5)
产能利用率实际值	-0.321 (-1.90)*			0.427 (1.30)	-0.192 (-1.09)
产能利用率虚拟变量是否超过85%		-6.714 (-3.00)***		-11.706 (-2.64)***	
产能利用率虚拟变量是否超过80%			-6.170 (-2.70)***		-5.287 (-2.18)**
常数项C	44.516 (3.37)***	21.727 (2.77)***	38.637 (4.09)***	-6.986 (-0.30)	48.595 (3.70)
调整后的 R^2	0.519	0.540	0.533	0.542	0.534

注：* 表示 $p<0.1$；** 表示 $p<0.05$；*** 表示 $p<0.01$。

（2）以产能利用率反映的行业供求关系，确实会显著影响钢铁行业产品价格变动。在五个拟合方程中，均至少有一个反映产能利用率情况的参数具有显著性。这也证实了钢铁行业产品价格水平与行业产能利用情况紧密相关的论断。

（3）总体而言，产能利用率的高低，对钢铁行业产品价格波动的影响程度并非至关重要，两类反映产能利用率的虚拟变量反而往往具有显著性。若单独考虑产能利用率的实际值，则在10%的显著性水平上可以通过检验；若单独考虑产能利用率是否达到某一特定标准（85%或80%），则该分类虚拟变量总是非常显著；若同时考虑产能利用率及其是否超过特定标准，则分类虚拟变量显著，但产能利用率的实际值却不显著。

综上所述，钢铁行业产品价格走势受到上游行业产品价格与自身供求关系的显著影响。值得注意的是，通过模型分析可以发现，供求关系对钢铁行业产品价格走势的影响主要是定性影响较大，而定量影响较小；即，行业总体供不应求与供过于求两类情形下的产品价格走势区别较大，而供过于求的程度或供不应求的程度似乎并不重要，这有待进一步研究。

4.3.5 国内外钢材价格传导机制研究

在世界经济一体化趋势下，中国钢铁产能过剩具有世界性的影响，客观上会通过影响国际钢材价格而对他国钢铁行业造成一定冲击。当前，中国钢铁产能过剩问题甚至牵涉欧盟等对中国全面市场经济地位的认可问题，因而，中国国内钢铁产能过剩的国际影响及其影响机制值得关注。钢铁贸易是一国调节钢铁产量余缺的重要手段，国内外钢铁价格之间也会具有一定关联性。本节通过对中国国内钢材价格、进口钢材价格及出口钢材价格之间相互关系的分析，考察国内外钢材价格走势的关联性。

1. 三组钢材价格水平走势分析

考虑到汇率因素的影响，本节分析先将中国进口钢材价格及出口钢材价格由以美元标价的形式换算为以人民币标价的形式，而国内钢材价格则采用中国钢铁工业协会发布钢材综合价格的（CISA）为分析对象，如图 4 – 7 所示。

总体来看，中国钢材进口价格高于钢材出口价格，而钢材出口价格又高于国内钢材综合价格。如前所述，由进口钢材价格高于出口钢材价格可知，中国通过国际贸易调剂钢材余缺的主要方式，是进口高档钢材而出口相对低档钢材；此外，由出口钢材价格高于国内钢材综合价格可知，通过积极开拓国际市场，确实有利于提高国内钢材企业的经营绩效，减轻国内供求失衡压力。

值得注意的是，2012 ~ 2015 年，中国房地产市场景气状况出现重大逆转，房地产开发企业商品房销售面积增速放缓甚至出现了绝对性下降。房地产开发行业是钢铁行业最重要的下游产业，房地产市场不景气使得钢铁市场需求增速放缓，最终造成钢铁行业供求失衡，以至于产能过剩问题日趋严重。钢铁行业的严重产能过剩，使得产品价格持续下滑。

同时，从图 4 – 7 可以看出，2012 ~ 2015 年国内钢材价格的持续下滑伴随着钢材进出口价格的同步下降，尤其钢材出口价格走势几乎与国内钢材价格走势完全一致而钢材进口价格相对坚挺。由此可知，似乎钢材出口价格较之钢材进口价格受国内钢材价格变动的影响更显著，这一现象有待深入分析。

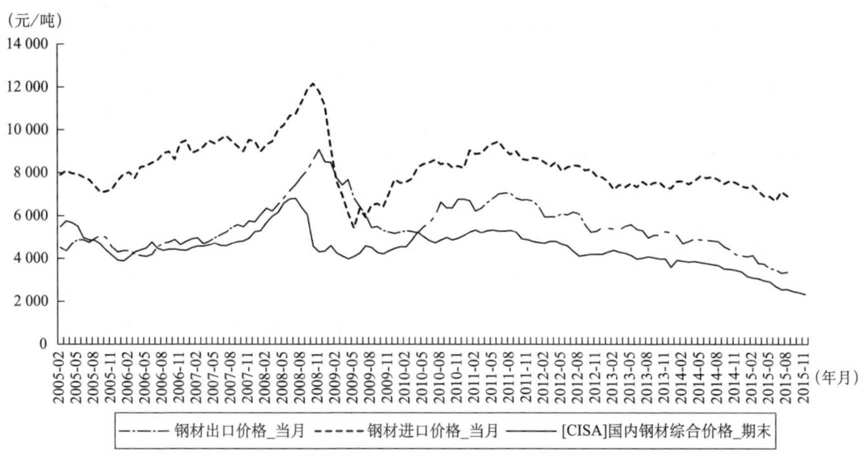

图 4-7　国内钢材综合价格与钢材进出口价格走势

资料来源：中经网产业数据库。

2. 基于向量自回归（VAR）模型的国内外钢材价格走势关联性分析

由前述分析可知，中国钢铁行业在世界范围内占重要地位，中国钢铁进出口必然显著影响国际钢材市场价格走势，本节力图通过向量自回归模型（VAR）考察国内钢材价格与国际钢材价格走势之间的关联性。

首先，进行单位根检验与协整检验。

经检验，国内钢材价格（steel）、钢材出口价格（steel_ ex）与钢材进口价格（steel_ im）都为一阶单位根过程，且三组变量之间存在两对协整关系，可以建立 VAR 模型以反映三组价格变量之间的互动关系。

其次，建立 VAR 模型。

如表 4-12 所示，依据 AIC、SBIC 等多项信息准则，可以认定 steel、steel_ ex、steel_ im 三者之间建立的 VAR 模型保留四阶滞后值更为妥当。

表 4-12　　三项钢材价格单位根检验结果

lag	LL	LR	df	p	FPE	AIC	HQIC	SBIC
0	-3002.22				3.30E+17	48.8653	48.8932	48.9339
1	-2500.62	1003.2	9	0.000	1.10E+14	40.8556	40.9671*	41.13*
2	-2490.21	20.818	9	0.013	1.10E+14	40.8327	41.0277	41.3128

续表

lag	LL	LR	df	p	FPE	AIC	HQIC	SBIC
3	-2479.8	20.833	9	0.013	1.10E+14	40.8097	41.0883	41.4956
4	-2470.29	19.002*	9	0.025	1.10E+14*	40.8015*	41.1637	41.6932

资料来源：笔者依据计量软件分析结果整理而得。

经拟合分析，可以得到如下回归结果：

$$\begin{bmatrix} steel\_t \\ steel\_ex\_t \\ steel\_im\_t \end{bmatrix} = \begin{bmatrix} 428.91 \\ -672.11 \\ 609.15 \end{bmatrix} + \begin{bmatrix} 1.2192 & 0.1301 & 0.0267 \\ -0.1036 & 0.8875 & 0.1384 \\ 0.2479 & -0.2894 & 0.9678 \end{bmatrix}$$

$$\begin{bmatrix} steel\_{}_{t-1} \\ steel\_ex\_{}_{t-1} \\ steel\_im\_{}_{t-1} \end{bmatrix} + \begin{bmatrix} -0.1783 & -0.0037 & -0.0707 \\ 0.3508 & 0.0567 & -0.1202 \\ 0.0034 & 0.5056 & 0.0915 \end{bmatrix} \begin{bmatrix} steel\_{}_{t-2} \\ steel\_ex\_{}_{t-2} \\ steel\_im\_{}_{t-2} \end{bmatrix}$$

$$+ \begin{bmatrix} -0.1221 & -0.0011 & 0.0609 \\ 0.0218 & -0.0280 & 0.1500 \\ 0.4061 & -0.3009 & -0.0698 \end{bmatrix} \begin{bmatrix} steel\_{}_{t-3} \\ steel\_ex\_{}_{t-3} \\ steel\_im\_{}_{t-3} \end{bmatrix}$$

$$+ \begin{bmatrix} 0.0097 & -0.0915 & -0.0538 \\ -0.1751 & 0.0062 & -0.0871 \\ -0.4236 & 0.0052 & -0.1365 \end{bmatrix} \begin{bmatrix} steel\_{}_{t-4} \\ steel\_ex\_{}_{t-4} \\ steel\_im\_{}_{t-4} \end{bmatrix} + \begin{bmatrix} e_{1t} \\ e_{2t} \\ e_{3t} \end{bmatrix} \quad (4.1)$$

上述拟合回归结果相当于分别以三个方程表述国内钢材价格（steel）、钢材出口价格（steel_ ex）及钢材进口价格（steel_ im）的影响机制。三组钢材价格都是既受到自身前期水平的影响，又与其余两组价格变量具有密切的关联性。经拟合分析，三个方程都具有较好的拟合效果，其中，steel 方程的 R^2 为 0.9390、steel_ ex 方程的 R^2 为 0.9783、steel_ im 方程的 R^2 为 0.9398，说明前述 VAR 模型确实能够较好地反映三组钢材价格变量的关联关系。

如图 4-8 所示，经检验，VAR 模型所有根模的倒数小于 1，即位于单位圆内，则其是稳定的。可以在此基础上，开展进一步分析研究。

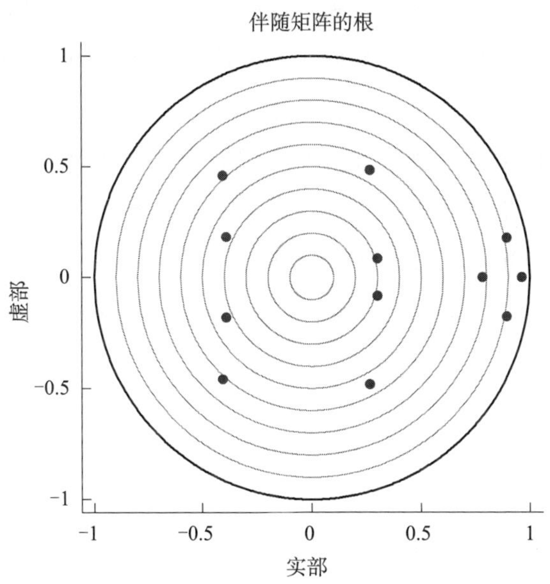

图 4 –8　三组钢材价格 VAR 模型单位根检验

资料来源：笔者基于 Stata 软件分析而得。

Granger 因果关系检验是 VAR 模型的重要应用之一，能够甄别变量间的因果关系。若增加某自变量的滞后值有利于提高对因变量的解释效果，则可以认为该自变量是因变量的 Granger 原因；反之，若增加某自变量的滞后值无益于提高对因变量的解释效果，则可以认为该自变量不是因变量的 Granger 原因。表 4 – 13 分别考察三项钢材价格变量是否受到其他两项价格变量的滞后影响，以考察它们之间是否具有 Granger 因果关系。该表中分别对三组钢材价格方程进行 Granger 因果关系检验，原假设为变量之间不具有 Granger 因果关系。因此，当检验结果对应的 P 值高于 0. 05，则说明在 5% 的显著性水平上不能拒绝原假设，即相关变量不是相应方程中因变量的 Granger 的原因；反之，若检验结果对应的 P 值低于 0. 05，则说明在 5% 的显著性水平上可以拒绝原假设，即相关变量是相应方程中因变量的 Granger 原因。

依据表 4 – 13，由 Granger 因果关系检验可以看出，钢材进口价格 steel_ im 与钢材出口价格 steel_ ex 在 Granger 意义上并不能影响国内钢材价格 steel，但是，国内钢材价格 steel 在 Granger 意义上能够对钢材进口价格 steel_ im 与钢材出口价格 steel_ ex 造成影响，同时，钢材进口价格 steel_ im 与钢材出口价格 steel_ ex 在 Granger 意义上存在相互的显著影响。可见，国内钢材价格在价格体系中居于主导地位，国内钢材价格变动会对钢材进口价格及钢材出口价格造成显著影响，但是，钢材进口价格与钢材出口价格对国内钢材价格的影响程度较弱。

表 4 -13　　三项钢材价格 Granger 因果关系检验结果

	原假设	χ^2统计量	自由度	P 值
steel 方程	steel_ ex 不能 Granger 引起 steel	4. 17	4	0. 383
	steel_ im 不能 Granger 引起 steel	3. 57	4	0. 467
	steel_ ex 与 steel_ im 不能 Granger 引起 steel	5. 93	8	0. 655
steel_ ex 方程	steel 不能 Granger 引起 steel_ ex	24. 57	4	0. 000
	steel_ im 不能 Granger 引起 steel_ ex	21. 44	4	0. 000
	steel 与 steel_ im 不能 Granger 引起 steel_ ex	76. 44	8	0. 000
steel_ im 方程	steel 不能 Granger 引起 steel _ im	46. 26	4	0. 000
	Steel_ ex 不能 Granger 引起 steel _ im	13. 56	4	0. 009
	steel 与 steel_ ex 不能 Granger 引起 steel _ im	54. 14	8	0. 000

资料来源：笔者依据计量软件分析结果整理而得。

图 4 -9 展示了国内钢材综合价格变动冲击引起钢材进出口价格的响应函数。图中不规则灰色带显示的分别是钢材出口价格与钢材进口价格因国内钢材价格冲击而波动的 5% 置信区间。若这一灰色带与横轴相交，则说明相应时点的冲击影响不显著区别于 0；反之，若某一时点灰色带位于横轴一端，则说明相应时点的冲击影响显著区别于 0，即具有显著影响。由图 4 -9 可见，国内钢铁价格的一个正向冲击，能够对钢材进口价格及钢材出口价格造成同向冲击，但是，这一影响并不具有持续的显著性。国内钢材价格变动冲击对钢材进口价格与钢材出口价格的影响都呈现为先逐渐加强、后缓慢减弱，在经过十几个月的显著正向影响后，不再具有显著性。国内钢铁价格的一个正向冲击，能够对钢材进口价格及钢材出口价格造成同向影响，但是，这一影响并不具有持续的显著性。

由图 4 -10 可以看出，钢材出口价格对国内钢材综合价格有持续的正向影响，对钢材进口价格的影响呈现波动性，但二者均不具有显著性。

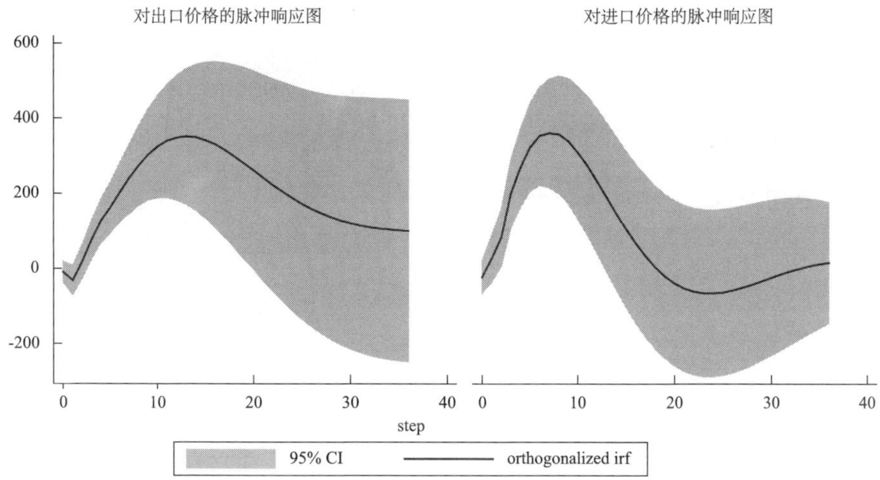

图4-9　国内钢材综合价格对钢材进出口价格的脉冲响应分析

注：按脉冲响应名称、脉冲变量、脉冲响应变影绘制的图。

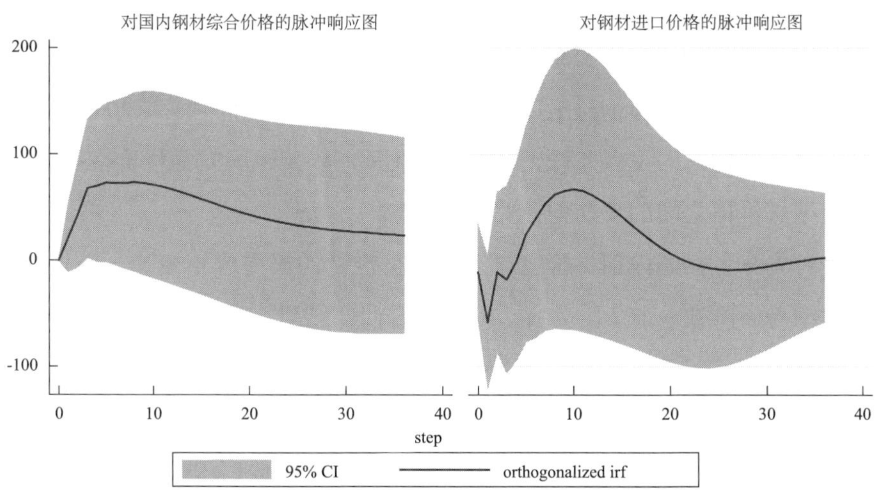

图4-10　钢材出口价格对国内钢材综合价格及钢材进口价格的脉冲响应分析

注：按脉冲响应名称、脉冲变量、脉冲响应变影绘制的图。

由图4-11可以看出，进口钢材价格对国内钢材价格几乎没有影响，但进口钢材价格会在短期内对出口钢材价格有显著正向影响，随后相关影响将变得不显著。

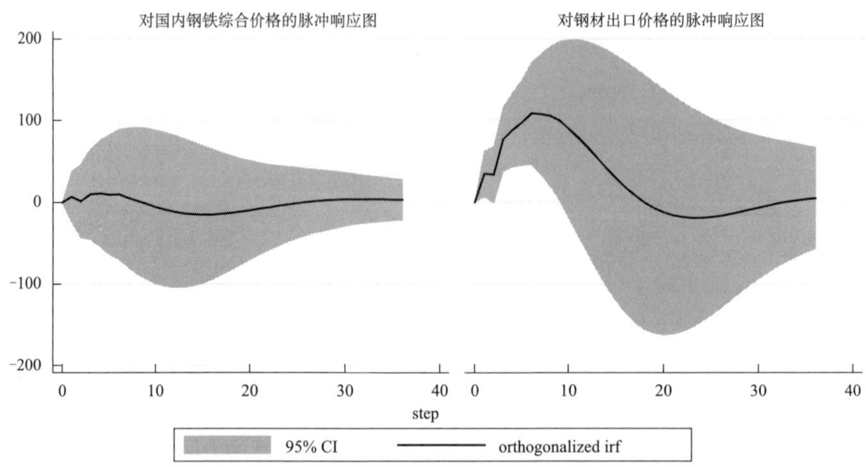

图4－11　进口钢材价格对国内综合钢材价格与出口钢材价格的脉冲响应分析

注：按脉冲响应名称、脉冲变量、脉冲响应变影绘制的图。

3. 基于VECM的国内外钢材价格长期均衡关系分析

由前述分析可知，三组钢材价格走势之间存在较强的关联关系，经检验国内钢材价格与钢材出口价格及钢材进口价格之间均存在协整关系，则可以分别建立向量误差修正模型（VECM）以反映国内钢材价格与其余两组钢材价格之间的长期均衡关系。

首先，考察国内钢材价格与出口钢材价格的误差修正模型。经检验，该模型滞后阶数p取2阶为宜。依据拟合回归结果，可以建立以下误差修正模型：

$$
\begin{aligned}
D.\,steel_t &= -0.042 \times (-2100.968 + steel_t - 0.445 \times steel\_ex_t) \\
&\quad + (-19.678 + 0.307 \times d.\,steel_{t-1} + 0.044 \times d.\,steel\_ex_{t-1}) \\
D.\,steel\_ex_t &= 0.231 \times (-2100.968 + steel_t - 0.445 \times steel\_ex_t) \\
&\quad + (-3.610 - 0.303 \times d.\,steel_{t-1} + 0.068 \times d.\,steel\_ex_{t-1})
\end{aligned}
\tag{4.2}
$$

在式（4.2）中，$ecm_{t-1} = -2100.968 + steel_t - 0.445 \times steel\_ex_t$ 是误差修正项，反映国内钢材价格与钢材出口价格之间的长期均衡关系；

若变量偏离长期均衡关系，则会面临回调的压力，误差修正项前的系数反映了变量之间偏离长期均衡状态时回调的速度。当国内钢材价格高于钢材出口价格，且差距扩大时，国内钢材价格会有下降压力，而钢材出口价格则会有上涨动力；反之，亦反是。

值得注意的是，国内钢材价格调整方程关于长期均衡关系的系数为 -0.042，而钢材出口价格调整方程关于长期均衡关系的系数为 0.231。可见，若国内钢材价格过高（偏离长期均衡状态），则它会朝着钢材出口价格的均值水平下调，但这一调整速度较慢，且其 P 值为 0.204，即这一调整系数并不显著；若钢材出口价格过高（偏离长期均衡状态），则它会迅速朝着国内钢材价格的均值水平下调，且其对应的 P 值为 0.000，即这一调整系数非常显著。

综上所述，通过上述误差修正模型可知，在国内钢材价格与钢材出口价格的长期均衡关系中，国内钢材价格居于主导地位。

如图 4-12 所示，在已知国内钢材价格与钢材出口价格之间存在协整关系的情况下，上述 VECM 模型只有一个根模的倒数不小于 1，即其他根模均位于单位圆内，则该模型是稳定的。

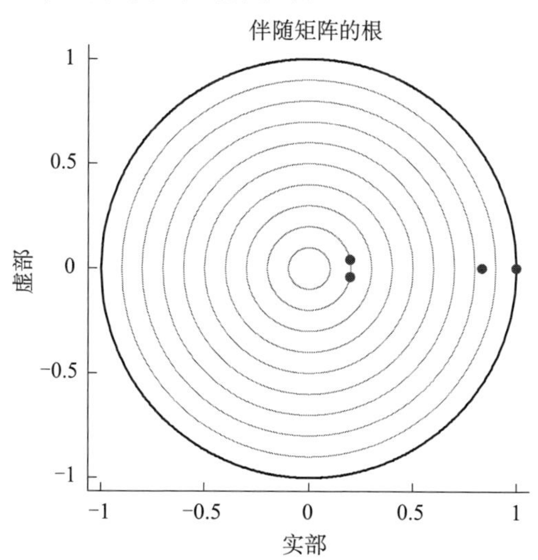

图 4-12　国内钢材价格与钢材出口价格 VECM 单位根检验

下面，通过脉冲响应分析考察二者的互动关系。

由图4－13与图4－14所示脉冲响应分析结果可知，国内钢材价格的一个冲击，会先使得钢材出口价格小幅回落，随后持续提升；这一影响在20个月以后趋于稳定，大约保持在400元的水平。同样地，钢材出口价格的一个冲击，会使得国内钢材价格迅速提高并于20个月以后趋于稳定，但是，该影响大约为30元。通过脉冲响应分析，也体现出国内钢材价格居于主导地位，能够对钢材出口价格产生重要影响。

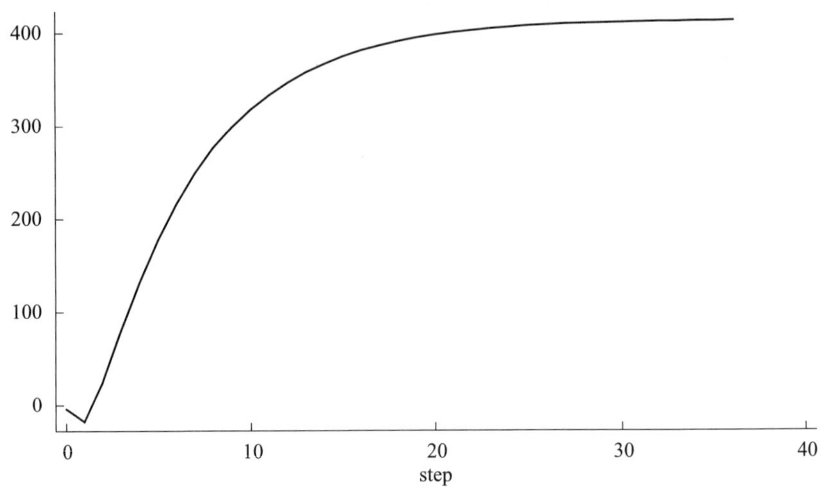

图4－13　国内钢材价格对于钢材出口价格的脉冲响应分析

同样地，由于国内钢材价格与钢材进口价格存在协整关系，则可以建立误差修正模型以反映二者之间的互动关系。经检验，该误差修正模型滞后阶数p取2为宜。依据拟合回归结果，可以建立以下误差修正模型：

$$
\begin{aligned}
D.steel_t &= -0.008 \times (1547.707 + steel_t - 0.735 \times steel\_im_t) \\
&\quad + (-18.412 + 0.267 \times d.steel_{t-1} + 0.036 \times d.steel\_im_{t-1}) \\
D.steel\_im_t &= 0.166 \times (1547.707 + steel_t - 0.735 \times steel\_im_t) \\
&\quad + (-0.918 + 0.205 \times d.steel_{t-1} + 0.342 \times d.steel\_im_{t-1})
\end{aligned}
\tag{4.3}
$$

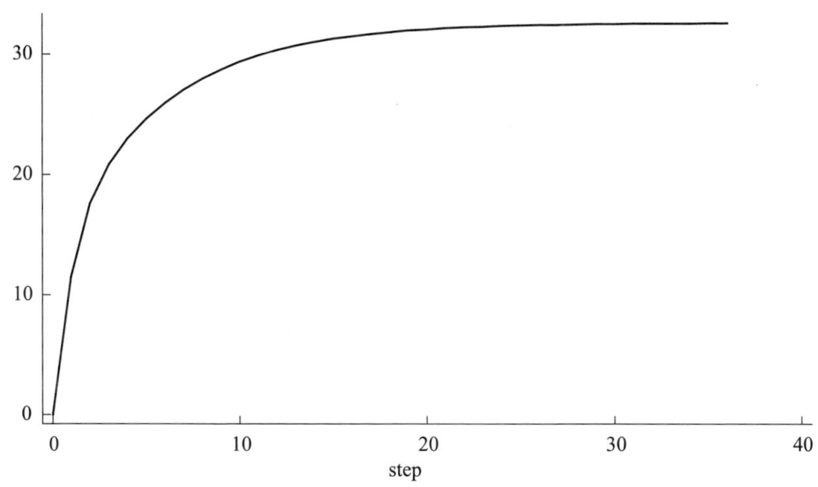

图 4 - 14　钢材出口价格对国内钢材价格的影响分析

由式（4.3）可见，国内钢材价格与钢材进口价格之间存在长期均衡关系。当国内钢材价格高于钢材进口价格，且偏离长期均衡关系时，国内钢材价格会有所回调，而钢材进口价格则会有所提高；反之，亦反是。值得注意的是，国内钢材价格调整方程关于长期均衡关系的系数为 -0.008，而钢材出口价格调整方程关于长期均衡关系的系数为 0.166。可见，若国内钢材价格过高（偏离长期均衡状态），则它会朝着钢材进口价格的均值水平下调，但这一调整速度较慢，且其 P 值水平为 0.761 即这一调整系数并不显著；若钢材进口价格过高（偏离长期均衡状态），则它会更迅速地朝着国内钢材价格的均值水平下调，且这一调整系数对应的 P 值为 0.000 也即这一调整系数非常显著。

综上所述，可知国内钢材价格与钢材进口价格之间也存在长期均衡关系，其中，国内钢材价格居于主导地位。

图 4 - 15 是国内钢材价格与钢材进口价格向量误差修正模型的单位根检验结果，由该图可知，在已知国内钢材价格与钢材进口价格之间存在协整关系的情况下，上述 VECM 模型只有一个根模的倒数不小于 1，即其

他根模均位于单位圆内，则该模型是稳定的。

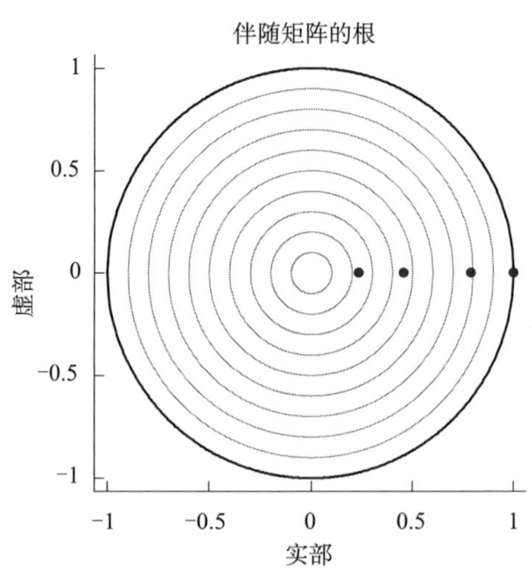

图 4－15 国内钢材价格与钢材进口价格 VECM 单位根检验

下面，通过脉冲响应分析考察二者的互动关系。

由图 4－16 与图 4－17 所示脉冲响应分析结果可知，国内钢材价格的一个冲击，会先使得钢材进口价格持续提高；这一影响在 20 个月以后趋于稳定，大约保持在 360 元的水平。同样地，钢材进口价格的一个冲击，会使得国内钢材价格迅速提高，但是又将有所回落，最终在 20 个月以后趋于稳定，但是，该影响大约为 21 元。通过脉冲响应分析，也体现出国内钢材价格居于主导地位，能够对钢材进口价格产生重要影响。

4. 研究结论与政策启示

钢铁行业在国民经济体系中具有基础性地位，行业产能过剩问题对于钢材价格具有重要影响，钢铁国际贸易使得中国国内钢材价格对于钢材进出口价格乃至全球市场价格具有直接关联。在中国钢铁产能过剩与深度参与全球钢铁贸易的背景下，考察了中国国内钢材价格与钢材进出口价格等三组钢材价格变量之间的关联关系，得出以下结论：

第一，供求关系是产品价格的重要决定因素，钢铁行业供求失衡甚至产能过剩会对钢材价格造成严重打压，2012～2015 年中国钢材价格持续显著下滑，便是受行业产能过剩影响导致的。国际贸易也是钢材价格的重要影响因素，实证分析证明，国际贸易通过进口而抑制了中国国内钢材价格，通过出口而抬升了中国国内钢材价格。

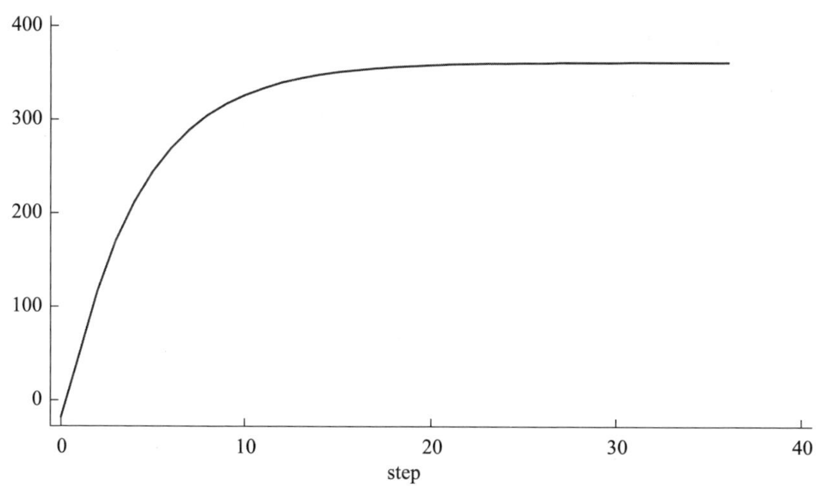

图 4－16　国内钢材价格对钢材进口价格的影响分析

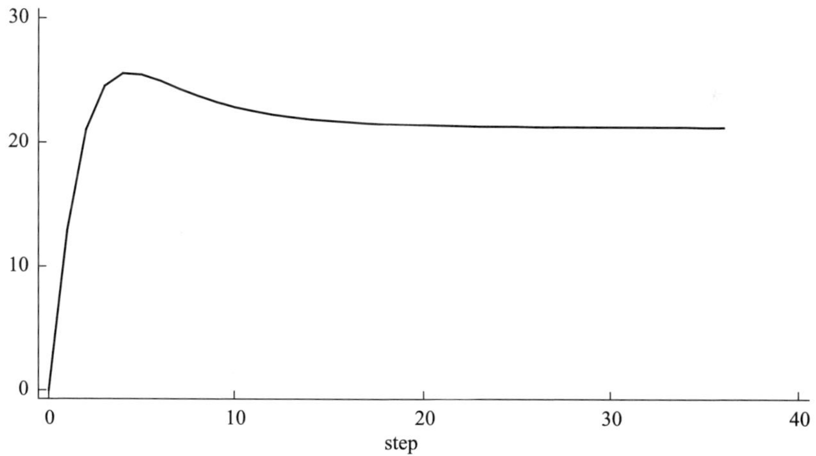

图 4－17　钢材进口价格对国内钢材价格的影响分析

第二，中国身处国际钢铁贸易体系中，通过国际贸易调剂余缺，总体上呈现为进口高档钢材而出口低档钢材，说明中国钢材生产结构尚落后于德国等工业发达国家；但是，仍有一些国家钢材生产结构尚低于中国，中国现有的钢材生产贸易结构有其自身的合理性，钢铁国际贸易促进了中国国民福利的提高。

第三，需要强调的是，尽管中国是世界第一钢铁生产大国，但中国钢铁生产主要用于国内市场消费。考虑到中国钢铁产出量占据全球一半的超大体量，低于10%水平的钢材净出口也足以使中国成为国际钢材市场上举足轻重的角色。中国钢铁行业对国际市场的巨大影响力，引发了与欧盟等国之间的贸易争端。如何在不影响国内就业与经济发展的情况下，加强与相关国家的政策协调，解决贸易争端并加强合作，是中国钢铁行业必须面对的重大课题。

第四，国际贸易可以互通有无，提高各国整体福利。同时，国际贸易将国内外市场相互关联，使中国国内钢材价格与钢材进出口价格相互影响。在国内钢材价格、钢材出口价格及钢材进口价格等三组钢材价格组成的价格体系中，国内钢材价格居于主导地位：通过 Granger 因果关系检验可以发现，国内钢材价格是钢材出口价格与钢材进口价格的 Granger 原因；但反之不成立，钢材出口价格与钢材进口价格都不是国内钢材价格的 Granger 原因。通过向量自回归（VAR）模型分析可知，国内钢材价格及其滞后值对于钢材出口价格和钢材进口价格都有显著影响；通过向量误差修正模型（VECM）分析可知，国内钢材价格与钢材进出口价格之间相互影响且具有长期均衡关系。其中，国内钢材价格对钢材出口价格与钢材进口价格有显著影响，而较少受到其余两组钢材价格的影响。综合以上分析可以发现，国内钢材价格与钢材出口价格及钢材进口价格等三组价格之间具有紧密的关联关系，中国作为世界第一大钢材生产国，即便所生产钢材以国内消费为主，却依然保持了对国际市场的巨大影响力。

4.4　钢铁行业投资状况分析

投资状况分析是判断钢铁行业产能过剩形势的重要手段，理性的厂商在市场前景看好的形势下会有较高的投资预期，在市场前景看淡的形势下会有较低的投资预期。尽管钢铁行业投资具有一定的滞后性，但是，纵向来看，依然能够为产能过剩与否的判定提供有益参考。本节从固定资产投资完成额规模、结构等角度开展分析。按照中央或地方的隶属关系、按照构成以及按照建设性质都可以对黑色金属冶炼及压延加工业固定资产投资完成额（不包括农户）开展结构分析。

表 4－14 按照中央与地方两级的分类方式，统计了 2004～2014 年黑色金属冶炼及压延加工业固定资产投资完成额（不含农户）的绝对规模及结构。

表 4－14　2004～2014 年按隶属关系分固定资产投资完成额（不含农户）

年份	中央级		地方级	
	投资额（亿元）	占比（%）	投资额（亿元）	占比（%）
2004	208.06	11.63	1581.51	88.37
2005	309.55	13.43	1995.68	86.57
2006	304.95	13.34	1980.37	86.66
2007	488.65	18.67	2128.06	81.33
2008	959.57	29.54	2289.34	70.46
2009	626.51	19.19	2638.42	80.81
2010	443.25	12.69	3051.00	87.31
2011	409.59	9.95	3708.80	90.05
2012	295.12	5.71	4872.01	94.29
2013	227.14	4.45	4871.52	95.55
2014	189.09	3.95	4592.22	96.05

资料来源：中经网产业数据库。

由表 4－14 可见，2008 年以前隶属于中央级、地方级的黑色金属冶炼及压延加工业固定资产投资完成额（不含农户）都在快速增长，其中，隶属于中央级的投资在 2004～2008 年增长了 361%，隶属于地方级的投资在 4 年间仅增长了 45%，隶属于中央级的投资在 2008 年占到固定资产投资完成额总量的比例扩展到近30%。

2009年起，隶属于中央的部分投资逐步收缩，2014年降为189.09亿元，较之2008年的峰值水平下降了超过八成，占全国总额的比例不足4%；2008～2012年，隶属于地方的投资部分反而以更快速度递增，绝对量增加了112.81%，占总量的比例由七成左右增加为超过94%；2013年与2014年，隶属于地方级的黑色金属冶炼及压延加工业固定资产投资完成额小幅回落，但占总量的比例继续攀升至96.05%。

可见，自2008年起中央级资金开始收缩，直至2012年地方级资金才有所减少，且地方级资金在2004～2014年间一直担当了黑色金属冶炼及压延加工业固定资产投资的主力。

表4－15按构成分类考察了固定资产投资完成额中分别用于建筑安装工程、设备工器具购置及其他费用的投资额及其所占比例。由该表可知，2004～2014年，建筑安装工程在固定资产投资中所占比例略有上升，而设备工器具（设备、工具、器具）购置所占比例略有下降，其他费用所占比例基本维持不变。其中，建筑安装工程在固定资产投资中的比例由2004～2006年的（简单算术）平均值41.59%提高到2012～2014年的平均值47.80%；设备工器具购置在固定资产投资中的比例由2004～2006年的（简单算术）平均值52.11%提高到2012～2014年的平均值45.59%。

表4－15　2004～2014年按构成分类的固定资产投资完成额（不含农户）

年份	建筑安装工程		设备工器具购置		其他费用	
	投资额（亿元）	占比（%）	投资额（亿元）	占比（%）	投资额（亿元）	占比（%）
2004	743.71	41.56	928.98	51.91	116.88	6.53
2005	932.20	40.44	1225.10	53.14	147.93	6.42
2006	977.15	42.76	1171.89	51.28	136.28	5.96
2007	1160.79	44.36	1278.17	48.85	177.76	6.79
2008	1388.97	42.75	1639.18	50.45	220.75	6.79
2009	1289.43	39.49	1711.07	52.41	264.43	8.10
2010	1448.69	41.46	1742.96	49.88	302.60	8.66
2011	1896.88	46.06	1858.77	45.13	362.74	8.81
2012	2405.39	46.55	2359.50	45.66	402.24	7.78
2013	2361.65	46.32	2414.02	47.35	323.00	6.33
2014	2415.62	50.52	2092.29	43.76	273.39	5.72

资料来源：中经网产业数据库。

表 4 - 16 按照新建、扩建、改建和技术改造的分类方式，统计了 2004 ~ 2014 年黑色金属冶炼及压延加工业固定资产投资完成额（不含农户）的绝对规模及结构。可知，2004 ~ 2014 年新建、改建和技术改造占固定资产投资的比例有所上升，而扩建所占比例显著下降。

表 4 - 16　2004 ~ 2014 年按建设性质分固定资产投资完成额（不含农户）

年份	新建		扩建		改建和技术改造	
	投资额（亿元）	占比（%）	投资额（亿元）	占比（%）	投资额（亿元）	占比（%）
2004	543.95	30.90	723.07	41.08	493.14	28.02
2005	659.51	29.65	764.59	34.37	800.56	35.99
2006	877.08	39.58	602.97	27.21	735.91	33.21
2007	1038.32	42.82	512.99	21.16	873.27	36.02
2008	1140.93	38.16	702.07	23.48	1146.79	38.36
2009	1239.73	41.59	656.78	22.03	1084.45	36.38
2010	1307.80	40.99	776.65	24.34	1105.88	34.66
2011	1591.31	40.19	888.52	22.44	1479.91	37.37
2012	2070.17	42.45	1012.04	20.75	1794.11	36.79
2013	1949.41	40.24	1038.94	21.45	1855.61	38.31
2014	1895.97	41.49	960.11	21.01	1713.65	37.50

资料来源：中经网产业数据库。

通过分析可以看出，2004 ~ 2014 年，黑色金属冶炼及压延加工业固定资产投资显著增长，直到 2013 年才有所回落。按照登记注册类型、隶属关系、构成以及建设性质划分，可以看出该行业固定资产投资结构发生了较大变化。

总的来看，私人控股单位、地方级投资、建筑安装工程、新建、改建和技术改造所占固定资产投资总额的比例有所提升，而国有控股、中央级投资、设备工器具购置以及扩建所占固定资产投资总额的比例有所下降。如第 2 章所言，业界及地方政府适时地根据市场信号积极投入钢铁产业发展，满足了中国经济建设和发展过程中对钢材的需求。总体而言，依据市场机制发展钢铁产业并没有错，当前所遇到的钢铁产能过剩问题本质上是由于市场需求未如预期增长而造成的供求相对失衡；考虑到中国经济持续向好、依旧快速发展，中国城镇化及工业化进程依然持续推进的现实及预期，可以肯定的是，未来中国钢铁需求还会大幅增长，当前的钢铁产能过剩问题必能迎刃而解。值得注意的是，通过内容分析能够发现，钢铁行业中的亏损企业之所以能够勉强维持，是因为这些企业尚有继续维持经营的利益驱使存在，如何妥善地处理好中国钢铁行业亏损企业久久不能退出市场这一难题，也是值得深思的。

4.5 研究总结

本章从行业单位数与产量变动情况、行业经营绩效、产品价格变动情况、行业投资变动情况四个角度对 2003 ~2015 年黑色金属冶炼及压延加工业的整体运营状况进行分析，通过前述分析能够得到以下四点结论。

第一，2003 ~2015 年中国钢铁行业企业经营状况频繁波动。

从行业单位数角度来看，黑色金属冶炼及压延加工业规模以上工业企业单位数和工业企业单位数基本都呈现持续增长态势，但其增长速度波动幅度较大，2003 ~2008 年，呈现井喷式增长，2009 年以后增速放缓甚至出现绝对性下降（工业企业单位数在 2009 年后有所下降，但规模以上工业企业单位数基本上一路递增）；从总资产贡献率等经营绩效指标来看，2003 ~ 2007 年行业经营状况极佳，2008 ~2011 年也有较好表现，2012 ~2015 年经营绩效相对下滑，但是，不可否认钢铁行业在纳税、就业等方面的贡献；从产品价格角度来看，国内钢材综合价格自 2011 年底持续下滑，自 2016 年初才有所反弹；①② 从行业投资角度来看，国有控股

① 2016 年 10 月底，国内钢材综合价格已恢复至 2015 年初的水平。但出于篇章结构的协调性和一致性考虑，本书主要的考察区间都截至 2014 年底或 2015 年底。

② 另外，对于 2016 年钢材价格的上扬现象，从供求关系或产能过剩评估的角度来看，很可能是落后产能淘汰与需求回暖等综合因素共同作用的结果，这与第 3 章的研究架构相符；但是，也需要意识到，经过回调后的国内钢材综合价格仍处于历史低位，即并不能因为钢材价格回升得出产能过剩已得到化解的结论，只能说明产能过剩的严峻性有所下降，这与 4. 3. 4 小节的分析模型相一致。

企业自 2008 年以后便开始收缩投资，但私人控股企业大举投资的趋势截至 2012 ~ 2013 年才有所降温。

总的来看，从行业单位数、经营绩效、产品价格与行业投资角度来看，2003 ~ 2014 年，中国钢铁行业企业经验状况频繁波动。

第二，市场机制在中国钢铁行业运营过程中占据主导地位。

与不少研究主要强调地方政府与钢铁企业“盲目投资”的观点相左，通过本章分析能够发现，钢铁行业投资状况与产品价格、行业利润率等指标的波动紧密关联。2003 ~ 2007 年的大好形势，促使行业投资大幅增长、行业单位数快速增加；2008 ~ 2011 年，行业经营绩效的相对走弱也降低了行业投资的增速，但相对合理的盈利前景依然带动了可观的投资增长；2012 年以来，钢铁行业经营状况恶化，在行业投资状况上有所体现，使得黑色金属冶炼及压延加工业投资增速大幅放缓甚至有所下滑。另外，从总资产贡献率角度而言，钢铁行业的社会贡献不容忽视，这也是地方政府鼎力支持辖区企业的根本原因。

综上所述，无论是钢铁行业投资快速增长还是增速放缓，都明显是受到市场机制的影响与制约，过分强调政府失灵与市场机制的缺失并不符合中国经济的现实。但是，必须意识到钢铁行业投资行为的滞后性与企业对市场信息掌握的非全面性。即，市场机制并不能完全保证避免产能过剩问题的发生，但是，市场机制至少可以传递有益信息，避免产能过剩问题持续恶化。

第三，2012 年是中国钢铁行业运营状况的分水岭，钢铁行业供求失衡始于 2012 年前后。

通过以上分析可以有充分依据地认为，中国钢铁行业经营状况在 2012 年前后发生了显著逆转，黑色金属冶炼及压延加工业运营状况自 2012 年开始逐步恶化，至 2014 年开始陷入较严重的产能过剩困境。

第四，按照第 3 章的研究架构可以认为，2012 ~ 2015 年中国钢铁行业面临的供求失衡问题才显著恶化，即 2012 年起，中国钢铁行业才真正进入产能过剩状态。

本章从会计学的角度展示了中国钢铁行业的实际运营状况，相关会计指标、统计指标更多的是描述其行业运行过程中直接表现出的特征。第5章将通过钢铁行业与国民经济尤其是房地产行业的关联性，进一步考察钢铁行业运营状况背后的机制问题和诱发产能过剩问题的深层次原因。

第5章　钢铁短板性产能过剩：来自中国产业关联性视角的证据[①]

房地产业是钢铁行业的下游产业，有研究表明，建筑业消耗的钢铁量占到中国钢铁产量的55%～60%（冶金工业规划研究院，2014），同时，房地产业的发展也将带动汽车、家电等行业消费，从而间接增加钢铁消费需求（梁云芳，2006）。因此，房地产业的发展状况，必然会对钢铁行业产生一定影响。

房地产业及其上下游产业在国民经济体系中占据重要位置，房地产购买与房屋租赁在居民投资与居民消费中占有显著份额，因此，房地产业宏观调控成为国家经济社会管理的重要议程之一。2005～2015年，中国持续地采用"限价、限购、限贷"等措施开展了多轮房地产市场调控。但是，受到调控力度有限以及需求旺盛等方面的影响，房价持续攀升但房地产市场交易热度不减，因而钢铁行业受到的影响也不甚明显。2012～2015年实施了所谓"史上最严厉的房地产调控措施"，房地产业逐渐成为国民经济运行的短板行业，因而，也连带使得与其相关的钢铁需求受到一定限制。在乐观的市场预期下，钢铁行业新增投资持续增加，钢铁产能持续扩大；一旦突然遭遇需求萎缩或需求增长低于预期，则不可避免地造成钢材供过于求甚至产能过剩的问题。

---

① 注：本章部分内容以《钢铁行业供求失衡与产能过剩诱发机制研究——基于与房地产业关联性视角的分析》为题发表于2018年第4期《经济统计学（季刊）》，贾帅帅为独立作者。

实际上，从用途上讲，钢材主要用于建筑工程与机械制造，而房地产开发仅为建筑工程的一部分，房地产开发在钢材消费结构中并不占有绝对多数的份额。但是，在主要的钢材使用项目中，唯有房地产开发活动因频繁的政策干扰而剧烈波动，以至于房地产开发项目在钢材需求变动中占主导地位，甚至成为决定钢材供求均衡的关键因素，即成为影响钢铁行业产能利用情况的关键变量。

本章重点考察房地产业与钢铁行业的关联性，以及房地产宏观调控对钢铁行业的影响。高铁梅等（2004）通过建立钢铁行业与建筑业等下游产业的向量自回归模型，利用脉冲响应函数与方差分解分析方法考察了下游行业冲击对钢铁行业的传递效应以及下游行业对钢铁行业的贡献程度。梁云芳等（2006）证实了房地产业的快速发展带动小型材及线材的快速增长，房地产业发展成为钢铁行业的主要拉动力量；该文献还提到钢材产量的增长，容易形成一种长期增长的预期，会使得对钢铁行业的投资增加，这些投资转化为生产能力后，容易因为缺乏相应的需求支撑而造成钢铁行业的产能过剩。虽然相关文献采用的数据仅反映十余年前的情况，但对于本书的研究颇有价值；同时，相关研究在钢铁产出指标选取上采用的价值量指标具有综合性强的优势，但并不能反映产品价格变动的影响，因而也不太适用于近十年来钢材价格大幅波动的现实情况。徐滇庆和李昕（2014）通过可计算一般均衡模型，考察了建筑业产出下降对国民经济各部分实际产出的影响①。该文献虽未将建筑业对钢铁行业或黑色金属冶炼及压延加工业的影响情况单独列出且所得结果的准确性及稳健性有待商榷，但也提供了一种可供借鉴的研究方法。此外，通过历年（尤其是 2007 年、2012 年）各部门的投入产出表（尤其通过 135/139 部门投入产出关系表），可以考察建筑业对钢铁行业的影响情况。

① 该方法在理论上占有较大优势，所得结果总体上也可以接受。但是，具体到建筑业与房地产业的关联性上，有关结果却与多数分析文献差别较大，也与预期相差甚远（GTAP 第 8 版及 GEMPACK10. 0 模拟结果显示，建筑业产出下降 25%，会使得黑色金属部门实际产出降低 0. 75%），原因不明，尚有待深入分析。

实际上，2012年投入产出表显示，房屋建筑业、土木工程建筑业、建筑安装业、建筑装饰和其他建筑服务业对钢压延产品的完全消耗系数分别为0.219715、0.258550、0.168623及0.056280（建筑业对黑色金属矿采选业的完全消耗系数也高达0.064847）。依据2012年中国投入产出表，可以看出建筑业对钢铁行业产品的消耗状况。通过直接消耗系数矩阵可知，房屋建筑、土木工程建筑、建筑安装、建筑装饰和其他建筑服务等四行业直接消耗的钢压延产品共计1.966亿吨，分别占中间使用合计的39.56%和总产出的38.35%；通过完全消耗系数矩阵可知，房屋建筑等四行业消耗的钢压延产品共计2.929亿吨，分别占钢压延产品中间使用及总产出的58.93%和57.13%。可见，建筑业与钢铁行业的产业关联确实很可观。

为了更好地说理，本章首先，关注房地产开发统计指标间的关联性；其次，考察房地产开发指标与钢铁生产之间的互动关系；最后，考察房地产宏观调控对钢铁生产的影响。

5.1　基于VECM的三项房地产开发指标关联性分析

房地产开发具有投资周期较长的特征，且其投资周期既受到技术条件的客观限制，也不可避免地受到宏观政策的影响，因此，有关房地产开发指标的选择值得深究。本节考察房地产开发企业房屋建筑竣工面积（单位：万平方米）area1、房地产开发企业商品房销售面积（单位：万平方米）area2、房地产开发企业新开工房屋建筑施工面积（单位：万平方米）area3等三个房地产开发指标（分别简称为房屋建筑竣工面积、商品房销售面积及新开工房屋建筑施工面积）之间的关联性。

5.1.1　三项房地产开发指标单位根检验

首先，进行单位根检验与协整检验。

2004 年以来，area1、area2、area3 三项房地产开发指标均呈明显的增长趋势，故采用有趋势项形式的 ADF 检验对三者进行单位根检验。

5.1.2 三项房地产开发指标长期均衡关系分析

经过 ADF 检验可以发现，area1、area2、area3 对应的 P 值显示，三者均非单位根过程。进一步考察三者之间是否存在协整关系，经过协整检验，area1、area2、area3 之间存在两对协整关系，因而可以建立向量误差修正模型（VECM）[①]。

经过回归分析可以得到，三项房地产开发指标间存在如下均衡关系：

$$area1_t = 516.437 + 0.968 area2_t - 0.138 area3_t \tag{5.1}$$

则由式（5.1）可以认为，以房屋建筑竣工面积 area1、商品房销售面积 area2、新开工房屋建筑施工面积 area3 表示的房地产开发指标之间存在稳定的均衡关系。受这一均衡关系的影响，三项指标之间实现相互牵引与制约。

5.1.3 房地产开发指标间脉冲响应分析

在前述向量误差修正模型分析基础上，还可以通过脉冲响应分析进一步考察三项房地产开发指标之间关联影响的程度。

由图 5－1 可知，房屋建筑竣工面积 area1 对商品房销售面积 area2 与新开工房屋建筑施工面积 area3 均有显著影响，但房屋建筑竣工面积一个单位的冲击对其他两项指标的影响有较大区别：area1 对 area2 与 area3 的冲击在前 10 个月内均呈现出较大波动性，随之趋于稳定；商品房销售面积 area2 经过波动后能够稳定在 350 万平方米左右的位置、而新开工房屋建筑施工面积 area3 经过短期震荡后会保持在 100 万平方米左右的水平上。

---

① 有关误差修正模型及向量误差修正模型的介绍，可以参见高铁梅等（2009）。

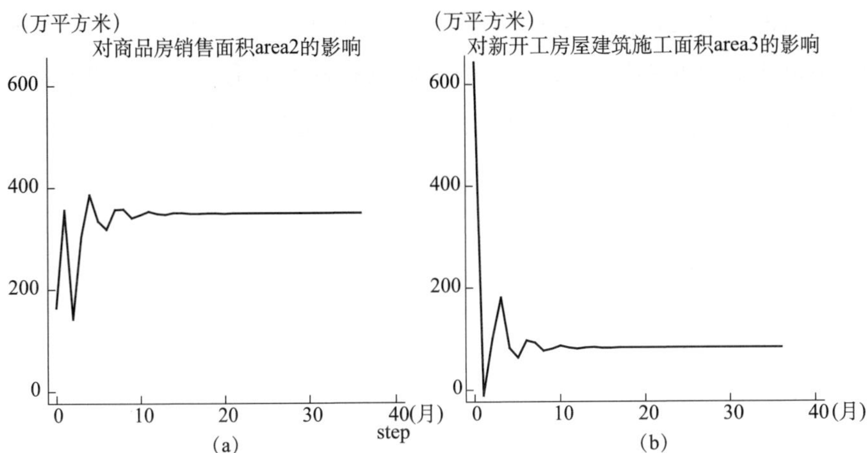

图 5－1　房屋建筑竣工面积冲击对其余两项房地产开发指标的影响

资料来源：笔者根据中经网产业数据库，经 Stata 软件输出而得。

由图 5－2 可知，商品房销售面积 area2 对房屋建筑竣工面积 area1 与新开工房屋建筑施工面积 area3 的冲击影响有较大区别：在前 10 个月内，二者虽都呈现迅速上升又小幅回落的态势，并随后趋于稳定；但对房屋建筑竣工面积的影响保持在 170 万平方米左右、而对新开工房屋建筑施工面积的影响保持在 500 万平方米左右。

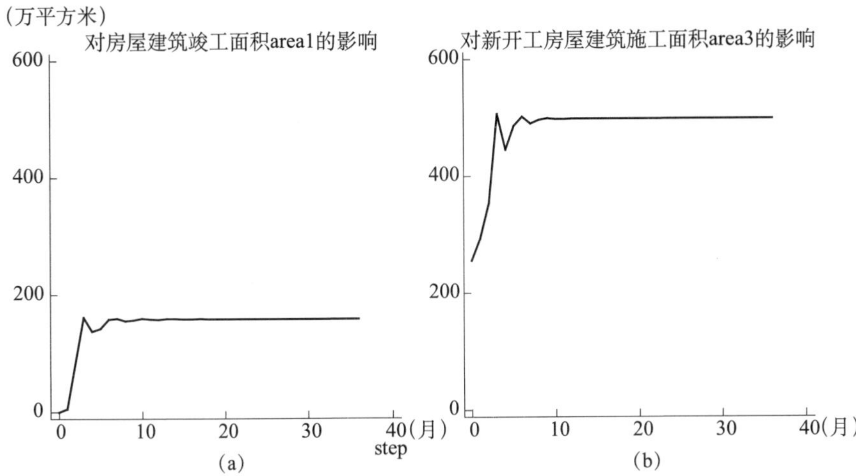

图 5－2　商品房销售面积冲击对其余两项房地产开发指标的影响

资料来源：笔者根据中经网产业数据库，经 Stata 软件输出而得。

由图 5－3 可知，新开工房屋建筑施工面积 area3 对房屋建筑竣工面积 area1 和商品房销售面积 area2 的影响也有较大区别：虽然短期内对二者的影响都呈现为大幅震荡的特征，但前者稳定在 10 万平方米左右的水平、而后者却保持在 120 万平方米左右的水平。

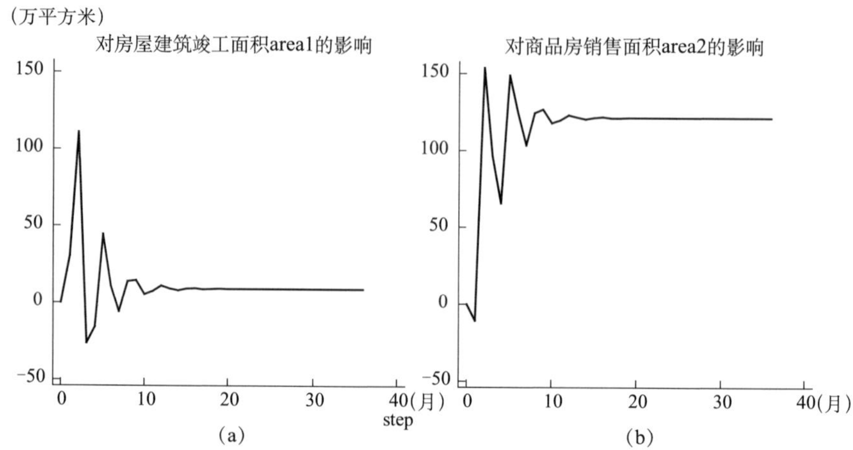

图 5－3　新开工房屋建筑施工面积冲击对其余两项房地产开发指标的影响

资料来源：笔者根据中经网产业数据库，经 Stata 软件输出而得。

综上所述，房屋建筑竣工面积、商品房销售面积及新开工房屋建筑施工面积之间确实具有显著的关联性，在下述分析中，选择部分指标开展分析，足以说明房地产市场运行状况。

5.2　基于变参数模型的钢材生产拉动因素分析

固定资产投资，尤其是房地产开发是重要的钢铁消费渠道，房地产开发与基础设施建设投资力度会对钢铁行业发展造成一定影响。从紧的房地产宏观调控政策使得建筑业钢材消费需求下降，在供给侧预期不变的情况下会造成供求失衡，导致产能过剩。由于市场环境及宏观政策呈现为动态变动的特征，我国钢材市场结构处于持续波动之下，房地产开发与基础设施建设对钢材需求及钢铁生产的关联影响也并非固定不变。有鉴于此，可以考虑使用可变参数模型（time - varying parameter model）的状态空间形式，来表述房地产开发与基础设施建设对钢铁行业的影响。

5.2.1　可变参数的状态空间模型简介

状态空间模型（state space model）可以用来估计不可观测的时间变量，将其并入可观测模型并予以识别。状态空间模型由量测方程（measurement equation or signal equation）和状态方程（state equation or transition equation）构成，具体模型形式可参照哈维（Harvey，1989）、汉密尔顿、高铁梅等相关文献（Harvey，1989；Hamilton，1994；高铁梅等，2009）。其中，量测方程可以表示为：

$$y_t = Z_t\alpha_t + d_t + u_t,\ t = 1,\ 2,\ \cdots,\ T \tag{5.2}$$

在式（5.2）中，T表示样本长度，在本书中T取值为300；Z_t 表示 $k\times m$ 矩阵，d_t 表示 $k\times 1$ 向量，u_t 表示 $k\times 1$ 向量。假定 u_t 是均值为0，协方差矩阵为 H_t 的、连续的不相干扰动项。一般地，α_t 的元素是不可观测的，然而，可以表示为一阶马尔科夫过程（Markov process）。定义状态方程为：

$$\alpha_t = T_t\alpha_{t-1} + c_t + R_t\varepsilon_t,\ t = 1,\ 2,\ \cdots,\ T \tag{5.3}$$

在式（5.3）中，T_t 表示 $m\times m$ 矩阵，c_t 表示 $m\times 1$ 向量，R_t 表示 $m\times t$ 矩阵，ε_t 表示 $g\times 1$ 向量。假定 ε_t 是均值为0、协方差矩阵为 Q_t 的、连续的不相干扰动项。

量测方程中的矩阵 Z_t、d_t、H_t 与转移方程中的矩阵 T_t、c_t、R_t、Q_t 统称为系统矩阵，且一般均假定为非随机。

可变参数模型的状态空间形式，可由式（5.4）表示：

$$y_t = x_t'\beta_t + z_t'\gamma + u_t,\ t = 1,\ 2,\ \cdots,\ T \tag{5.4}$$

在式（5.4）中，β_t 随时间而变动，体现了解释变量对因变量影响关系的改变。假定 β_t 由一阶自回归过程 AR（1）描述：

$$\beta_t = \varphi\beta_{t-1} + \varepsilon_t \tag{5.5}$$

也可以扩展为 AR（P），并且假定：

$$(u_t,\ \varepsilon_t)' \sim N\left(\begin{pmatrix}0\\0\end{pmatrix},\ \begin{pmatrix}\sigma^2 & g\\ g & Q\end{pmatrix}\right),\ t=1,\ 2,\ \cdots,\ T \tag{5.6}$$

在式（5.5）中，可变参数 β_t 是不可观测变量，必须利用可观测变量式（5.4）中 y_t 和 x_t 来估计。可变参数模型的状态空间形式中，可变参数 β_t 即为状态向量；$Z_t = x_t$ 即为量测矩阵、是具有可变参数的解释变量矩阵；$d_t = z'_t\gamma$，z_t 是具有固定参数的解释变量向量，γ 是固定参数向量。与一般化的状态空间模型相对应，$T_t = \varphi$，$c_t = 0$，$R_t = I_m$，其中，I_m 为 $m \times m$ 的单位矩阵。

5.2.2 钢材生产的房地产开发弹性与固定资产投资弹性

通过钢材产量 steel、房地产开发企业房屋建筑竣工面积（area）、固定资产投资完成额（invest）建立可变系数模型，可以反映房地产开发与基础设施建设对钢铁行业的影响状况。通过试算与调整，最终取得以下分析结果：

$$\log(steel_t) = 1.977 + \alpha_t \log(area_{t-5}) + \beta_t \log(invest_{t-4}) + u_t \tag{5.7}$$

在式（5.7）中，α_t 与 β_t 分别表示钢材产量的建筑竣工面积弹性及钢材产量的固定资产投资完成额弹性。在该式中，$R^2 = 0.9038$，说明模型拟合效果较好。图 5－4 中的 Alpha t（α_t）与图 5－5 中的 Beta t（β_t），分别展示了钢铁行业生产对房地产开发与固定资产投资的弹性。

由图 5－4 可以看出，除 1991 年前十个月波动较大外，钢铁生产对于房地产开发企业房屋建筑竣工面积的弹性 Alpha t（α_t）大体上分为四大阶段。1991 年 11 月～1998 年 4 月，该系数小幅波动并逐步提升至 0.6 以上；1998 年 5 月～2004 年 6 月，Alpha t 保持在 0.6～0.63 区间；2004 年

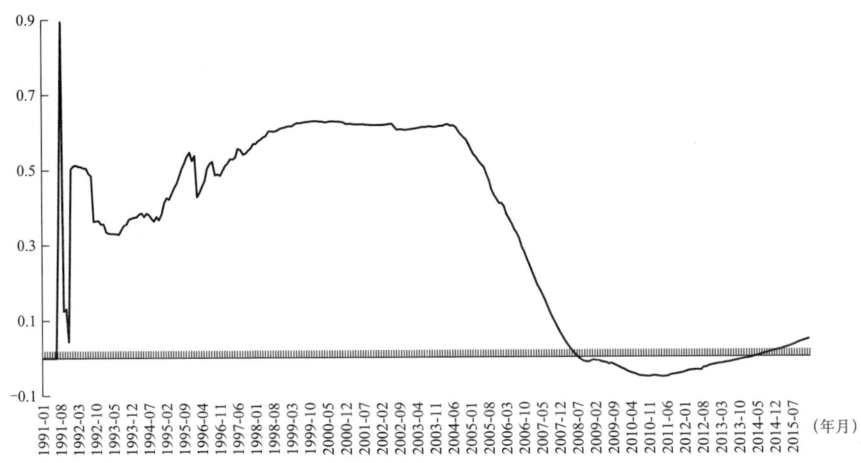

图5-4 钢材生产的房地产开发弹性 Alpha t（α_t）的变动趋势

资料来源：笔者根据中经网产业数据库，经 Stata 软件输出而得。

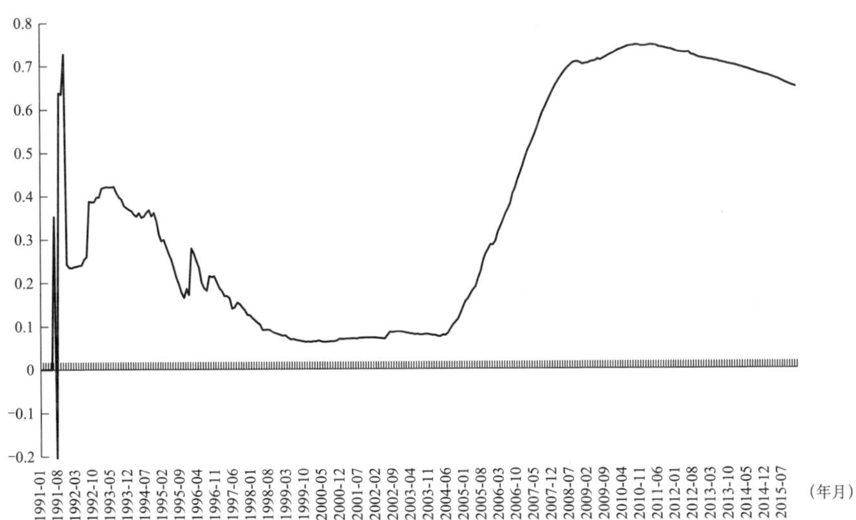

图5-5 钢材生产的固定资产投资弹性 Beta t（β_t）的变动趋势

资料来源：笔者根据中经网产业数据库，经 Stata 软件输出而得。

7月~2007年12月，Alpha t 迅速由0.6以上降低至0.1以下；2008年1月~2015年12月，Alpha t 徘徊于-0.05~0.05区间，其中，有69个月呈现为负值。总体而言，钢铁生产对于房地产开发的弹性系数呈现出大幅波动特征，总体上，呈现为先高后低两个阶段，尤其2008年以来降至较低水平。房地产开发有跨期作业的特征，若房地产市场呈现为平稳发展的态势，则新开工面积、施工面积与竣工面积之间应该保持合理的关系。若房地产市场呈现为繁荣的态势，则新开工面积与施工面积相对于竣工面积的比值将上升；反之，则反是。自2008年以来钢铁生产对于房地产开发企业房屋建筑竣工面积的弹性较小甚至为负值的现象，可能的解释是受房地产宏观调控政策的影响，房地产市场较为低迷，新增用钢项目增长缓慢，甚至可能出现新开工项目少于竣工项目的情况，因而，造成竣工面积对钢铁生产形成负向信号的现象。

由图5－5可以看出，除1991年前十个月波动较大外，钢铁生产对于房地产开发企业房屋建筑竣工面积是弹性Beta t大体上分为四大阶段：1991年11月～1998年4月，系数小幅波动并逐步降低至0.1以下；1998年5月～2004年7月，保持在0.06～0.1区间；2004年8月～2007年9月，迅速由0.1以下提升至0.6以上；2008年1月～2015年12月，徘徊于0.6～0.8区间，其中，有64个月甚至小幅大于0.7。总体而言，钢铁生产对于固定资产投资的弹性系数呈现出大幅波动的特征，尤其是2008年以来升至较高水平。

固定资产投资分为基本建设投资、更新改造投资、房地产开发投资和其他固定资产投资四部分，在钢铁生产对于房地产开发投资（房地产开发企业房屋建筑竣工面积）弹性回落的情况下，说明钢铁生产对于房地产开发投资之外的基本建设投资、更新改造投资和其他固定资产投资项目的依赖程度有所加深。

5.3 房地产宏观调控及其对钢铁行业的影响分析

5.3.1 中国房地产宏观调控政策出台情况

自1980年6月首次正式提出住宅商品化政策以来，中国房地产调控政策逐渐步入与市场化接轨的道路，2000 年 2 月建设部宣布在全国范围内停止住房实物分配。2000 年起，对个人和银行住房公积金贷款都免税，以启动住房消费，促进房地产业发展。2002 年 8 月，由于局部投资增幅过大，开始加强房地产市场的宏观调控，强化土地供应管理，严格控制土地供应总量。2003 年起，加强房地产信贷，对出售房屋开始征收房地产税。随后，房贷优惠政策被取消，房地产税逐步完善。随着 2005 年 3 月"国八条"的出台，房地产宏观调控上升至政治高度，但市场的反应却是房价大涨。随后，国六条、国十三条、国四条、国十一条、（新）国十一条、（新）国八条《国务院关于促进房地产市场持续健康发展的通知》[①] 等相继出台，采取"限购、限贷、限价"等措施调控房地产市场。[②]

即便从 2005 年推出"国八条"起，房地产宏观调控也已经超过了 10 年。但旺盛的住房需求，使得中国房地产价格持续攀升，房地产问题几乎成为居民生活中的头等大事。

5.3.2　分地区房地产开发活动景气状况

客观经济现象不以人的意志为转移，单个经济参与者的决策也不完全遵从于政府宏观政策与决策意图；在供求规律的引导下，中国房地产市场宏观调控收效甚微，这进一步引发调控力度持续加码；在对经济形势评估出现偏差的形势下，强力度的宏观调控措施最终使得 2012 ~ 2014

---

① "国八条"是指，《国务院办公厅关于切实稳定住房价格的通知》；"国六条"是指，国务院办公厅转发建设部等部门关于调整住房供应结构稳定住房价格意见的通知；"国十三条"是指，国务院办公厅关于促进房地产市场健康发展的若干意见；"国四条"是指，在 2009 年 12 月 14 日国务院常务会议上，就促进房地产市场健康发展提出增加供给、抑制投机、加强监管、推进保障房建设等四大举措。"国十一条"是指，国务院办公厅关于促进房地产市场平稳健康发展的通知；"新国十一条"是指，国务院关于坚决遏制部分城市房价过快上涨的通知；"新国八条"是指，新国八条是 2011 年 1 月 26 日，国务院常务会议再度推出八条房地产市场调控措施。

② 1980 年 6 月，中共中央、国务院批准了《全国基本建设工作会议汇报提纲》，正式宣布将实行住宅商品化政策；2000 年 2 月，国务院新闻办公室举行新闻发布会宣布："住房实物分配在全国已经停止！"2005 年 3 月 26 日，国务院办公厅发布《关于切实稳住住房价格的通知》，首次明确提出抑制房价过快上涨，明确要采取有效措施，抑制住房价格过快上涨。

年部分地区房地产交易规模开始下降，使得房地产市场进入下行区间。2014 年，在全国 35 个大中城市中，有 12 个城市商品房销售面积为正增长，23 个城市商品房销售面积为负增长，有 8 个城市住宅销售面积为正增长，27 个城市住宅销售面积为负增长。在 35 个大中城市中，房地产开发企业土地购置面积下降的有 25 个，增加的仅有 10 个。2014 年，在中国的 30 个省区市中，[①] 有 22 个省区市房地产开发企业土地购置面积下降，仅有 8 个省区市土地购置面积增长，也说明房地产开发活动有收缩迹象。[②]

在表 5 - 1 中，对中国的 30 个省区市历年房地产开发企业商品房销售面积增速情况进行了统计。表中第二列与第三列分别以算术平均值与中位数的形式，给出了各地区房地产开发企业商品房销售面积增速的平均变化趋势。

总体而言，除 2008 年外，2010 年之前分地区统计的房地产开发企业商品房销售面积增速较高，其均值与中位数的平均值分别为 29. 89 和 27. 59；除 2013 年外，2011 年之后分地区统计的房地产开发企业商品房销售面积增速较低，其均值与中位数的平均值分别为 1. 53 和 2. 57。2002 ~ 2014 年，只有 2008 年和 2014 年的分地区房地产开发企业商品房销售面积增速的均值和中位数为负值，其中，2008 年有可能是受到国际金融危机的冲击，而 2014 年则显示出国内房地产销售市场的疲软状态。

表 5 - 1 除了以均值和中位数的形式考察分地区房地产开发企业商品房销售面积增速情况外，还分别对增速为负、增速超过 20% 以及增速介于二者之间的情形予以加权汇总，若分别对三种情形赋值 - 1、3、1，则可以得到相应的加权得分。该加权得分综合展示 30 个省级行政单位商品房销售的整体形势，该数值越大，则说明当年的房地产销售市场景气程

① 中国的 30 个省区市未包括中国港澳台地区和西藏自治区，全书同。
② 相关数据来源于中经网产业数据库，由笔者计算整理而得。

度越高；反之，则反是。与仅对增速进行均值与中位数统计得出的结论类似，明显可以看出，2010 年之前（不含 2008 年）加权得分水平较高，平均为 63 分，而 2011 年之后（不含 2013 年）加权得分水平较低，平均为 9.5 分。

从表 5 – 1 还可以看出，除了 2008 年、2013 年的异常情况外，相关指标在相近年份呈现出逐步变动的特征，这也体现了经济系统调整的渐进性。

表 5 – 1　2002 ~ 2015 年分地区房地产开发企业商品房销售面积增速统计

年份	增速（%）		有关增速的频数统计			
	均值	中位数	负值数	超过 20% 的个数	中间值个数	加权得分
2002	23.77	21.27	2	16	12	58
2003	39.56	32.02	1	25	4	78
2004	19.27	19.03	4	13	13	48
2005	53.35	49.61	2	28	0	82
2006	11.53	11.23	7	9	14	34
2007	26.75	24.45	1	22	7	72
2008	– 14.40	– 14.89	23	1	6	– 14
2009	50.20	47.19	0	28	2	86
2010	14.71	15.95	6	14	10	46
2011	6.40	5.54	6	3	21	24
2012	2.17	3.19	12	2	16	10
2013	18.67	20.84	3	15	12	54
2014	– 6.25	– 4.18	20	0	10	– 10
2015	3.78	5.73	10	2	18	14

注：表中按照 – 1、1、3 的权数，分别对商品房销售面积增速为负值、介于 0 ~ 20% 区间、超过（含）20% 的省级行政单位赋权并计算得分。

综上所述，通过对表 5 – 1 的分析，从对分地区房地产开发企业商品房销售面积增速的直接统计与赋权汇总的角度都可以看出，2010 年前后中国房地产商品房销售市场景气状况发生了明显逆转，2010 年以后，房地产开发活动逐渐陷入低潮。

5.3.3 房地产开发活动与钢材生产动态关联性分析

为了进一步验证房地产开发活动与钢材生产景气状况之间的关系，本书选取房地产开发企业商品房销售面积、房屋建筑竣工面积以及新开工房屋建筑施工面积三个口径的房地产开发指标，考察其与钢材产量之间的关联性。经检验，房地产开发企业房屋建筑竣工面积月度数据与钢材产量月度数据之间构建的 VAR 模型拟合效果最好（见表 5－2），因而选取这一对指标说明房地产开发活动与钢材生产之间的动态关系（以下分别简称房屋建筑竣工面积与钢材产量）。

表 5－2　房屋建筑竣工面积与钢材产量 VAR 模型滞后阶数检验

滞后阶数	LL 值	LR 值	自由度	P 值	FPE 值	AIC 值	HQIC 值	SBIC 值
0	－2404.29				2.90e＋12	34.3756	34.3926	34.4176
1	－2028.44	751.69	4	0.000	1.40e＋10	29.0635	29.1147 *	29.1895 *
2	－2023.19	10.49 *	4	0.033	1.40e＋10 *	29.0456 *	29.1310	29.2558
3	－2020.82	4.75	4	0.314	1.40e＋10	29.0689	29.1884	29.3630
4	－2018.89	3.87	4	0.424	1.50e＋10	29.0984	29.2521	29.4766

注：＊表示结果理想。某行＊越多，表示结果越理想。

资料来源：笔者基于 Stata 软件分析结果整理而得。

由表 5－2 所示分析结果可知，有关房屋建筑竣工面积与钢材产量的 VAR 模型设置滞后 2 阶的形式更为合适。经拟合分析，可以得到以下分析结果：

$$\begin{bmatrix} steel_t \\ area_t \end{bmatrix} = \begin{bmatrix} 29.876 \\ 840.980 \end{bmatrix} + \begin{bmatrix} 0.726 & 0.044 \\ 0.487 & 0.494 \end{bmatrix} \begin{bmatrix} steel_{t-1} \\ area_{t-1} \end{bmatrix} + \begin{bmatrix} 0.231 & 0.004 \\ 0.031 & -0.133 \end{bmatrix} \begin{bmatrix} steel_{t-2} \\ area_{t-2} \end{bmatrix} + \begin{bmatrix} e_{1t} \\ e_{2t} \end{bmatrix} \tag{5.8}$$

式（5.8）所示，房屋建筑竣工面积与钢材产量 VAR 模型的拟合结果，实际相当于由分别表述房屋竣工面积动态变化规则与钢材产量的两个方程组成。其中，由钢材产量方程中滞后一阶与滞后两阶的房屋建筑竣工面积指标前的系数都为正值（分别为 0.044、0.004）可知，房屋建筑竣工面积对钢材产量具有促进作用；且这一促进作用呈现出逐渐衰减的特性，钢材产量受上期房屋建筑竣工面积的影响更大。这一分析结论较符合逻辑，同时也表明，钢材产量对上期房屋建筑竣工情况的变动态势较为敏感，若房屋建筑竣工规模呈现放缓或下降的态势，则应很快在钢材产量上体现。

在前述 VAR 模型的基础上，还可以通过 granger 检验考察房屋建筑竣工面积与钢材产量变动之间的因果关系。

由表 5－3 所示的 granger 检验反映的是，钢材产量与房屋建筑竣工面积在多大程度上被对应指标的过去值解释，即分别考察加入房屋建筑竣工面积的滞后值，是否使得钢材产量模型解释程度提高以及加入钢材产量的滞后值是否使得房屋建筑竣工面积模型的解释程度提高。若加入解释变量的滞后值使得对被解释变量预测的均方误差减小，则说明该解释变量是被解释变量的 granger 原因。由于 granger 检验的原假设都是“解释变量不是被解释变量的 granger 原因”，因而表 5－3 所示的两项检验的 P 值都小于 0.01，说明在 1% 的显著性水平上可以拒绝原假设，得出房屋建筑竣工面积与钢材产量互为 granger 原因的结论。

表 5－3　房屋建筑竣工面积与钢材产量 VAR 模型 granger 因果关系检验

项目	原假设	χ^2 统计量	自由度	P 值
钢材产量模型	房屋建筑竣工面积不是钢材产量的 granger 原因	7.0882	1	0.008
房屋建筑竣工面积模型	钢材产量不是房屋建筑竣工面积的 granger 原因	59.593	1	0.000

资料来源：基于 Stata 软件分析结果整理而得。

参考前述分析，由地产开发企业房屋建筑竣工面积与钢材产量的 VAR 模型可知，房地产开发与钢铁行业景气状况的关联性，确实能够由相应的计量经济模型予以证实。鉴于前述分析证实了房屋建筑竣工面积与钢材产量之间的动态关联性，可以进一步尝试建立二者的误差修正模型考察其长期均衡关系。

通过协整检验发现，两变量间确实存在一对协整关系。因而，可以在此基础上建立向量误差修正模型（VECM），探索二者之间的长期均衡关系。经拟合分析，得出以下结果：

$$
\begin{aligned}
D.\ steel_t &= -0.039 \times (1502.862 + steel_t - 1.216 \times area_t) \\
&\quad + (64.029 - 0.231 \times D.\ steel_{t-1} - 0.003 \times D.\ area_{t-1}) \\
D.\ area_t &= 0.527 \times (1502.862 + steel_t - 1.216 \times area_t) \\
&\quad + (4.683 - 0.032 \times D.\ steel_{t-1} - 0.134 \times D.\ area_{t-1})
\end{aligned}
\tag{5.9}
$$

在上述拟合方程式（5.9）中，$(1502.862 + steel_t - 1.216 \times area_t)$是误差修正项，用以反映房屋建筑竣工面积与钢材产量之间的长期均衡关系；误差修正项前面的系数，表示变量偏离长期均衡关系后的调整速度。由于钢材产量方程前的系数显著小于房屋建筑竣工面积方程前的调整系数，说明钢材产量方程的敏感性较弱，即钢材生产量具有较大的刚性。

在房屋建筑竣工面积与钢材产量误差修正模型的基础上，可以开展脉冲响应分析来反映模型受到某种冲击后对均衡系统的影响。图5－6表示，钢材产量受到一个单位正向冲击后，对房屋建筑竣工面积的影响，图5－7表示房屋建筑竣工面积受到一个单位正向冲击后对钢材产量的影响。

由图5－6可以看出，钢材产量的一个正向冲击会立即对房屋建筑竣工面积有显著的正向影响，最大的冲击幅度接近150万平方米，但在最初的几期内会有较大幅度的波动，随后，较之峰值水平略有回落，并从第5期开始保持在约114万平方米的水平。

由图5－7可以看出，房屋建筑竣工面积的一个正向冲击会使得钢材产量连续四期内持续攀升，在达到接近40万吨水平后略有回落，并最终保持在约38万吨水平，这也反映出钢材生产的刚性特征。

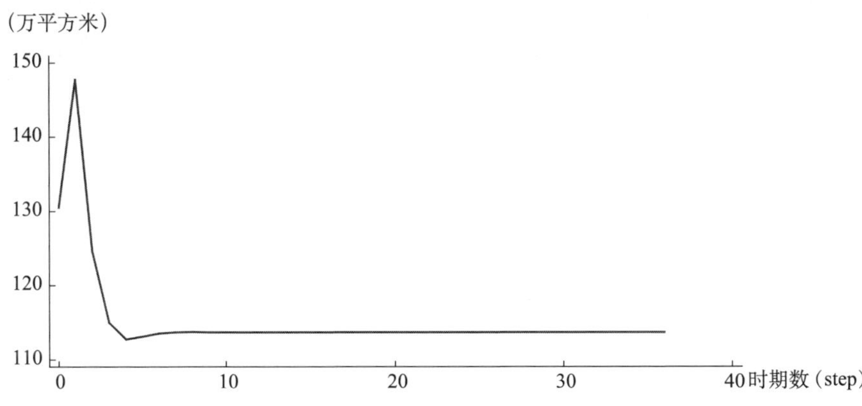

图5－6　钢材产量冲击引起房屋建筑竣工面积的影响函数

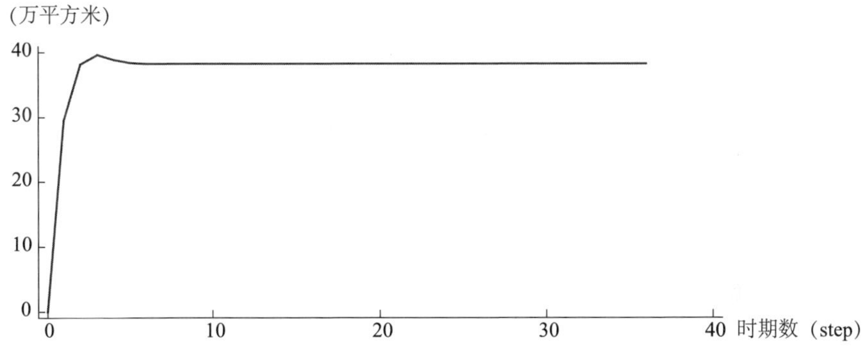

图5－7　房屋建筑竣工面积冲击引起钢材产量的影响函数

由本书前述分析可知，钢铁行业与国民经济尤其是房地产业之间具有紧密的关联性，房地产开发投资对于钢铁生产具有显著影响、建筑业对钢铁行业的完全消耗系数很大，因而房地产开发景气程度必然会对钢铁行业造成关键影响。但是，2012～2014年，中国房地产开发速度有所放缓，甚至出现了商品房销售面积由增速放缓变为负增长的局面，房地产开发对于钢铁行业的拉动作用有所放缓，钢材生产对于房地产开发投资的弹性有所降低。受数据可得性限制，暂无法获得历年房地产行业钢材使用量的时间序列数据，也不能准确表明钢铁产能过剩问题凸显与当前房地产市场景气状况减弱之间的具体关联程度。但是，考虑到2015年房地产市场成交情况确实已经出现了负增长，则必然会降低房地产开发对钢材的需求程度。进一步地，由于钢铁行业产能投资具有一定滞后性，钢铁行业在房地产业前景乐观之际追加的投资要经过数年的滞后才能转化为实际生产能力，若此时房地产市场不仅未如预期一般持续增长、反而出现绝对性萎缩的情况，则相应地新增生产能力会丧失需求支撑，从而造成产能闲置的压力，形成短板性产能过剩。虽然房地产开发项目耗钢总量在钢材消费总量中并非占有决定性份额，但是，房地产开发项目上的钢材需求变化量却主导了中国钢材市场需求变化。

综上所述，房地产市场不景气是造成钢铁行业产能过剩的关键因素之一，可以认为钢铁行业产能过剩的原因是建筑业钢材消费需求低于预期，客观上形成了需求短板。

5.4 研究总结

综上所述，房地产业与钢铁行业确实存在已有文献中公认的紧密关联，更重要的是，在尚有相当数量的农民工等人群尚未彻底解决居住问题的形势下，房地产市场景气状况偏离“潜在的正常”轨道而回落，确实会对钢材市场需求造成明显冲击。因此，即使受限于数据可得性的难题，依然有较充分的理由认为，得出“房地产宏观调控政策抑制钢材需求并进而造成（加剧）钢铁产能过剩”的结论是有依据的。在钢铁行业投资具有滞后性的情况下，若市场需求下降或增速放缓，抑或是增速低于预期，都可能导致新增产能投产后失去可靠市场需求的支撑，从而引发供需失衡，造成钢铁产能过剩。

第5章研究表明，一国钢铁消费水平的决定因素包括经济发展水平、城镇化水平和工业化水平。房地产开发是推进城镇化进程不可或缺的一个环节，房地产开发增速放缓甚至负增长既会直接影响建筑业的钢铁需求，也会间接降低经济发展水平，进而降低国民经济其他行业对于钢铁产品的需求。有关房地产开发对钢铁行业直接影响与间接影响的总体分析，有待从产业间投入产出关系角度进行系统分析，CGE 模型是有力的工具之一。若条件允许，在数据齐备的条件下，相关研究有待进一步深入推进。

第6章　钢铁短板性产能过剩：来自国际经验视角的证据[①]

2003年，国家发改委等部门联合下发了《关于制止钢铁行业盲目投资的若干意见》，指出若对中国钢铁行业盲目发展现象不加以引导和调控，将导致产量严重过剩和市场过度竞争，造成社会资源的浪费，并以此拉开了钢铁行业新一轮产能调控的序幕。2005年7月，国家发改委发布《钢铁产业发展政策》，从产业发展规划、产业布局调整、产业组织结构调整、投资管理等方面阐述了国家对钢铁产业的发展政策。2013年，国务院印发《关于化解产能严重过剩矛盾的指导意见》，指出受国际金融危机的深层次影响，国际市场持续低迷，国内需求增速趋缓，我国部分产业供过于求矛盾日益凸显，传统制造业产能普遍过剩，特别是钢铁等高消耗、高排放行业尤为突出。[②] 可见，中国钢铁产能治理尚未告捷，治理钢铁产能过剩的任务依然十分艰巨。

值得注意的是，中国粗钢产量由2003年的2.22亿吨增加到2014年的8.23亿吨，同期，全球粗钢产量由2003年的9.70亿吨提高到2014年的16.70亿吨；中国粗钢产量占全球的份额由2003年的22.89%提高到2014年的49.28%，中国占到同期全球新增粗钢产量的近九成。[③]尽管中国钢铁工业实现了跨越式发展，但是钢铁行业产销两旺，并未出现大规

① 本章部分内容以《钢铁倒“U”型曲线及其跨国异质性问题研究》为题发表于2020年第3期《产业组织评论》（CSSCI）。

②③ 资料来源：《国际钢铁年鉴》。

模库存积压的现象（如表 4 - 6 所示，1999 ~ 2014 年中国钢铁行业钢材产销率始终保持在 99% 以上）。由此可见，相关政府文件可能低估了中国钢铁市场需求规模，错判了钢铁产业发展形势，以至于相关的钢铁行业产能治理政策与企业自主行为发生了抵触。

中国钢铁行业产能过剩问题久治不愈的难题与中国钢铁产业迅速发展却产销两旺的事实，引发了对钢铁行业产能过剩治理合理性与必要性的质疑，学者们也从不同角度对这一现象进行解释。大部分学者从诱发产能过剩的市场因素或体制性因素等方面开展分析，试图阐释中国钢铁行业产能过剩问题爆发的根源，但是相关研究并不能解释这一中国钢铁产能过剩问题持续十余年的原因。江飞涛、陈伟刚、黄健柏等（2007）从对中国钢铁工业投资规则政策实践的反思中得出结论，认为由于市场的不确定性，政府部门不可能准确预测和制定合意的投资规划；而基于不准确预测信息制定的投资规制政策非但不能防治产能过剩问题，反而会造成阻碍市场对固定资产投资的自发调整等不良后果。第三章认为，既有产能过剩问题研究的文献侧重于从过度投资角度论述产能过剩问题形成的根源，但是，忽略了中国市场需求迅速扩张的现实，反倒是一线企业对市场运行形势有较准确的把握，产能过剩治理的政策仅仅在客观上加速了落后产能的淘汰；建筑业等下游产业对钢铁需求走势有巨大影响，考虑到中国房地产市场尚有较大需求空间，若调整“限价、限购、限贷”等房地产调控政策并加大“公租房”建设力度，则钢铁需求会迅速提高，钢铁产能过剩问题也会迎刃而解。

学者从市场需求的不确定性解释了中国产能过剩久治不愈的根源。政府部门低估了钢铁市场需求迅速扩张的形势而实施产能调控政策，产业部门因意识到钢铁市场的巨大潜在需求空间而不断扩大产能。

可见，钢铁市场需求预测对评估钢铁产业市场环境和制定钢铁产业发展规划都有至关重要的作用，有必要对中国中长期钢铁需求状况进行深入研究。

6.1 钢铁需求影响机制

按照基本的经济学原理，收入与价格水平是决定需求的主要因素。因而，一国人均GDP水平以及钢材价格水平对钢铁需求具有重要影响。钢材的主要用途为建筑与工业制造，故而一般认为钢铁消费与基础设施建设、工业化等因素有密切关系（高铁梅等，2004；谭英平，2007；窦彬，2007；张永岳，2008；林春山和白龙，2010）。

在从农业社会向工业社会转变以及从工业社会向现代社会转变的过程中，工业部门产值与工业部门从业人员会呈现出倒“U”形曲线（新帕尔格雷夫经济学大词典，1996）。在工业化与城镇化初期，第二产业逐渐取代农业成为主导产业，第二产业的产值在GDP中的比重以及劳动力比重会呈现上升趋势；随着经济社会的发展，当人均GDP达到一定程度以后，第三产业逐渐取代第二产业成为主导产业，第二产业的产值比重和劳动力比重也会有所下降。钢铁的主要用途是工业产品制造和建筑工程，故而一般认为钢铁消费与工业化、城镇化有密切关系，因而钢铁生产与消费也可能呈现为倒“U”形曲线的变化特征。

中国钢铁生产量与需求量规模巨大，中短期内，必然无法由外部市场满足需求，为了保持经济增长与就业稳定，中国在中短期内依然会保持现有发展模式，随着城镇化与工业化进程的推进，钢铁消费需求有望保持一定的增长。与其他主要发达国家不同的是，中国面临在短时期内同时实现工业化目标和城镇化目标的任务。工业化与城镇化的叠加效应，或许将使得中国钢铁需求所面临的增长路径与西方国家有所区别。此外，作为一个新兴的外向型经济体，中国所出口产品的类型与结构也与昔日的贸易大国不相同，钢铁产品贸易与钢铁制品贸易都会对中国钢铁需求走势造成一定影响。

鉴于此，下面将依次从对世界各国钢铁消费增长规律的总结，及对影响中国钢铁消费因素的评估，对中国未来钢铁需求状况的预测等角度开展分析。

6.2　各国钢铁生产曲线走势与影响因素分析

6.2.1　各国人均粗钢产量曲线图

为了更好地预测中国钢铁工业的发展前景，有必要梳理回顾世界各国钢铁工业发展的路径。考虑到各国钢铁工业的规模及人口数量的差异性，特选取美国、加拿大、比利时、卢森堡、法国、德国、意大利、西班牙、英国、日本等 10 个主要发达国家与韩国、印度、墨西哥、巴西、南非及中国等 6 个有影响力的发展中国家作为研究对象，且通过对各国人均粗钢生产量变动的考察，梳理各国钢铁工业发展的规律性特征。16 国人均粗钢生产量走势大致分为三种状况：其中，日本、德国、意大利、西班牙、巴西和墨西哥等国家的人均钢铁生产量曲线达到峰值后，在较高的水平上长时间内保持平衡，虽略有下降但未包含明显的下降过程，可以归为第一组；比利时、卢森堡、加拿大、美国、英国、法国和南非等国家人均钢铁生产量曲线达到峰值水平后出现过明显下降，可以归为第二组；韩国、中国和印度等国家人均钢铁生产量持续上升，尚未出现趋于平稳的迹象，可以归为第三组。比利时与卢森堡两国的数据合并统计。各国粗钢总产量数据来自《世界钢铁统计年鉴》及《世界经济千年统计》，各国人口数据来自世界银行数据库、《世界经济千年统计》《新中国六十年统计资料汇编》及《中国统计年鉴》等资料。

图 6－1 列出了全球人均粗钢产量的变动情况。1900～2010 年，全球人均粗钢产量保持波动上升态势。一百多年间，全球人均粗钢产量总体上呈现波动上升趋势，其中，有五次明显的下降区间。

由图 6－1 可见，第一次世界大战后的 1921 年、“大萧条”时期的1932年、第二次世界大战后的1946年、20世纪70年代~20世纪末，以及“美国次贷危机”时期的2009年，全球人均粗钢产量均出现了明显下滑。可见，粗钢产量与全球经济周期具有极其紧密的联系。

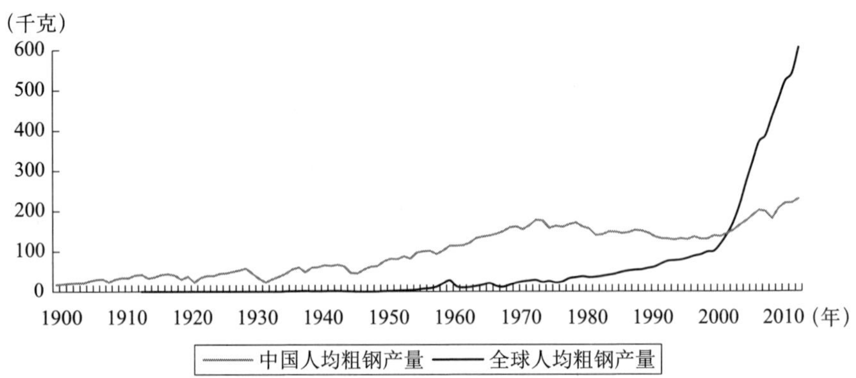

图6-1　1900~2010年全球人均粗钢产量及中国人均粗钢产量变动情况

资料来源：《国际钢铁年鉴》《帕尔格雷夫世界历史统计》等。

综上所述，由全球及世界主要钢铁生产大国的历史经验来看，几乎可以肯定的是，人均粗钢产量会在特定的时点内达到峰值；但是，中国、韩国和印度等国尚未达到人均粗钢产量增长放缓的阶段；全球人均粗钢产量自20世纪70年代起达到峰值水平并开始进入下行区间，后由于中国拉动又恢复增长。

6.2.2　人均钢铁产量呈倒“U”形曲线

总体而言，第一组国家与第二组国家的人均粗钢产量曲线都呈现为倒“U”形曲线的走势，而第三组国家尚未达到拐点。

本书分别以日本、英国作为代表性国家开展人均粗钢产量曲线的拟合分析，考察各国人均粗钢产量与人均GDP之间的曲线关系。鉴于日本人均粗钢产量曲线呈现先上升、后保持平稳的特点，可以考虑使用Gompertz曲线对其开展拟合分析；考虑到英国人均粗钢产量曲线呈现先上升、后下降的倒“U”形特征，可以使用二次曲线对其开展拟合分析。

日本人均钢铁生产的Gompertz函数可以描述为：

$$S_t = S^* \cdot e^{\alpha \cdot e^{\beta \cdot i_t}} \tag{6.1}$$

在式（6.1）中，S_t表示第t年人均钢铁生产量，S^*表示人均钢铁生产量的相对饱和水平，i_t表示第t年的人均GDP水平，α、β是决定Gompertz曲线的形状以及人均钢铁生产和经济增长关系的参数。

式（6.1）中，历年人均粗钢产量及历年人均GDP水平的时间序列是已知的，人均钢铁生产量的相对饱和水平可以由峰值水平或高峰时段之后的均值替代，仅有未知参数α、β尚需估计。日本在1973年达到人均粗钢产量的峰值水平1104千克/人，高峰时段以来均值水平为864千克/人，则可以分别设定$S_1^* = 864$、$S_2^* = 1104$。

在对式（6.1）进行参数估计之前，通常先进行线性化处理，以取得α、β的拟合值。对式（6.1）左右两边取对数，可得：

$$\ln(S_t) = \ln(S^*) + \alpha \cdot e^{\beta \cdot i_t} \tag{6.2}$$

对式（6.2）变换形式，可得：

$$\ln(S^*/S_t) = -\alpha \cdot e^{\beta \cdot i_t} \tag{6.3}$$

对式（6.3）左右两边取对数，可得：

$$\ln(\ln(S^*/S_t)) = \ln(-\alpha) + \beta \cdot i_t \tag{6.4}$$

对式（6.4）可用最小二乘法估计，取得lnα、β的拟合值，并进一步取得α的拟合值。

对应于饱和水平为历史峰值及饱和水平为历史高峰时段均值的设置，对日本人均收入序列与人均钢铁生产序列的回归分析，可以求得α与β的拟合值分别为（-16.19201，-0.00065）和（-11.36852，-0.00054），代入式（6.2）可得人均钢铁生产量与人均收入水平之间的曲线关系。图6-2展示了日本人均粗钢产量及其拟合值的走势图。由该图可以看到，以高峰时段均值水平作为饱和水平进行拟合分析的效果要优于以峰值水平作为饱和水平进行拟合分析的效果。通过回归分析可知，对应于饱和水平为历史峰值及饱和水平为历史高峰时段均值的两种情况的曲线的拟合优度（$\bar{R}^2$）分别为0.9139和0.5396，进一步验证了上述结论。

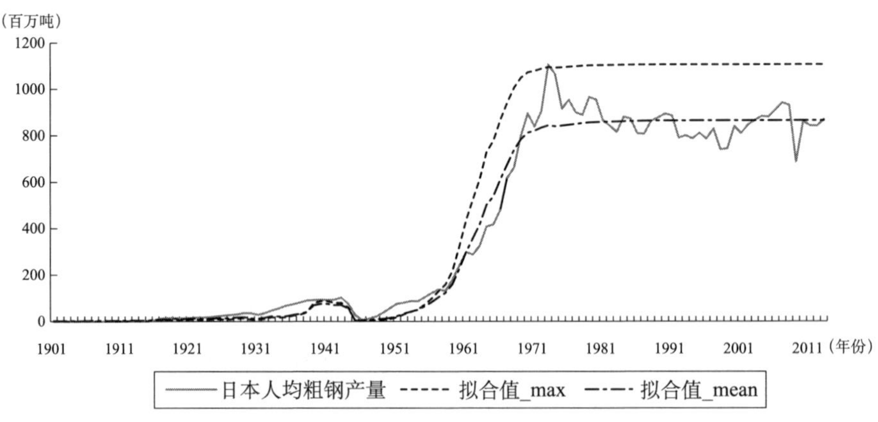

图6-2 日本人均粗钢产量拟合效果

资料来源：《国际钢铁年鉴》《帕尔格雷夫世界历史统计》等。

同理，可以对第一组的德国、意大利、西班牙、巴西和墨西哥等国开展拟合分析，对各国人均粗钢产量随人均收入呈Gompertz曲线增长的态势进行展示。

对于英国等下降组，可用二次曲线拟合。设定：

$$ste = a \times gdp^2 + b \times gdp + c \tag{6.5}$$

通过对1871~2013年英国人均粗钢及以1990年国际元标价的人均GDP数据开展回归分析，可以得到对式（6.5）系数的估计。

式（6.5）的系数拟合值分别为$\hat{a}$ = -3.03e-0.6，$\hat{b}$ = 0.084，$\hat{c}$ = -179.12。依据二项式性质，得到-b/2a = 13857。即图6-3二项函数的拐点对应的人均收入水平为13857国际元。

同理，可以对第二组的法国、比利时-卢森堡、加拿大、美国和南非等国开展拟合分析，对各国人均粗钢产量随人均收入呈二次曲线增长的态势进行展示。虽然采用二次曲线不一定是最佳的拟合方程，但是通过这一简单模型，已经能够证实部分发达国家粗钢产量先增后减、存在

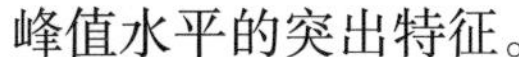
峰值水平的突出特征。

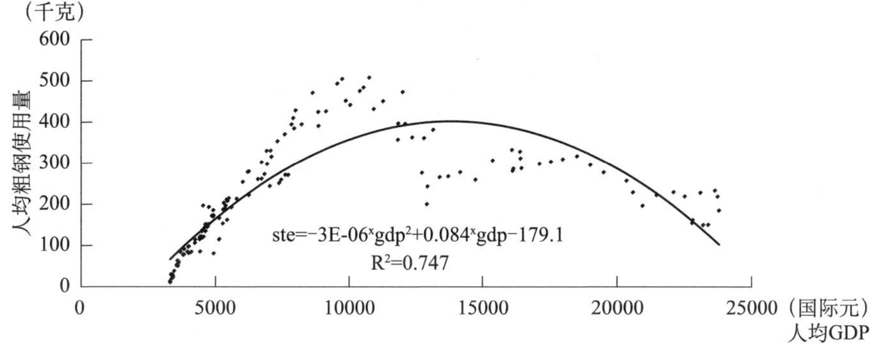

图 6－3　英国人均粗钢产量拟合效果

资料来源：《国际钢铁年鉴》《帕尔格雷夫世界历史统计》等。

6.2.3　各国人均粗钢产量峰值年份经济社会发展状况

各国人均粗钢产量与其人均收入、工业化水平及城镇化程度有关。表 6－1 列出了各国人均粗钢产量峰值年份及开始进入高峰时段年份的人均收入、工业化水平及城镇化程度指标，其中，人均收入指标为以 1990 年国际元计价的实际人均 GDP 数据，城镇化程度指标为各国城市化比率。

表 6－1　　　　各国人均粗钢产量峰值年份发展状况一览

国家	峰值年份	人均产量（千克）	人均 GDP（1990 年国际元）	工业增加值占比（%）	城市化率（%）
英国	1970	508	10767	44	77
美国	1973	646	16689	34	74
日本	1973	1104	11434	43	74
法国	1974	504	13113	32	73
德国	1974	752	12063	48	73
比利时	1974	1602	12643	41	94
加拿大	1979	662	16170	35	76
南非	1980	329	4390	48	48
意大利	2006	544	19798	26	68
西班牙	2007	420	19551	22	78
墨西哥	2007	155	7972	36	77

续表

国家	峰值年份	人均产量（千克）	人均 GDP（1990 年国际元）	工业增加值占比（%）	城市化率（%）
巴西	2011	179	7481	27	85
韩国	2012	1381	22762	38	82
印度	2014	67	4856	30	32
中国	2014	603	12356	43	54

资料来源：各国人均粗钢产量的峰值年份及对应人均产量为自行计算、统计而得；人均 GDP 数据来自《世界经济千年统计》，为以 1990 年国际元计价的数值；工业增加值占比，即各国工业增加值占国内生产总值比重，来自《帕尔格雷夫世界历史统计》及世界银行数据库；各国城市化比率，来自世界银行数据库；鉴于卢森堡经济体量较小，故仅列出比利时的经济指标。

由表 6 - 1 可以看出，除韩国、印度与中国外的其余 12 个国家（不含卢森堡）都已经出现了人均粗钢产量的峰值水平并开始有所回落，韩国、印度与中国等三国人均粗钢产量依然在持续增长。

由表 6 - 1 发现，自 20 世纪 70 年代开始，主要发达国家及部分发展中国家陆续达到人均粗钢产量的峰值水平。20 世纪 70 年代，是各国峰值水平最集中的年份，另有意大利等四国在 21 世纪初期达到人均粗钢产量的峰值。南非、墨西哥与巴西三个发展中国家人均粗钢产量的峰值分别为 329 千克、155 千克和 179 千克；美国等 10 个发达国家人均粗钢产量的峰值平均为 736 千克/人。可见，虽然发展中国家也曾经达到各自人均粗钢产量的峰值水平，但横向来看远低于发达国家的水平，南非等发展中国家所实现的人均粗钢产量峰值是低标准的峰值水平[①]。可见，发展中国家与发达国家在人均粗钢产量峰值年份对应的钢铁生产水平有明显差异。

各国人均粗钢产量峰值年份对应的人均 GDP 水平在各国之间差别较大。峰值年份对应人均 GDP 最低的三个国家分别为南非、巴西和墨西哥，分别为 4390 美元、7481 美元和 7972 美元；其余各国峰值年份对应的人均 GDP 均高于 10000 美元，均值为 14692 美元。[②] 可见，发展中国家与发

① 实际上，有关南非是否属于发达国家的讨论并没有定论，本书以南非为发展中国家。

② 按照 PWT8.2 所列 2005 年国际元数据，峰值年份对应人均 GDP 最低的三个国家分别为南非、巴西和墨西哥，分别为 8804 美元、9391 美元和 12692 美元；其余各国峰值年份对应的人均 GDP，均高于 14000 美元，均值为 19885 美元。

达国家在人均粗钢产量峰值年份所对应的收入水平有明显差异。

各国人均粗钢产量峰值年份对应的工业增加值占国内生产总值比重差别较大。意大利与西班牙峰值年份对应的工业增加值占比均低于 30%，南非、墨西哥、巴西等三个发展中国家峰值年份对应的工业增加值占比，均值为 37%；而美国等十个发达国家峰值年份对应的工业增加值占比，均值为 38.8%。可见，由于各国达到人均粗钢产量峰值的时点有先后之分，发展中国家与发达国家两组国家在人均粗钢产量峰值年份上所对应的工业化程度差别不明显。

各国峰值年份对应的城镇化率也有一定差别，但区分度不明显。峰值年份对应城镇化率最低的是南非，其城镇化率为 48%；墨西哥与巴西两国峰值水平对应的城镇化率分别为 77% 和 85%；美国等十个发达国家对应的城镇化率平均为 75%。不包括南非在内的其余 11 个国家人均粗钢产量峰值年份对应的城镇化率均值为 76%、标准差为 7.3%，可见，各国人均粗钢产量峰值年份的城镇化水平差别不大。

综上所述，人均收入及工业化程度或许并非一国人均粗钢产量达到峰值的关键标准，而较高的城镇化比率则是主要钢铁生产大国达到人均粗钢产量峰值的共同特征。

从横向比较来看，发展中国家在实现人均粗钢产量峰值时的城镇化程度及工业化程度与发达国家差别不大，但是，发展中国家对应的人均收入水平及钢铁生产量与发达国家相比较低。可以说，南非、墨西哥与巴西三个国家所实现的是低层次的钢铁生产饱和水平。南非实现的人均粗钢产量峰值层次略高于墨西哥与巴西，但是，南非在峰值层次过后呈现出一个明显的下降区间，而墨西哥与巴西则未出现明显下降。

分别以按 1990 年国际元计价的人均 GDP、工业增加值占 GDP 比重、城镇化率作为反映一国经济发展水平、工业化水平和城镇化水平的指标，以人均粗钢产量作为反映一国钢铁生产水平的指标，建立多元面板数据模型。以 1960～2014 年作为研究时限，并进行拟合分析，经 hausman 检验，$Prob > chi^2 = 0.8869$，可以认定随机效应模型优于固定效应模型。则最终可得如下结果：

$$\hat{ste}_{it} = -771.23 + 100.33gdp_{it} + 9.62urb_{it} + 11.91ind_{it}$$
$$s = (60.97) \quad (13.17) \quad (0.64) \quad (0.68) \tag{6.6}$$
$$z = (-12.65) \quad (7.62) \quad (15.03) \quad (17.46)$$

由式（6.6）的拟合分析结果可知，一国经济发展水平（gdp）、工业化水平（ind）与城镇化水平（urb）能够很好地解释其人均钢铁生产的变动情况，相关变量对应的 z 值都较大，说明模型中各解释变量都具有显著性。[①]

依据式（6.6）所展示的变量间关系，由于发达国家和发展中国家在达到人均粗钢产量峰值时的工业化水平及城镇化水平并无明显差异，但发达国家经济发展水平（人均 GDP）远高于发展中国家，则发展中国家所实现的钢铁生产饱和水平是相对较低的饱和水平。

值得注意的是，比利时在峰值年份的人均收入与工业化程度仅在发达国家中居于中等水平却创下了人均粗钢生产最高纪录、城镇化水平均低于主要发达国家却保有可观的粗钢生产水平，前者的高城镇化率及后者的高度工业化水平能够很好地解释上述现象。

由表 6－1 结合上述统计可知，城镇化水平是判断一国是否将达到钢铁生产峰值水平的优良指标。一般而言，只有当一国城镇化比率至少达到 70%，才有可能出现钢铁生产的拐点；而经济发展水平及工业化程度则对其所能实现的人均粗钢生产量具有很大关联，较高的经济发展水平及工业化程度将推高一国的粗钢生产水平。

2014 年，印度城镇化率仅为 32%，远低于 70% 的标准，甚至低于南非达到峰值时对应的水平，同时，印度的人均收入及工业化程度在 17 个主要钢铁生产大国中也居于较低水平。依据前述分析可以认为，2013 年印度的经济社会发展水平，明显不具备达到人均粗钢产量峰值的条件。

2012 年，韩国人均收入水平已经超过 13 个发达国家人均粗钢产量峰

① 一般而言，经济发展水平、工业化程度与城镇化水平之间有着密切的关联关系，三者在一个钢铁生产影响机制中的互动关系尚有待专门分析，为行文方便，本处不予详细讨论。

值对应的水平且其城镇化程度也较高，但是，韩国仍未出现人均粗钢产量增速变缓的迹象，这一现象值得关注。可能的解释是，韩国是高度依靠对外贸易的小型外向经济体，该国大量出口汽车、船舶、家电等产品，能够依靠外部市场消耗相对于国内需求过剩的钢材，相关结论尚需进一步考证。

中国人均收入水平已经基本满足发展中国家组人均粗钢产量增速放缓所对应的收入水平，但是，中国城镇化程度仍略有不足。当前，中国农村地区仍有大量剩余劳动力（赵楠等，2013），如若逐步转移农村剩余劳动力，实现农民工市民化，则必然需要大量兴建住宅与基础设施；城镇化水平的提高，也必然实现扩大内需规模的效果，届时，将引致大量钢铁消费需求。此外，中国是世界第一大货物出口国，决定了中国既有别于英国等钢材、钢铁制品净进口国，又有别于韩国等小型开放经济体的独特特征；有关中国钢铁生产与消费需求的研究，尚需深入分析。中国人均钢铁生产规模的拐点何时实现，尚有很大不确定性，但依据国际经验可以断言，中国尚不满足达到钢铁生产饱和水平的基本条件。

6.2.4 人均钢铁产量倒“U”形曲线影响因素分析

根据前述分析可以得出，部分国家人均粗钢产量确实存在倒“U”形走势①，故在考察各国经济、社会发展对钢铁生产的影响时，可以考虑加入二次项的影响。经过反复筛选、甄别发现，建立在人均 GDP 水平、人均 GDP 水平二次项、工业增加值占 GDP 比重以及城镇化比率四项基础之上的面板数据模型能够更好地拟合，且经过 hausman 检验认定（Prob > chi2 = 0.9634），随机效应模型优于固定效应模型。该面板数据模型为：

① 英国等国家的人均粗钢产量倒“U”形曲线走势较为明显，但日本等国家的人均粗钢产量呈现出先增长、后缓慢下降或基本保持的态势，故可以认为上述两种国家都存在钢铁生产的倒“U”形规律。

$$\hat{ste}_{it} = -599.08 + 658.63gdp_{it} + 2.67urb_{it} + 10.78ind_{it} - 163.51gdp_{it}^2$$

$$s = (60.30) \quad (34.58) \quad (0.69) \quad (0.59) \quad (9.56)$$

$$z = (-9.94) \quad (19.05) \quad (3.88) \quad (18.18) \quad (-17.11) \tag{6.7}$$

式（6.7）对应的系数拟合值都很显著，但与式（6.6）相比，人均 GDP 水平、城镇化率及工业增加值占 GDP 的比重都有所变化。这一现象说明，相关变量对于人均粗钢产量的解释方面具有很强的替代性。有无必要保留二次项，则需要观察该变量的引入对于模型分析有无重大影响。

由式（6.7）可以计算出人均粗钢产量随人均收入水平变动的拐点。由二项式性质可以计算得出各国人均粗钢产量曲线随人均收入变动的拐点为 20080 国际元。即在不考虑其他因素变化的情况下，当人均收入水平低于 20080 国际元时，人均粗钢生产量随人均收入水平的增加而持续增长；在不考虑其他因素变化的情况下，当人均收入水平达到或超过 20080 国际元时，人均粗钢生产量将随着人均收入水平的增加而减少。

在对 16 国 1960～2014 年的 880 次观测中，有 744 次观测的人均收入水平低于 20080 国际元、有 136 次观测的人均收入水平高于 20080 国际元。该转折点具有一定的区分度，将各国收入水平的观测值区分为对钢铁生产影响不同的两部分，因而有保留人均 GDP 二次项的必要性。

6.3 中国人均钢铁产量曲线与钢铁产量走势分析

6.3.1 中国人均钢铁产量曲线分析

图 6－1 列示了 20 世纪以来中国人均粗钢产量曲线的走势。从图中可

以看出，中国人均粗钢产量自新中国成立后才开始迅速增加；该曲线几经起伏，自 20 世纪 80 年代初期才开始进入逐年递增的快车道。①

从图 6－1 可以看出，在中国人均粗钢产量进入快速增长阶段之前，全球人均粗钢产量已经达到短期的局部极大值并开始下降。1979 年、1994 年，全球人均粗钢产量分别为 171 千克和 129 千克，下降了 25%；但同期，中国人均粗钢产量由 36 千克增加为 78 千克，增长了 118%。随着中国人均粗钢产量的增长，其对全球人均粗钢产量的拉动作用逐步显现。1994～2013 年，中国人均粗钢产量增加 679%，带动同期全球人均粗钢产量增加 78%，使得全球人均粗钢产量曲线自 1994 年起进入新的增长区间。

从图 6－1 可以看出，中国人均粗钢产量曲线尚未呈现出下滑迹象，由此带动全球人均粗钢产量曲线持续走高。

6.3.2　中国人均钢铁产量即将达到峰值了吗?

由前述有关人均收入水平及城镇化进程对各国人均粗钢产量的影响模型可以看出，在以 1990 年国际元计价的实际人均 GDP 超过 20080 美元之前，随着人均收入水平的提高，人均粗钢产量将会继续增加；当人均 GDP 超过 20080 美元后，人均粗钢产量的走势将不明朗，其中，工业化进程与城镇化进程的推进速度会起到比较关键的作用。

中国工业增加值占 GDP 的比重较高，随着经济结构的转型升级，未来第三产业占比将有望增长，而工业增加值占 GDP 的比重有下降趋势。但是，对于中国这样一个制造业大国而言，在就业形势严峻、“制造业 2025”稳步实施的形势下，短期内很难形成经济结构的明显转变。面对规模如此庞大的农村剩余劳动力与高校毕业生，面对持续增长的国内市

① 1960 年、1970 年、1980 年、1990 年、2000 年、2010 年中国人均粗钢产量分别为 27.97 千克、21.74 千克、37.83 千克、58.45 千克、100.77 千克和 477.49 千克；1960～1980 年，中国人均粗钢产量增长了 35%，1980～1990 年，中国人均粗钢产量增长了 54%，1990～2000 年，中国人均粗钢产量增长了 72%，2000～2010 年，中国人均粗钢产量又增长了 49%。

场，预期在中国经济结构转型升级的形势下依然会保有可观的制造业规模，几乎可以肯定地得出中国制造业仍会稳步发展的结论。单位 GDP 钢材消费的降低与 GDP 总量增长之间的互动关系，决定了短期之内工业化对钢铁需求产生较大负面影响的可能性很低。

2013 年，中国城镇化率仅为 53%，中国城镇化发展水平距离 12 个发达国家人均粗钢产量峰值年份对应的城镇化比率（76% ±7.3%）还有不小的差距，可见，中国人均收入水平距离人均粗钢产量曲线的拐点尚有较大距离。[①] 此外，从人均收入水平角度来看，中国尚未达到人均粗钢产量峰值点所对应的国际经验值。随着城镇化进程的推进以及人均收入水平的提高，中国钢铁生产规模有望继续增长，尚不可轻易断言中国人均粗钢产量即将达到峰值水平。

6.3.3 持续推高中国人均粗钢产量的因素[②]

依据国际经验与中国城镇化水平、工业化水平及经济发展水平的现实进行比较分析，可以得出短期之内中国尚未达到人均钢铁产量拐点的结论。本节将进一步开展中国钢铁生产规模与需求规模的影响因素分析。

学者们在对中国钢铁需求影响因素的考察过程中，往往根据经验选择变量建立计量模型并通过实证分析予以检验。由高铁梅等（2004）、谭英平（2007）、窦彬（2007）、张永岳（2008）、林春山和白龙（2010）可以发现，不同文献在模型设定过程中所选取的影响因素和经济指标不同，甚至大多也没有进行变量间的多重共线性检验；但相关研究确实从不同角度证

---

① 值得注意的是，中国户籍人口城镇化率仅为 35.9%，各地外来常住人口以农民工为主，而户籍人口与农民工占有的人均钢铁消费有较大差别，以农民工为主的外来人口占有的住房、汽车乃至家电量会低于户籍人口。因此，城镇化对钢铁生产与消费的影响机制在中国具有一定的独特性，在户籍管理体制下应该考虑综合使用户籍人口城镇化率与常住人口城镇化率研判钢铁需求状况。

② 前文重点关注人均钢铁生产水平与消费水平的变化情况，因而人口因素也至关重要。下文将从经济发展、城镇化与工业化等角度论证中国人均钢铁需求的变动情况。在此基础上，随着人口增长以及“全面放开二胎”等政策的实施，中国钢铁生产总量与消费总量将持续增长的结论是不言而喻的。

实了经济发展、城镇化、基础设施投资以及出口等因素对一国钢铁生产与消费具有明显的拉动作用。尽管根据已有文献进行的总结并不能穷尽所有的钢铁需求影响因素，但这些经验性的分析对于开展中国钢铁需求统计和预测具有很好的参考意义。

第一，在中长期内，中国具有良好的经济发展前景，必然拉动钢铁需求与生产。

改革开放以来，中国经济快速增长，人均收入水平持续提高。不少研究者将中国的成功经验归功于市场化改革、国际贸易、政府推动以及后发优势等因素，上述有利因素虽有所变化但并未全部消失。[①] 依据世界银行、国际货币基金组织等权威机构及主流经济学家（林毅夫，2012；厉以宁，2015）的预测，中国未来二三十年内仍将保持中高速增长。

中国当前人均收入水平虽已有很大提高，但相对于高收入国家而言仍有较大差距。若中国人均收入水平在未来 30 年来逐步提升至中等发达国家水平，则必然在此过程中引致极大的钢材需求，带动国内钢铁行业的持续发展。

虽然中国历经 30 多年改革开放后，经济社会领域都取得了显著成绩，但是，地区差距、城乡差距依然严峻，推动区域协调发展与城乡协调发展是全面实现党确定的“两个一百年”奋斗目标的第一个百年奋斗目标的必然选择。可想而知，未来中西部地区、农村地区的基础设施投资需求依然较大，能够带动可观的钢铁消费需求。中国正在推动城乡一体化、城乡公共服务均等化建设，广大农村地区的基础设施投资将是拉动经济增长、提升钢材消费的重要推动力量（《中共中央关于制定国民经济和社会发展第十三个五年规划的建议》文件起草组，2015；孙大午，

① 综合判断，“十三五”时期中国仍处于可以大有可为的重要战略机遇期，但战略机遇期内涵发生深刻变化……我国物质基础雄厚、人力资本丰富、市场空间广阔、发展潜力巨大，经济发展方式加快转变，新的增长动力正在孕育形成，经济长期向好基本面没有改变……我们必须增强忧患意识、责任意识，着力在优化结构、增强动力、化解矛盾、补齐短板上取得突破性进展（新华社北京 2015 年 11 月 3 日电：中共中央关于制定国民经济和社会发展第十三个五年规划的建议）。

2015）。

固定资产投资（住房、高速公路、机场、桥梁、厂房等）总额和钢材产量明显正相关。发达国家经过长期积累，已经形成了可观的基础设施存量，固定资产投资很少大规模增长。然而，2001～2011年，中国固定资产投资以两位数增长，区域差距、城乡差距、收入差距的存在，在客观上为中国未来固定资产投资的持续增长预留了较大空间。如果固定资产投资今后保持较高增速，钢材需求就一定会随之增长。只有固定资产投资增速下降到一定水平，钢材产量才可能达到倒“U”形曲线的拐点（徐滇庆，刘颖，2016）。

第二，中国城镇化进程仍在持续、稳步推进，必将在房地产、基础设施、汽车、家电等领域创造巨大的钢铁需求空间。

至2013年，中国城镇化率仅达到53.73%，在世界各国中处于中等水平；中国户籍人口城镇化率仅为35.9%，距离2020年户籍人口城镇化率达到45%的规划目标[①]还有很大距离。一般来讲，发达国家的城镇化水平要达到70%左右才会放缓增速。因此，中国快速推进城镇化进程的趋势，仍将持续较长时间。若每年城镇化提升速度超过0.25%，则其人均钢材产量将增加（徐滇庆和刘颖，2016）；1978～2013年，中国每年的城镇化速度均高于0.25%，36年间城镇化水平提高了34%，1999～2013年，每年的城镇化速度都超过1%。按照中共中央关于加快提高户籍人口城镇化率的建议，未来有望呈现出中国城镇化进程加快推进的态势。

城镇化是不可阻挡的历史大趋势，每年从农村移居城镇的中国人口超过2000万人。2013年，中国城镇常住人口已经达到7.5亿人，但其中包括2.5亿以农民工为主体的外来常住人口。他们在城镇还不能享受教育、就业服务、医疗、保障性住房等方面的公共服务，带来一些复杂的经济社会问题。未来，中国城镇化进程将持续推进几乎是共识性的认识，只要城镇化速度降不下来，对钢材的需求，特别是建筑用钢材需求、基

① 注：“当前”指2015年。

础设施投资用钢材需求就会一直保持在较高水平上，此外，还将通过拉动汽车、家电等产品的消费间接增加钢材需求。

中国城镇人均住房面积远低于发达国家水平，快速的城镇化进程甚至使得中国城镇人均住房面积不升反降；在相当长的时间内，中国房地产市场将处于供不应求的态势（李昕和徐滇庆，2014）。在城镇人口持续、快速增长而人均住房面积不升反降的形势下，仅居民住宅建设一项，便有望产生极大的钢铁消费需求。唯有加大居民住宅建设保障力度，才能不断地提高广大城镇居民的居住水平。在收入差距居高不下、大量外来常住人口无固定住所、城镇化持续推进的形势下，以政府为主体加大公租房建设可以提高社会整体福利。这也是推动政府职能转变、创新宏观调控方式、实现协调与共享发展理念的体现。

第三，短期之内中国尚不具备大幅降低工业占 GDP 比重的条件。

中国每年新增就业规模较大，但也需接纳大量的大学毕业生就业，因而，每年可以转移的农村剩余劳动力规模极其有限；中国有大量的农村剩余劳动力（北京师范大学国民核算研究院、赵楠等，2014），随着农业机械化生产条件的提高，在中长期内大部分农村适龄劳动人口将实现非农化就业。面对相对严峻的转移农村剩余劳动力压力，很难想象中国大规模压缩工业行业就业岗位的可能性。基于同样的逻辑，在中短期之内，中国也很难改变需借助国际市场消化国内产能、支撑大量就业并消耗巨量钢铁资源的现状。另外，出于国家经济安全与政治安全的考量，中国也不可能在中短期内大规模压缩制造业产能。

经过 40 多年的改革开放，中国通过大力发展制造业实现了国家富强和人民生活水平的提高。中国制造业领域数以亿计的熟练工人是国家竞争力的重要体现。虽然中国制造业领域的劳动力成本持续增长，但由于同期劳动生产率的大幅提高，中国制造业领域的优势依然明显。同时，中国还有海量的农村剩余劳动力有待转移，能够有效地抑制劳动力成本的大幅攀升。每年数千万的新增制造业人口相对于已有的数亿成熟技术工人而言体量较小，通过“传、帮、带”的方式能够很快将其转化为成熟技术工人，这也是其他经济体所难以具备的独特优势。此外，中国制造业领域所形成的完备体系几乎是全世界独一无二的，具有强大的协作优势。总之，中国制造业领域的规模经济、劳动分工、人员培训、销售渠道等优势，为转移农村剩余劳动力、推进扶贫减贫提供了强大的保障（徐滇庆等，2009）。可以预期，在相当长的时期内，尽管中国将实现经济结构转型、实现高端制造业与服务业的快速发展，但依然会保持较大规模的劳动密集型产业。

现有的成本优势与就业压力，决定了中国经济结构转型将更可能地采取增量调整的方式进行，即资本密集型产业与技术密集型产业会取得快速发展，但劳动密集型产业也不会迅速衰落。短期内，转移大量农村剩余劳动力的巨大压力、维系当前就业体系的必然要求、全面建成小康社会并消除极端贫困的客观选择，以及出于政治安全与经济安全等方面的考量，都决定了当前中国尚不具备大幅降低“耗钢相关工业”占 GDP 比重的可能性。可以想象的是，中短期之内，中国工业行业消耗的钢材，只会有所增长而不会大量减少。

6.4　中国钢铁产量预测分析

6.4.1　中国钢铁产量预测分析思路

依据前文分析可知，钢铁产量与经济发展、工业化、城镇化具有紧密的关联性。具体地，人均钢铁产量与人均 GDP、城镇化率等统计指标具有直接的统计关系；钢铁产品主要用于建筑工程与机械制造，因而人均钢铁产量与体现建筑工程规模和机械制造规模的指标相关联；在假定净出口与净库存调整为零的情况下，为了准确预测中国钢铁产量，既可以分别依据建筑工程耗钢、机械制造耗钢等项目单独计算再汇总，也可以由人均 GDP 来预测人均钢材产量，再由人均钢材产量计算钢材总产量。

依据前文分析可以认为，主要的钢铁生产大国都会随着经济发展水平、工业化、城镇化进程的推进，在某一时刻达到人均钢铁产量的峰值水平。本章拟采用式（6.1）~式（6.4）所示的Gompertz曲线拟合中国人均钢铁需求量随人均GDP变动的曲线，考察中国人均钢铁产量曲线达到峰值水平之前的变动情况，以预测人均钢铁产量的峰值。

开展这一分析，先要确定未来数年的中国人均GDP和人口数；在中国经济总量与人口总数确定的情况下，需要先对经济总量增速及人口增长速度开展预测。

为了确保预测值的可靠性，本章将对中国钢铁生产总量的预测限于2020年之前。先依据历年人口增长情况，可以预测未来数年的人口自然增长率；再依据世界银行、国际货币基金组织以及中国官方文件有关中国经济总量增长的预测资料，确定中国经济总量增速的可行性区间；在可行的经济总量增速与人口自然增长率基础上，能够进一步预测2016~2020年的中国人均GDP数据；由历年人均GDP数据与人均钢铁产量数据，可以拟合取得人均钢铁产量与人均GDP的Gompertz曲线；由人均GDP的预测值代入相应的拟合曲线方程，可以得到人均钢铁产量的预测值；再由人口总量的预测值与人均钢铁产能的预测值之积，便可得到2016~2020年的钢铁生产总量。

6.4.2　经济增速与人口自然增长率的参数设定

2005~2015年，中国人口自然增长率始终保持在约5‰水平上，一度低至2010~2011年4.79‰，受“单独二孩”政策的影响，在2014年提升至5.21‰，随即在2015年又下降至4.96‰。考虑到中国人口自然增长率呈下降趋势，因此，即便受“全面放开二孩”政策的影响，在未来数年假定人口自然增长率维持在2015年的水平也是合理的。

由世界银行（WB）发布的全球经济展望报告（*Global Economic Prospects*）、由国际货币基金组织（IMF）发布的世界经济展望报告（*World*

Economic Outlook）以及由中国政府发布的《国务院政府工作报告》在每年年初都会对中国经济总量增速进行预测。表 6－2 对相关的预测值进行了梳理。由该表可以看出，世界银行与国际货币基金组织有关中国经济增长速度的预测较为接近，与政府工作报告预期计划差异较大；2011 年以前，上述三项报告往往都会低估中国经济增速，预测偏差较大；2012 年以后，中国经济增速放缓，上述三项报告的预测偏差也明显缩小。总体而言，上述三项报告尤其是中国政府对中国经济增速的预测较为保守，中国经济实际增速从未低于三项报告预测结果的最低值。除 2015 年外，均实现了国务院《政府工作报告》的经济增长目标，说明中国经济韧性足、潜力大，同时，也说明可以将三项报告对中国经济增速的预测值作为中国经济增速可能区间的下限水平。

表 6－2　2007～2016 年有关中国经济总量增速的预测值与最终核定值　单位：%

年份	WB 年初预测值	IMF 年初预测值	政府工作报告预期目标	实际值
2007	9.6	10.0	8.0	12.5
2008	10.8	10.0	8.0	10.0
2009	6.5	6.7	8.0	12.8
2010	9.0	10.0	8.0	10.5
2011	8.7	9.6	8.0	9.3
2012	8.4	8.2	7.5	7.7
2013	8.4	8.2	7.5	7.7
2014	7.7	7.5	7.5	7.8
2015	7.1	6.8	7.0	6.9
2016	6.7	6.3	6.5～7.0	

资料来源：由历年 Global Economic Prospects、World Economic Outlook、《国务院政府工作报告》《中国统计年鉴》整理而得。

6.4.3　人均钢铁生产量峰值水平的参数设定

依据 Gompertz 曲线预测中国人均钢铁产量，需要预先依据资料设定人均钢铁产量长期峰值。2010 年以来，中国历年人均粗钢产量分别为 477.49 千克、522.25 千克、541.23 千克、605.58 千克和 603.03 千克。依据前文分析，在中国经济稳步增长、城镇化水平持续提高的背景下，中国人均钢铁产量有望继续提高、尚未达到倒“U”形曲线的拐点。有理由认为 2014 年中国人均粗钢产量的回落属于暂时性现象，是由阶段性的钢铁行业产能过剩而导致的，有望在短期调整后恢复增长态势。

中、日、韩三国文化相通，消费习惯接近，中国东部地区人口密集，经济发达，与日本及韩国的经济结构颇有相似之处，以日本与韩国人均粗钢产量的变动情况设置中国人均粗钢产量的理论峰值具有一定的合理性。日本人均粗钢产量在 1973 年达到了峰值水平的 1104 千克，韩国人均粗钢产量曲线仍处于上升区间，2014 年达到 1418. 8 千克。根据日韩两国情况，下文分别设置中国人均钢铁生产量的相对饱和水平为 700 千克/人、800 千克/人、900 千克/人、1000 千克/人并开展拟合与预测分析。

6. 4. 4　中国人均粗钢产量预测

中国人均粗钢生产的 Gompertz 函数可以描述为：

$$S_t = S^* e^{\alpha \cdot e^{\beta \cdot GDPPC_t}} \tag{6.8}$$

在式（6. 8）中，S_t表示第 t 年人均粗钢产量，S^* 表示人均粗钢产量的相对饱和水平，$GDPPC_t$ 表示第 t 年的人均 GDP 水平；α、β 是决定 Gompertz 曲线的形状以及人均粗钢产量和人均 GDP 关系的参数。

为了预测 2016 ~ 2020 年我国未来人均粗钢产量，也需要四个数值：人均粗钢产量的饱和值 S^*，人均 GDP 和参数 α、β。其中，人均粗钢产量的饱和值分别设定为 700 千克/人、800 千克/人、900 千克/人、1000 千克/人；而 2016 ~ 2020 年中国人均 GDP 数据的计算则需要首先计算各年的经济总量，再依据人口信息加以调整取得；参数 α、β 可以通过拟合分析取得。

在进行参数估计之前先对式（6. 8）进行线性化处理，对式（6. 8）两边取对数得到：

$$\ln\left(\frac{S^*}{S_t}\right) = (-\alpha) \cdot e^{\beta \cdot GDPPC_t} \tag{6.9}$$

再对式（6. 9）取对数得到式（6. 10）：

$$\ln\left[\ln\left(\frac{S^*}{S_t}\right)\right] = \ln(-\alpha) + \beta \cdot GDPPC_t \tag{6.10}$$

此方程的左边可视为一普通变量，右边 ln（－α）视为常数项，通过最小二乘法对各参数进行估计，得到的结果满足最优线性无偏等特征。由式（6.10）的参数估计值，可以取得式（6.8）的参数 α 和 β 的估计值，进而可以由人均 GDP 预测人均钢铁消费量。

2015 年，中国现价 GDP 总量为 67.67 万亿元、年中人口总数为 13.7122 亿人。表 6－3 假定 2016～2020 年中国人口自然增长率与 2015 年保持不变，分别计算取得各年的年中人口数，如第 4 列所示。依据各方预测资料，有理由认为 2016 年中国经济增长率为 6.7% 左右。在假定 2017～2020 年中国经济总量年均增速为 6.45% 或 6.50% 的情形下，可以首先计算取得各年经济总量预测值，再结合各年人口总数预测值又可以进一步取得人均 GDP 的预测值。若 2016 年中国经济增速为 6.7%、2017～2020 年年均增速保持在 6.45% 且中国人口自然增长率保持在 2015 年的水平上不变，则 2020 年中国人均 GDP 有望达到 65961.76 元（2015 年不变价）；同样地，在假定其他条件不变的情况下，上调 2017～2020 年中国经济增长预期至 6.5%，则 2020 年人均 GDP 有望达到 66085.78 元（2015 年不变价）。

表 6－3　　2016～2020 年中国人均 GDP 预测

年份	经济增长速度（%）		年中人口（万人）	经济总量（万亿元）		人均 GDP（元）	
	情形 1	情形 2		情形 1	情形 2	情形 1	情形 2
2015	—	—	137122	67.67	67.67	49350.21	49350.21
2016	6.70	6.70	137802	72.20	72.20	52396.79	52396.79
2017	6.45	6.50	138486	76.86	76.90	55501.10	55527.17
2018	6.45	6.50	139173	81.82	81.90	58789.32	58844.56
2019	6.45	6.50	139863	87.10	87.22	62272.36	62360.15
2020	6.45	6.50	140557	92.71	92.89	65961.76	66085.78

说明：本表是在假定 2016～2020 年中国人口自然增长率保持在 4.96‰（与 2015 相同），2016 年经济增速为 6.70%，2017～2020 年经济增速为 6.45% 或 6.50% 等两种情形下进行计算得到的。

表 6－4 以 1960～2014 年中国人均粗钢产量及 2000 年不变价的人均 GDP 数据代入式（6.10），得到四种人均粗钢产量饱和值对应的参数拟合值。

表6-4 四种人均粗钢产量饱和值对应的Gompertz曲线参数拟合值

饱和水平	ln（-α）	α	β
700	1.365151	-3.9163	-0.000115
800	1.36464	-3.9143	-0.000099
900	1.376485	-3.9610	-0.000089
1000	1.391541	-4.0210	-0.000082

资料来源：笔者依据统计分析结果整理而得。

在得到相应的Gompertz曲线参数拟合值后，分别对应不同的人均粗钢产量饱和值及人均GDP水平，通过公式（6.8）可以计算取得相应的人均粗钢产量预测值。如表6-5所示，在假定2017~2020年中国GDP年均增速为6.45%且人均粗钢产量的饱和值为700千克/人的情况下，2020年中国人均粗钢产量有望达到667.57千克；在假定2017~2020年中国GDP年均增速为6.5%且人均粗钢产量的饱和值为1000千克的情况下，2020年中国人均粗钢产量有望达到843.90千克；其他情形以此类推。

表6-5 四种人均粗钢产量饱和值下人均粗钢产量预测值 单位：千克/人

年份	700千克/人饱和值		800千克/人饱和值		900千克/人饱和值		1000千克/人饱和值	
	情形1	情形2	情形1	情形2	情形1	情形2	情形1	情形2
2016	622.36	622.36	660.11	660.11	692.82	692.82	721.12	721.12
2017	636.24	636.34	681.19	681.35	720.31	720.53	754.44	754.71
2018	648.35	648.54	700.33	700.62	745.90	746.31	786.06	786.56
2019	658.77	659.00	717.45	717.84	769.42	769.96	815.68	816.38
2020	667.57	667.83	732.55	733.01	790.71	791.37	843.05	843.90

资料来源：依据统计分析结果整理所得，其中四种人均粗钢产量饱和值分别对应两种情形下的人均GDP及其对应人均粗钢产量预测值。

6.4.5 中国粗钢生产总量预测

在表6-5计算取得四种人均粗钢产量饱和值与两种经济增长速度交叉组合后的八种情形下2016~2020年的人均粗钢产量拟合值以后，依据表6-3计算取得的相应年份的年中人口总数，可以进一步取得2016~

2020年中国粗钢产量的预测值。

由表6-6可以看出，四种人均粗钢产量饱和值与两种经济增长速度交叉组合后的八种情形下，2017年中国粗钢产量的范围大致为（8.767亿吨，10.400亿吨），而2020年中国粗钢产量的范围大致在（9.199亿吨，11.629亿吨）。

表6-6　四种人均粗钢产量饱和值下中国粗钢产量预测值　单位：亿吨

年份	700千克/人饱和值		800千克/人饱和值		900千克/人饱和值		1000千克/人饱和值	
	情形1	情形2	情形1	情形2	情形1	情形2	情形1	情形2
2016	8.576	8.576	9.096	9.096	9.547	9.547	9.937	9.937
2017	8.767	8.769	9.387	9.389	9.926	9.929	10.396	10.400
2018	8.934	8.937	9.651	9.655	10.279	10.284	10.832	10.839
2019	9.078	9.081	9.887	9.892	10.603	10.610	11.240	11.250
2020	9.199	9.203	10.095	10.101	10.896	10.905	11.617	11.629

资料来源：按照正文所述的步骤与方法，自行计算整理而得。

6.5　研究总结

综上所述，中短期之内中国人均收入水平及城镇化比率的提升几乎是共识性的预期，而中国在短期内也不会大幅降低工业比重。从经济发展、城镇化与工业化三个角度来看，中国钢铁需求仍会持续增长。

在中国发展经济、促进就业、推进城镇化的进程中，必然通过加强基础设施建设、提高房地产投资等固定资产投资、增加汽车与家电消费等方式直接或间接地增加钢铁消费需求；中国劳动生产率持续提高，近期内仍有望保持较强的国际竞争力，出于保障就业等因素的考虑，中国不具备大规模降低工业制造能力的条件，也没有必要过早地将国内就业岗位转移至境外，经济结构的改善将更多地体现在增量调整上。钢铁消费需求的持续增长，可望继续推高人均钢铁生产水平。此外，考虑到中国人口规模仍在持续增长[①]，尚不能得出中国钢铁工业生产水平抵达峰值并开始下降的结论。按照中国经济总量恰好完成十八大提出的“到 2020 年国内生产总值比 2010 年翻一番”的保守估计之下，2020 年中国粗钢产量有望达到（9.199 亿吨，11.629 亿吨）；若 2017～2020 年中国经济增速高于预期，则人均粗钢产量有望达到更高的水准。

① 为了说理的顺畅性，本部分暂不考虑“全面放开二胎”的计划生育政策影响；毋庸置疑，若考虑到人口增速的提高，更没有理由认为中国钢铁工业将走向拐点。

第7章　中国房地产供求结构调整与化解钢铁产能过剩[①]

7.1　多项统计偏差低估了当前房地产市场需求

7.1.1　当前房价指数统计忽视了级差地租的影响，低估了房价涨幅

国家统计局按月调查和收集70个大中城市新建住宅和二手住宅销售价格、面积、金额等相关基础资料并计算价格指数，但是其发布的主要信息为分城市的新建住宅（含保障性住房、商品住宅以及各基本分类）和二手住宅环比、同比、定基价格指数。

受到数据可得性的限制，一般需依据特定时限内、特定区域的商品房销售额与商品房销售面积计算商品房（包括住宅、办公楼、商业营业用房等类型商品房）的单位面积价格。但值得一提的是，房地产不同于一般商品。由于土地稀缺性、住宅空间唯一性和不可移动性，房价除拥有与其他商品价格相同的性质之外，还受到地理位置等因素的影响，甚至历来是国际比较项目（international comparison program，ICP）

① 注：本章部分内容以《多维视角下的公共租赁住房建设与保障》发表于2017年第3期《财政研究》（CSSCI）。

的一大难题。[①] 在众多的房地产价格影响因素中，地理区位的影响至关重要。总体而言，市中心房地产价格要高于郊区的同等配套设施与条件的住房。在一般研究中，多采用编制特征价格指数（hedonic price index）来剔除异质性因素对房地产价格的影响，以反映房地产价格的真实变动。

改革开放以来，中国城镇化进程迅速推进，城镇户籍人口与城镇常住人口都有很大增长，城市规模也不断扩大。1985 年，中国的城市建成区面积为 0.9386 万平方千米，1990 年，城市建成区面积为 1.2556 万平方千米，2000 年，城市建成区面积为 2.2439 万平方千米，2010 年，城市建成区面积为 4.0058 万平方千米，2014 年，城市建成区面积为 4.9773 万平方千米，中国城市规模持续扩大。在城市建成区面积不断扩张的形势下，新增住房与原有住房在地理位置上的可比性也有所降低，因而，单以房地产销售面积与销售额计算取得的销售均价并不能全面反映城市房地产价格上涨情况，而是会低估房地产价格上涨程度。

7.1.2　房价收入比指标低估了居民购房能力的不均衡性

房价收入比是指，住房平均价格和居民平均年收入之比，房价收入比是住房价格高低程度的常用评估指标之一。计算房价收入比，需要遵循统一的标准。一般而言，采用统计年鉴公布的统计数据是分析的基础，在统一口径的基础上，能够避免数据来源等差异对分析结论的影响，通过对房价收入比时间序列的考察来分析房价与居民购买能力之间的变动关系。

房价收入比的计算流程是先计算单位面积房价，再依据人均住房面积与户均人口数计算取得每套/每户住房的房价，通过人均可支配收入数据与户均人口取得每户平均收入后，便可以由每户房价及户均年可支配

① ICP 是一项全球性统计合作项目，主要目的是测算各种货币的购买力平价（PPP），以便以 PPP 为转换系数，将各国国内生产总值（GDP）转换为用统一货币单位表示的数据，从而比较和评价各国的实际经济规模和经济结构。建筑业产出是国内生产总值的重要组成部分，但是，由于建筑造价、功能、结构、位置等方面的区别，有关建筑产出的国际比较方法尚未达成圆满的共识，一直被视为国际比较项目中的“难比较项目”（comparison resistant basic headings）比较难点领域之一。

收入计算取得房价收入比。例如，2014 年，全国商品住宅销售面积为 105187.79 万平方米，同期，全国商品住宅销售额为 62410.95 亿元，计算可得，2014 年，全国商品住宅平均销售单价为 5933.3 元/平方米；同理，经计算可知，2013 年，全国商品住宅平均销售单价为 5849.8 元/平方米；由此可知，2013 ~2014 年，全国商品住宅销售均价涨幅为 1.43%。同理，经计算可知，2013 ~2014 年，北京市商品住宅销售均价由 17854.1 元/平方米上涨至 18498.9 元/平方米，涨幅为 3.61%。

一般而言，由于住房的异质性与交易的分散性，单位面积房价是难以获得的；通常可以由一定时间、一定范围内的房地产交易面积及相应的交易总额取得交易均价来表示相应的单位面积房价。如前所述，在依据房地产交易面积及其交易总额来计算相应的单位面积房价时要注意代表性的问题，一般而言，新建设的商品房与已有商品房的各项特征不一定可比，应适当予以调整。

房价收入比会带来一定的困惑，在房价收入比数值并不甚高的情况下，为何很多居民家庭节衣缩食很多年却仅能攒够首付？在已经支付部分房款的情况下，为何需要居民家庭耗费 20 年甚至更长时间来偿还贷款？[①] 根本原因在于，房价收入比本身并不能直接反映居民的购房难度，以房价收入比来表征居民购房能力是不妥当的，具有很强的误导性。

通常，居民为生产过程提供劳动力、资本等要素，并从中获取相应收入用于消费或储蓄。生产过程中形成的增加值将按照要素贡献分配给要素所有者，经过收入初次分配与再分配过程，居民（SNA 称住户）所得的可支配收入（或经过实物社会转移调整的调整后可支配收入）才是居民能够用于消费或储蓄的部分。居民储蓄（有可能为负值）可用来购买包括现金在内的某种或多种金融资产或非金融资产。SNA 中生产统计的范围包括自有住房服务，居民住宅被视为能够生产并提供住房服务的

---

① 徐滇庆和李昕（2014）计算的 2010 年全国房价收入比为 10.1，房价收入比最高的北京市仅为 25.1。

固定资产，购买住宅被视为投资行为。SNA认为，居民购房行为是资产结构调整或资产形式转换。显然，若正视住宅是一种资产的事实，则应该意识到相应的资产买卖只与居民储蓄直接关联，而不会与居民收入相对应。鉴于此，居民的购房行为也应该主要由其储蓄情况来决定，居民家庭的购房承受能力也应该由其储蓄能力与单套房地产的价值相比较来决定。

依据凯恩斯的边际消费倾向理论，居民收入较低时，大部分收入甚至全部收入都用于消费，储蓄比例较小，甚至为负数；随着居民收入水平的提高，新增收入中用于增加消费的比例将逐渐下降，从而使居民整体收入中用于储蓄的份额不断增加。可以想象，在一定的居民收入分配格局下，居民户间储蓄分布的不均衡性要甚于收入分布的不均衡性（居民收入分配不可能完全均衡）。鉴于居民间的储蓄分布不均衡要大于收入分布不均衡，则基于储蓄视角观测的居民购房能力差异也要比基于收入视角观测的居民购房能力差异大，这一结论也更符合常理。在生活中，人们常常听到很多低收入家庭需要节衣缩食积攒购房首付而高收入家庭却可以购买多套住房的事例，便是这个道理。由于储蓄是居民可支配收入中扣除消费外的剩余部分，因而居民储蓄率必然严格地小于1，以房价储蓄比测度的居民购房能力在数值上将显著低于以房价收入比测度的居民购房能力。考虑到无论储蓄收入比还是房价收入比均是用于监测房地产运行状态的统计指标，因而，统计指标变更本身并不会对居民福利有任何实质性影响。如前所述，考虑到居民储蓄分布的不均衡性要甚于居民收入分布的不均衡性，则房价储蓄比也能更真实地反映出不同居民购房能力的差异。

住宅等房地产属于资产范围，购房行为乃投资之举，因而房价储蓄比较之房价收入比能更恰当地反映居民的购房能力及其特征。若以相对更妥当的“房价储蓄比”来评估居民购房能力，则居民整体购房难度及群体间购房能力的差异都会有所加大，也更能凸显采取非市场手段保障低收入群体基本住房需求的必要性。

7.1.3 单以支付能力衡量的需求量低估了低收入者的客观需要

供求规律是经济学的基本规律，需求是经济学的基本概念。经济学中的需求是指，消费者于某一时刻在各种可能的价格下，愿意购买并且能够购买的某种商品或劳务的数量。显然，经济学概念下的需求是指，有货币支付能力的需要，需求不等于需要；需求必须具备两个条件：一是有购买欲望；二是有购买能力。凯恩斯主义理论将商品的总供给价格和总需求价格达到均衡状态时的总需求称为有效需求；在新古典综合派的非均衡理论中，有效需求是指，商品市场和劳动市场都处于均衡状态（即厂商提供的商品量等于居民户的需求量，居民户所提供的劳动量等于厂商的需求量）条件下，居民户对商品的需求和厂商对劳动的需求。有效需求有时也指，有购买能力支持或有支付能力的需要。在完全的市场经济条件下，供求关系决定价格，价格又促使供求关系的平衡，市场总能够出清，因而“愿意且能够购买”的商品或劳务总是可以得到满足的。

《现代汉语词典》对需求的定义是需求是由需要而产生的要求，也有词典甚至认为需求与需要同义（《简明同义反义词典》《小学生应用词典》等）。可见，相关定义与经济学中的需求含义并不一致。

维系人类生存的基本生活需要是不因收入不足而变更的，但在理论上讲，对于无支付能力的低收入者并不能形成有效需求。为了维持社会公平正义，促进整体社会福利的提高，政府机构会将税收收入的一部分用于向低收入人群的转移支付以提高其消费水平与福利水平。[①] 除了社会保险与社会保障外，以现金形式支付的社会救济福利（社会救助金）以及以实物形式支付的社会保障福利和社会救济福利，是政府提供社会福利的重要形式。以现金形式支付的社会救济福利是政府部门或为住户服务的非营利机构应支付给住户部门的经常转移，实物社会转移是以实物

① 经济流量中的交易是指，机构单位间经双方同意而完成的交互行为，或机构单位内部作为交易处理的行为（通常限于该单位具有两项不同的功能之时）。类似于税金和社会救济福利等由一方向另一方提供货物、服务或资产，但不获得对应物作为回报的交易，在 SNA 中称为转移。

形式支付的社会保障福利和社会救济福利。①

7.1.4 部分文献夸大了房地产库存风险

当前，房地产市场去库存几乎成为各界共识。② 若真如部分媒体报道的商品房库存形势极其严峻、房地产供不应求的居民短期内无法缓解，则有关房地产市场是否饱和的分析便没有意义了。

实际上，通过细致分析发现情况并非如此。对中国商品房库存情况的考察，应该将需求强劲的一二线城市与商品房滞销的三四线城市予以区别对待。虽然从整体上看，中国当前的商品房库存/待售面积规模较大，但是从结构上看却并非如此简单，见表 7 - 1。

首先，从地域结构来看，并非所有城市的商品房都滞销。当前房地产市场分化严重，2015 年，北京、深圳等大城市的商品房销售市场异常火爆，房价涨幅居高不下；但是，一些中小城市确实存在商品房滞销的问题。其次，从结构上来看，即便在中小城市，也并非所有类型的商品房都供过于求，小户型住宅依然受到居民的追捧，但别墅、大户型的住宅在中小城市存在较严重的滞销情况。综上所述，可以认为中国商品房市场当前存在供需不匹配的问题，从地域结构和户型结构来看，商品房市场亟须从供给侧开展结构性改革以适应市场需求。

表 7 - 1 列出了 2005 ~ 2015 年中国房地产市场商品房销售情况及待售情况。从该表可以得出以下五点结论。

第一，中国商品房及住宅待售面积确实达到了空前水平，年底待售面积与年度销售面积的比值也达到了历史最高水平。2015 年底，全国商品房待售面积达到 71853 万平方米、住宅待售面积达到 45248 万平方米，

① 通常，社会保障计划是一个通过缴款以获得福利的计划，因此，政府和受益人之间存在某种合约。但社会救济与社会保障不同，受益人不需要通过预先缴款，便有资格获得社会救助福利。虽然所有常住住户成员都有权利申请社会救济，但给予却是有条件的，社会救济常常仅面向低收入者、残疾人或具备其他特殊属性的人。

② 注：“当前”是指 2015 年，本节下同。

年末商品房及住宅待售面积占当年商品房及住宅销售面积的比例分别提升至55.9%和40.3%。

第二，中国历年商品房及住宅销售面积也在快速增长，商品房待售面积与年度销售面积相比较，则局面并非不可控。

第三，中国商品房及住宅待售面积持续增加的结果，并非由2015年导致。由于表7-1中缺乏2010年底、2011年底的商品房待售面积数据，并不能观察出商品房待售面积突然大幅增长的起始年份，但至少2012年底商品房待售面积已经达到比较可观的规模。2012年底，商品房待售面积及住宅待售面积占年度销售面积的比值分别较之2009年末有了大幅跃升。2014年，全国商品房及住宅销售面积均较之2013年下滑，导致商品房及住宅待售面积进一步提升。

第四，商品房待售情况受房地产市场景气状况影响，当前商品房待售面积涨幅已有所回落。通过表7-1可以看出，2008年，房地产市场销售情况不景气，导致当年商品房待售面积增速达到历史最高水平。2013~2015年，因商品房市场不景气，商品房待售面积增幅已显著放缓。

第五，通过以上分析认为，房地产市场供应调整有一定滞后性，未来商品房市场供应情况值得关注。由前述分析可以发现，因商品房建设周期性较长，因而，其供应调整并不能随市场景气状况及时调整。若当前房地产市场待售面积增速放缓的势头持续，今后，商品房待售面积增速将放缓甚至出现待售面积下降的局面。至于是否会造成将来房地产市场新一轮的供不应求，值得进一步深入分析。

表7-1　2005~2015年中国商品房待售面积变动情况

时间	商品房待售面积		年度商品房销售面积		商品房待售面积增速		待售面积与销售面积之比	
	（万平方米）	其中：住宅	（万平方米）	其中：住宅	（%）	其中：住宅	（%）	其中：住宅
2005年末	14679	8564	55769	49795	2.7	-0.4	26.3	17.2
2006年末	14550	8099	60628	54392	-0.9	-5.4	24.0	14.9
2007年末	13463	6856	76193	69104	-7.5	-15.3	17.7	9.9

续表

时间	商品房待售面积		年度商品房销售面积		商品房待售面积增速		商品房待售面积与销售面积之比	
	（万平方米）	其中：住宅	（万平方米）	其中：住宅	（%）	其中：住宅	（%）	其中：住宅
2008 年末	18626	10660	62089	55886	38.3	55.5	30.0	19.1
2009 年末	19947	11494	93713	85294	7.1	7.8	21.3	13.5
2010 年 6 月末	19182	10646	104349	93052	6.4	0.2	—	—
2012 年底	36460	23619	111304	98468	—	—	32.8	24.0
2013 年底	49295	32403	130551	115723	35.2	37.2	37.8	28.0
2014 年底	62169	40684	120649	105182	26.1	25.6	51.5	38.7
2015 年底	71853	45248	128495	112406	15.6	11.2	55.9	40.3

资料来源：依据国家统计局发布《2005 年以来全国房地产开发企业商品房待售情况》及历年《全国房地产开发和销售情况》整理汇总而得，其中，2010 年底、2011 年底商品房及住宅待售面积数据暂缺。

综上所述，中国房地产市场供需不匹配，局部地区或部分类型的房地产存在一定程度的滞销，但是，并不能得出房地产市场整体饱和的结论。此外，由前述分析也可以看出，中国房地产市场需要从供给侧开展结构性调整，方能适应市场需求。

7.1.5　小结：相关统计偏差显示了完善公租房保障体系的必要性

通过本节的分析能够发现，现有的房地产价格指数统计体系忽视了快速城镇化过程带来的级差地租影响，低估了房价涨幅，也不能如实反映城镇居民住宅的平均价格；以房价收入比衡量居民购房能力，混淆了收入水平与储蓄水平的概念，低估了居民购房能力的差异；考虑到现有房地产统计指标体系低估房价与房价涨幅而高估低收入者购房能力的现状，则现有统计资料与研究文献存在高估城镇居民的整体购房能力的风险并低估了因支付能力有限而无法得到满足的潜在住房需求。此外，基于时间序列的对比分析可以看出，中国房地产库存问题并没有严重到不可控的程度，房地产库存问题主要是结构性问题而非总量问题。因此，即便对支付能力有限的家庭提供最基本的住房保障，也将存在巨大的市场空间。

7.2 完善公租房保障体系促进房地产供求结构调整的理论基础

7.2.1 财政视角下的公共租赁住房供给逻辑

公平与效率是收入分配领域最引人关注的概念之一，先天禀赋与机会的差异会不可避免地造成居民间的收入差距，财政会以税收、转移支付和公共支出等手段通过再分配调节居民收入分配，尤其要对低收入群体提供最基本的生活保障。

为了预防风险、促进公平和维持社会稳定，在现代政府管理体制中，会通过税收、社会保险计划与社会保障计划等方式开展收入再分配。除了社会保险与社会保障外，以现金形式支付的社会救济福利（社会救助金）以及以实物形式支付的社会保障福利和社会救济福利也是政府通过财政手段提供社会福利的重要形式。

社会保险计划，是满足下列两个条件的保险计划。(1) 社会福利的获取以参与计划为前提条件。(2) 下列三个条件至少满足一个：①参与该计划是带有法律强制性的，体现在雇员或雇员群体的就业条款与就业条件之中；②为了员工团体的利益而运作，无论其是否被雇用，但仅限团体内的成员参与；③雇主代表员工向计划缴款，而无论雇员缴款与否。一般而言，住户通常需要支付社会缴款才能参加社会保险计划。社会保障是社会保险计划的一种形式，社会保障计划是由政府部门收取缴款、进行管理并提供经费的计划，其目的在于向全体社会成员或社会特定群体的成员提供社会福利。

通常，社会保障计划是一个通过缴款以获得福利的计划，因此，政府和受益人之间存在某种合约；但社会救济与社会保障不同，受益人不需要通过预先缴款便有资格获得社会救助福利。虽然所有常住住户成员都有权利申请社会救济，但给予却是有条件的，社会救济常常仅面向低收入、残疾或具备其他特殊属性的人。以现金形式支付的社会救济福利是政府部门或为住户服务的非营利机构支付给住户部门的转移，以实物形式支付的社会保障福利和社会救济福利称为实物社会转移。

需求是经济学的基本概念，经济学中需求是指，消费者于某一时刻在各种可能的价格下愿意并且能够购买的某种商品或劳务的数量。显然，经济学概念下的需求是指有货币支付能力的需要，需求不等于需要，需求必须具备两个条件：一是有购买欲望；二是有购买能力。维系人类生存的基本生活需要是不因收入不足而变更的，但对于无支付能力的低收入者并不能形成有效需求。为了维持社会公平正义，促进整体社会福利的提高，政府会集中一部分国民收入用于满足公共需要的收支活动，由政府部门向低收入人群提供的用于提高其消费水平与福利水平的转移支付正是一项惯常的财政支出项目。衣食住行是最基本的消费需求，由政府部门提供的社会保障与社会福利也以满足困难人群的基本生活需要为目标，其中为低收入群体提供适度的住房服务是一种重要而又可行的帮扶措施。在低收入者无力承担住房支出时，政府可以低价或免费的形式为其提供适当的住房保障，廉租房、公租房便属于这一情形。经济适用房是介于公租房与商品房之间的住房形式，是具有部分社会保障性质的商品住宅。

7.2.2 核算视角下的公共租赁住房经济属性

国民账户体系（SNA）是一套关于按照基于经济学原理的严格核算规则编制经济活动测度的国际公认的标准建议。在SNA中，货物服务的消费、支出与获得是有区别的。SNA中货物服务消费是指，在生产过程中或为了直接满足人类需求（需要），而把货物服务完全消耗掉的行为；货物服务支出是指，为获得出售者提供给购买者或其指定的其他机构单位的货物和服务，购买者向出售者支付或同意支付的价值额；当机构单位成为货物的新所有者，或向其提供的服务完成之时，意味着它们获得了这种货物服务。在此基础上，SNA 区分了最终消费支出与实际最终消费。最终消费支出是指，消费性货物服务的支出总额；实际最终消费是指，所获得的消费性货物服务的总量。

政府和为住户服务的非营利机构（NPISH）为住户而进行消费支出（即政府和 NPISH 的个人消费支出）的目的，是进行实物社会转移，其中既包括政府和 NPISH 免费或以不具有显著经济意义的价格提供给住户的非市场产出①，也包括政府和 NPISH 从市场生产者手中购买，然后，再免费或以不具有显著经济意义的价格提供给住户的货物服务。相关的交易使政府与 NPISH 的最终消费支出增加，却计入住户的最终消费支出。

无论是以现金形式支付的社会救助金，还是以实物形式提供的社会福利，抑或是以不具有显著经济意义的价格向住户提供货物服务，都相当于增加了受助人的收入并提高了其支付能力，使其潜在需求转变为有支付能力的需求。由此可见，在对居民需求或潜在需求进行测度时，所依据的并不只是其按市场机制获得的收入（即可支配收入），还应考虑到社会福利政策的影响。也即，不同的社会福利分配机制下，可能会对应不同的社会需求总量。

前述有关 SNA 中对政府转移支付与社会福利的分析，同样适用于住房领域。由于公共租赁住房以低于市场价或者承租者承受得起的价格向低收入群体提供，因此，在国民经济核算处理中进行了特殊处理：在记录公租房租金时，以市场参考法（没有可参考价格时按照成本核算法）计算公租房总租金，以公租房总租金与承租户实际缴纳额之差计算政府补贴部分。公租房的房租缴纳由两部分交易构成：其中，一部分交易为承租户自行缴纳房租的部分，该交易的处理与市场行为并无二致；另外，

---

① 如果某一价格对生产者准备提高的产品数量没有影响或只有很小影响，并且，对需求量的影响也很小，则称之为不具有显著经济意义。

再虚拟一笔先由政府向承租户发放现金再由承租户向公租房产权所有人缴纳等额租金的交易。最终，承租户的真实支出额没有变化，但是，相关虚拟交易假设该承租户的收入水平与消费水平发生了等额上涨；公租房的所有者（一般为政府）的真实房租收入没有变化，但是，相关的虚拟交易假设政府的租金收入与社会转移支出发生了等额增加。通过相关的虚拟交易，使得公租房的租赁交易与商品房的租赁交易有了可类比性；实质上，公租房与商品房在物质属性上并没有显著区别，SNA 有关虚拟交易的处理，能够更好地解释政府为低收入群体提供具有社会保障性质的公租房的经济行为。

由政府社会福利政策机制影响住房需求总量的核算。尽管并未准确地开展相关问题的测度，但由前述分析得出这一结论并不应该令人感到意外：在低收入者无法承担高昂的房屋购买成本甚至房租时，政府有责任为其提供基本的住房保障，以避免其露宿街头；政府提供保障性住房的覆盖范围及力度，将直接影响实际住房需求的统计。

从经济学意义上来讲，由政府部门为低收入群体提供的廉租房是一种实物形式的社会福利。但是，保障性住房与商品房具有很强的替代性，保障性住房的提供，有可能会对商品房市场需求产生挤出效应，相关问题有待进一步分析。

7.2.3　价格歧视理论视角下的公租房供给特征分析

《中共中央关于制定国民经济和社会发展第十三个五年规划的建议》提出了共享发展的理念，提出坚持普惠性、保基本、均等化、可持续方向提高公共服务共建能力和共享水平的建议。其中，有关“保基本”建议的提出，在公租房提供角度同样适用，这既是扩大覆盖人群的需要，也是激励相容原则的必然要求。

公租房具有社会福利性质，租金远低于商品房；在同等条件下，住户更倾向于选择公租房；因而，公租房的推出，必然会对商品房产生一定的挤出效应。如何有效地设计制度，在推动公租房建设的同时不对商品房市场造成冲击，是一项关键性的任务。

在微观经济学中，按不同价格销售不同单位产品的做法，称为价格歧视（price discrimination）。通常可以将价格歧视分为三种：第一级价格歧视（first-degree price discrimination）是指，垄断企业按照不同价格出售不同产量，而且，这些价格可能因人而异；第二级价格歧视（second-degree price discrimination）是指，垄断企业按不同价格出售不同产量，但是，购买相同数量的每个人支付的价格是相同的，如大宗购买时可以享受优惠；第三级价格歧视（third-degree price discrimination）是指，销售价格因人而异，但对于同一个人而言，每单位产品的售价是相同的，如对学生打折。

第一级价格歧视，也称为完全价格歧视（perfect price discrimination），在这种情况下，每单位商品都按照能够索要的最高价格销售，但这是一个理想的概念，在现实世界中很难实现。第二级价格歧视，也称为非线性定价（nonlinear pricing），为了避免消费者隐藏自身消费意愿的倾向，商家可以设计一种机制甄别不同类型的消费者。商品的提供者（垄断者）通常能够构建出不同的价格—数量服务包（package），诱使消费者恰好选择本来就是为他们设计的服务包，这一设计使消费者有自我选择（self select）的激励，称为符合激励相容原则。在实践中，为了激励消费者自我选择，垄断生产者通常不是调整产品数量，而是调整产品质量。例如，公租房与商品房分别对应中低需求消费者及高需求消费者所倾向的消费服务包；商品房较之于公租房能够为住户提供更宽敞的住房面积、更优越的住房体验，相关指标既可能体现为数量差异，也可以表现为质量差异，此处，仅以数量调整为例予以说明，将价格歧视理论与激励相容原则用于住房服务的供给分析。

图 7－1 画出了两类住户的住房服务需求曲线，假设垄断的住房服务提供者的边际成本为 0。垄断的住房服务提供者愿意以价格 A 供给 a_1 数量的住房服务（可以直接体现为住房面积），愿意以 A＋B＋C 供给 a_0 数量的住房服务，相当于不同价格，消费者愿意选择不同的住房消费模式。在

图7-1所示的理想状态下，住房服务提供者能够获得所有的消费者剩余，利润也尽可能地大，但是，这种方式与消费者的自我选择不相容，消费者并不会自动地予以配合。对于低需求的住户（一般是中低收入者），必然会选择消费 a_1 数量的住房服务，相当于中低收入者只能选择配套设施较简单的公租房；但是，高需求的住户（一般是高收入者）会发现选择的最优数量是 a_1，支付的价格是A，所得的消费者剩余为B，相当于高收入住户愿意为了节省大量的住房支出而选择屈居于公租房之中；若高需求的住户选择的消费数量为 a_0，则其消费者剩余为0。显然，高需求住户的选择不利于垄断住房服务提供者的利润最大化，相当于高收入者选择入住公租房会带来自身福利的相对改观，却使得房地产开发商并未实现最大效益。

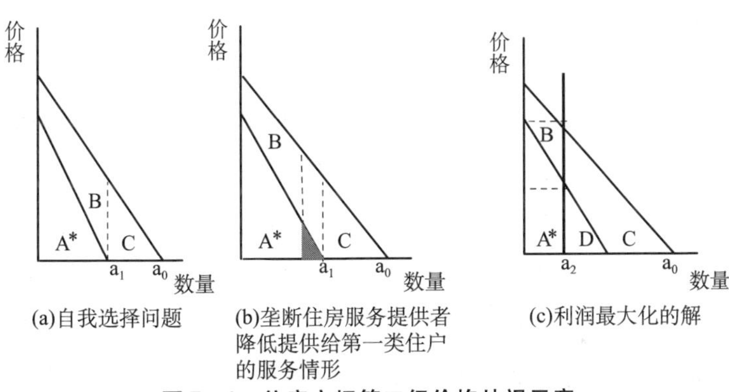

(a)自我选择问题　(b)垄断住房服务提供者降低提供给第一类住户的服务情形　(c)利润最大化的解

图7-1　住房市场第二级价格歧视示意

注：在图7-1中，图（a）、图（b）、图（c）三部分都画出了两类住户的住房服务需求曲线；假设垄断住房服务提供者的边际成本为0。（a）图表示自我选择的问题；（b）图表示如果垄断生产者降低提供给第一类住户的住房服务数量，将会产生什么结果；（c）图表述利润最大化的解。

资料来源：［美］哈尔·R. 范里安著，费方域泽，微观经济学：现代观点. 格致出版社，2015.

为此，垄断住房服务提供者可以调整销售策略，以价格A供给 a_1 单位的住房服务，但供给 a_0 单位住房服务的价格变为A+C。在这一情形下，高需求住户的最优选择是消费 a_0 单位产品，向垄断住房服务提供者支付A+C并获得B区域的消费者剩余。此时，高需求住户的消费者剩余不变，但是，垄断生产者的利润会提高。这相当于仅部分地增加高收入者的支出，同时，为其提供配套设施更完备的商品房供其消费。

进一步地，如图 7 - 1 中的（b）图所示，垄断住房服务提供者还可以调整销售策略以增加利润。假设该垄断住房服务提供者对低需求住户不再提供价格为 A、数量为 a_1 的住房服务，而是以比 A 稍低的价格提供比 a_1 稍小的数量，即降低对中低收入群体提供住房的保障标准。此时，垄断生产者从低需求住户获得的利润减少，减少的幅度为图 7 - 1 中黑色三角形所示面积；但是，由于针对低需求住户的住房对高需求住户的吸引力下降，垄断住房服务提供者对高需求住户所选择的 a_0 单位住房可以索要更高的价格。最终，垄断生产者自低需求住户身上获得的利润较小，但从高需求住户身上获得的利润增加，利润净增加等于黑色三角形上方不规则四边形所对应的面积。进一步地，垄断生产者将不断减少对低需求住户所提供住房的标准，直至从低需求住户身上损失的利润恰好等于从高需求住户上获得的利润才达到均衡状态。如图 7 - 1 的（c）图所示，在 a_2 单位对应的点上，低需求住户支付价格 A 获得 a_2 单位的住房服务，且消费者剩余为 0；此时，高需求住户需要支付“A + C + D”的价格以获得 a_0 单位住房服务，其消费者剩余与消费 a_2 单位住房服务相等，但是，垄断生产者的利润达到最大。这一分析说明，若公租房的配套设施足够好，则有可能会吸引高需求人群竞相争抢，不仅会造成供应紧张，干扰商品房市场运行，更容易滋生“寻租”空间（在公租房供不应求的情况下，并不能保证总是低收入者获得公租房；公共资源的稀缺总会不可避免地带来“寻租”行为），不利于真正满足低收入群体的住房需求。若公租房配套设施（尤其是单套住宅建筑面积）显著低于商品房，则高需求人群会放弃购买公租房而选择购买商品房。

按照公租房“保基本”的性质，单套公租房的面积应较小，以便在现有资源基础上为更多家庭提供服务；但是，考虑到经济社会的发展趋势，单套公租房亦不应该过于狭小，至少应该满足一户居民家庭的基本生活需要。

在房地产市场低迷尚需去库存的形势下，可以购买较小户型的商品房用于尽快开展公租房租赁服务，[①] 也可以暂缓商品房建设力度，集中社会资源加快公租房建设。[②] 由于公租房单套面积较小，配套设施也不尽完美，因而，公租房市场与商品房市场是两个相对独立的市场，公租房的供给并不会显著挤占商品房市场的需求。

公租房租金的收取主要参考社会保障线、最低工资线以及租户家庭的居民收入，每户设置一定的人均优惠面积额度，超过相应额度要按照接近市场租金的价格收取费用。对于规定内的优惠面积额度，依据不同居民家庭收入设置一定的折扣标准，建议最低收入家庭单位面积优惠额度的租金最低并在适当提高低保标准的情况下从社保基金中直接冲销，低收入家庭单位面积优惠额度的租金略高于最低收入家庭，中等收入家庭单位面积优惠额度的租金再稍高一些，中等以上收入家庭不享受优惠额度，高收入家庭不享受公租房租赁资格。由于中等及中等以上居民家庭所享受的优惠幅度较小，且公租房面积小，配套设施不完备，有条件的家庭必然转向商品房市场。

综上所述，出于激励相容原则，有必要将公租房市场与商品房市场予以有效区分。公租房的收费标准将根据居民家庭收入水平的层次而有差别，除按照房屋租赁家庭收入层次确定不同的补偿比例外，公租房在单套面积、配套设施等方面会与商品房有差别，这样，才能使得有支付能力的居民不会选择租住公租房。

7.2.4　小结

通过前述分析可知，公租房具有实物社会转移的性质，政府部门为低收入者提供公租房租赁服务是履行其社会管理责任的重要体现。

当前，中国城市化进程持续推进，大量农民工由农业部门进入非农产业就业。受就业技能、受教育水平等方面的限制，农民工人均收入水

---

① 也可以考虑回购稍大户型的商品房租赁给家庭人口规模较大的低收入家庭，甚至可以考虑开展两户家庭合租一套公租房的形式。

② 从区域结构角度来看，应该适当控制三四线城市新增房地产开发力度。

平偏低。在房地产价格持续过快上涨的背景下，城市低收入者也面临“富者愈富而穷者愈穷”的马太效应，与大部分农民工一起成为无力支付高额房屋居住成本的群体。由于大部分农民工与城市低收入家庭的财富积累量较小、收入水平较低而又要承担可观的医疗支出与教育支出，往往面临“勉强维持生计”甚至“入不敷出”的困境，难以储蓄足够的资金用于购买住房。

若依据价格歧视理论，逐步为包括农民工在内的城镇低收入家庭提供基本的住房租赁服务，完全可以有效地实现商品房市场与公租房市场的有效区隔。实现商品房市场与公租房市场的相对独立运营，既有利于保障低收入者的基本福利，也有利于商品房市场的健康发展。

7.3 研究总结

7.3.1 房地产开发是重要的钢材消耗渠道

依据冶金工业规划研究院（2014）等专业文献的研究，建筑业直接消耗的钢铁量占到中国钢铁产量的55% ~60%；前文基于2012年中国投入产出数据分析，房屋建筑等四个行业消耗的钢压延产品分别占钢压延产品中间使用及总产出的58.93%和57.13%，也验证了冶金工业规划研究院（2014）的结论。虽然因建筑结构、用料、执行标准等细节的差异而无法穷尽所有房地产开发企业具体的耗钢情况，但总体而言，房地产开发项目大量消费钢材的事实是无疑的。

第5章通过对钢材生产房地产开发弹性的分析发现，钢材生产对房地产开发活动的波动极为敏感；通过房地产开发活动与钢材生产的动态关联性分析发现，房地产开发指标与钢材生产指标在短期内直接具有双向的格兰杰因果关系，在长期内也具有协整关系，都证实了房地产开发活动对钢材生产的重要影响。同时，考虑到房地产业对家电、汽车等消费项目的间接拉动，房地产开发活动对钢材生产活动的影响会更加可观。基于前述相关研究，确实能够证实房地产开发是重要的钢材消耗部门。

7.3.2　房地产宏观调控对钢铁供求关系影响巨大

基于常识与第 5 章的实证分析可以认为，房地产开发活动与钢铁行业经营状况有紧密关联性。依据第 5 章的实证分析可以看出，2012 年之前，受刚性需求旺盛的影响，房地产宏观调控并未影响钢铁生产受房地产开发活动的拉动而持续增长的总体态势；2012 年，随着房地产调控从紧政策的不断加码以及刚性消费需求的阶段性满足，各地房地产开发企业商品房销售面积增速开始放缓甚至出现绝对性下降，显示出房地产宏观调控对钢铁行业生产的抑制作用。

依据第 3 章的研究假设，在良好的经济增长预期之下，投资者大量投资持续增加钢铁产能，但是，受到经济增速放缓与房地产景气状况下降的影响，钢材消费需求增长低于预期，使得新投产产能失去了可靠的需求支撑，从而造成供求失衡甚至产能过剩。①

7.3.3　适时推进公租房建设有利于化解钢铁产能过剩

通过前述分析可知，中国房地产统计领域存在若干低估市场需求的核算偏差：房价涨幅被显著低估，以房价收入比衡量的居民购房能力低估了居民购房能力的差异，单以市场交易记录来评估住房需求不能反映无购房能力的低收入家庭的住房需求。考虑到上述局限性均会在一定程度上影响对中国房地产市场供求关系的准确评估，则有理由认为，通行的房地产统计惯例对中国房地产市场运行状态的评估过于乐观。正视这一问题，则有必要采取非市场手段、通过加大公租房建设力度来改善房

① 按照前文分析，房地产开发景气状况对钢铁行业供求关系的影响，更多地体现在增量的影响、边际的影响，而非总量影响。

地产供求关系。

钢铁、水泥、平板玻璃等行业是房地产业的上游产业，受房地产开发景气状况的显著影响。相关行业在乐观的市场预期之下进行了大量投资，但2012～2015年，从紧的房地产宏观调控政策客观上使得钢材、水泥等原材料的市场需求增速放缓甚至下降。在经过一定时间的滞后新增投资形成产能时，新投产产能丧失了足够的市场需求支撑，客观上造成供求失衡并引发钢铁等行业出现了严重的产能过剩。若适时加大公租房建设力度，则不仅可以化解钢铁等行业的产能过剩，还可以充分利用其充裕的生产能力，享受较低的房地产开发成本。

由于本书其他章节已经论证了中国钢铁行业短板性产能过剩的实质，以及房地产宏观调控客观上对于抑制钢材需求、造成钢铁产能过剩的机制。因而得出通过大力加大公租房建设，能够有效化解钢铁行业产能过剩局面的结论，也是有充分依据的。

同时，考虑到居民购房行为的投资性质，加大公租房供应力度，也能够实现降低居民储蓄率、促进居民消费的目的。

第 8 章　国际贸易、国际产能合作与化解钢铁产能过剩①

钢铁是现代工业不可或缺的原材料，钢铁工业在国民经济产业结构中具有关键的基础性地位，钢铁工业的健康发展是维持国民经济稳定运行和国防建设有序开展的重要保障。在历史上，钢铁资源曾经是各国激烈竞争的战略物资，钢铁工业的兴衰曾经是强国力量消长的重要体现。随着产业结构的升级与国际贸易的兴盛，钢铁产业已经不再是发达国家重点发展的产业，国际钢铁产业的中心逐步由欧美国家转移到非欧美国家。

在国际产业结构大调整的背景下，中国等发展中国家纷纷承接工业发达国家的产业转移，钢铁等产业不断壮大。2014 年，全球粗钢产量为 16.70 亿吨，其中，中国粗钢产量为 8.23 亿吨，占到全球粗钢产量约一半，是同期八大主要工业发达国家（G8）粗钢产量的 2.18 倍。国际产业结构调整为发展中国家带来了巨大发展机遇，能够增加就业和提高收入水平，但也带来了能源消耗、工业污染和环境恶化等负面影响，对中国等新兴发展中国家造成了巨大压力。环境恶化与能源、矿产资源供应紧张成为中国社会关注的重点问题。寻求经济发展以提高居民生活水平的迫切愿望与维护环境安全以改善居民生活质量之间的协调，使限制污染产业发展、淘汰落后产能成为国家宏观经济管理中的一项重大任务。

---

① 注：本章部分内容以《钢铁倒“U”型曲线及其跨国异质性问题研究》为题发表于 2020 年第 3 期《产业组织评论》（CSSCI）。贾帅帅为独立作者。

按照比较优势理论，通过国际贸易互通有无能够提高贸易参与国的福利，因而各国间的钢材进出口乃是常情。一般而言，钢材进口国可以利用国际市场满足其钢材消费需求，而无须全部自行生产；反之，钢材出口国利用国际市场消费其所生产的钢材，而无须全部自行消化。与此相对应，从钢材生产国角度来讲，同样可以利用国内市场与国际市场消化本国产能，在国内产能过剩的形势下积极开拓国际市场，通过国际产能合作化解产能过剩也是国际惯例（吕铁，2011）。

在国际贸易格局日益深化、国内钢铁产能过剩形势严峻的背景下，有必要综合权衡各方因素制定中国钢铁行业的长远发展战略。如何看待钢铁贸易与国际产能合作对中国钢铁行业的影响，如何利用钢铁贸易与国际产能合作发展中国钢铁工业，如何规划中国钢铁工业长远发展战略以谋求国民福利最大化、最大限度地维护国家利益，这些问题值得关注。

8.1 钢铁消费统计指标体系与间接钢铁贸易统计

8.1.1 钢铁消费统计指标体系

在不存在国际贸易的情况下，各国生产的钢铁都为自身使用，若不考虑钢铁产品的跨年度储备，可以认为各国钢铁生产量即为其钢铁消费量。在考察一国钢铁需求、进行国际间人均钢铁消费量的比较时，最容易得到的指标就是各国钢铁生产量及人均钢铁生产量（人均粗钢产量或人均钢材产能等）。然而，在现实中，钢铁的进出口贸易是非常普遍的。学者一般使用本国钢铁生产量加年度钢铁进口量、减年度钢铁出口量，得到“表观消费量”（apparent steel use，ASU）作为一国钢铁消费量的替代指标。表观消费量同样未考虑钢铁的仓储与损耗，因而与准确的钢铁消费量之间也存在一定差别。实际上，从可操作性角度来看，若假定钢铁仓储水平保持稳定且损耗可忽略不计，则使用表观消费量作为实际钢铁消费量的表征指标是比较合适的。国际上测度钢铁需求的常用指标即为表观消费量，钢铁表观消费量等于本国钢铁交货量（也可使用钢铁产量数据）加上钢铁净进口量。

除了钢材出口外，很多国家还会出口钢铁制品，甚至钢材进口的目的便是制造用以出口的钢铁制品；对于钢材进口，亦是如此。因而，钢铁制品的贸易，同样有可能会对一国钢铁生产模式与消费模式产生显著影响。为了综合反映以钢铁制品进出口的形式进出口钢铁而对钢铁生产与钢铁消费的影响，可以引入真实钢铁使用量（true steel use，TSU）的概念，以反映间接钢铁贸易的影响。真实钢铁使用量等于表观钢铁消费量减去间接钢铁出口量加上间接钢铁进口量。间接钢铁贸易涵盖了钢铁制品的进出口，若某出口商品为钢铁制品，则在计算真实钢铁使用量时应将其所对应的钢材使用予以扣除；若某进口商品为钢铁制品，则在计算真实钢铁使用量时，应将其所对应的钢材予以记录。

8.1.2　间接钢铁贸易及其核算基础

自 2013 年起，世界钢铁协会（world steel association）引入了间接钢铁进出口（indirect export /import）的概念，以更好地反映各国的真实钢铁使用量。本章依据 2002 ~2013 年各国直接钢铁贸易时间序列与间接钢铁贸易时间序列开展分析研究。

由前述分析可见，钢铁生产总量、钢铁表观消费量及真实钢铁使用量都是反映一国钢铁消费总量的备选指标，而人均钢铁产量、人均钢铁表观消费量及人均真实钢铁使用量则是反映一国人均钢铁消费量的备选指标。本书所开展的统计分析，建立在这一系列统计指标上。

钢铁是重要的工业原料，在建筑与工业制造中不可或缺。一般认为，钢铁消费与工业化、城镇化有密切关系，因而，钢铁生产与消费也可能呈现为倒“U”形曲线的变化特征。也有研究认为，国际贸易也会对一国能源、钢铁等资源的消费模式造成重大影响，形成了有关生态足迹概念、虚拟水概念、虚拟耕地概念的研究。发展中国家在世界气候大会上提出的“共同但有区别的责任”、部分学者提出的可持续发展层次论与资源消耗层级论等观点，同样体现了对这一影响的深刻认识。

威廉（William，1992）与瓦克纳格尔（Wackernagel，1996）提出生态足迹的概念，通过将每个人消耗的资源折合成为全球统一的、具有生产力的地域面积，分别从需求角度和供给角度计算生态足迹与生态承载力。通过计算区域生态足迹总供给与总需求之间的差值，能综合反映不同区域对于全球生态环境现状的贡献（可能为负值），相关的应用研究非常广泛。托尼·艾伦（Tony Allan，1993）提出了虚拟水的概念，虚拟水是指，生产特定商品和服务所需要的水资源总量。在水资源商品化和资源配置全球化的背景下，产生了虚拟水贸易问题及虚拟水流动问题。一个国家向其他国家出口水密集型产品，相当于以虚拟的形式出口了水资源（程国栋，2003）。与虚拟水贸易的理念相同，虚拟耕地用以表示生产商品和服务所需要的耕地资源数量，国家与区域间的粮食贸易则可以认为是以虚拟耕地的形式进口或出口耕地资源。

气候变化问题受到全球共同关注，国际贸易对能源消费及碳排放的影响逐渐为人所知，伴随着国际贸易物质流动而发生的生态要素流动获得越来越广泛的认可，按照生产者国家边界来划定减排责任的原则逐步被否定。从对商品或服务的消费角度重新界定排放责任，或以“共同负责”的原则来取代“地域责任法”逐步成为共识。1992 年，155 个国家在联合国环境与发展会议上签署了《联合国气候变化框架公约》，将“共同而有区别的责任”（common but differentiated responsibilities）的合作原则作为国际社会应对气候变化的法律框架和基础性机制。这一原则充分认识到发展中国家通过发展外向型经济而为发达国家承担资源消耗与污染物排放的事实。邱东等（1999，2007）提出可持续发展层次论和资源消耗层级论，认为发达国家与发展中国家对于可持续发展的偏好不同，应该承担有区别的责任。资源的定价有时仅反映其开发成本，不能真实地反映其产权关系，因而会造成一些国家对资源的耗竭性使用；从资源消耗层级论的观点出发，在国际贸易的大格局中，一国名义资源消耗量和实际资源消耗量是不一致的。由于中国的出口多为高资源消耗产品，在出口额占GDP比重越来越大的背景下，中国实际资源消耗量要大大低于名义资源消耗量。巴拉萨（Balassa，1967）关注到，在现代生产过程中，每一个国家都会根据比较优势对本国产品的生产过程进行附加值化，并由此形成一条垂直的贸易链，并将这一现象定义为垂直专业化（vertical specialization，VS）。克鲁格曼（Krugman，1995）指出，在研究空间各区位间的生产分割时，不仅需要考虑生产活动在不同行业、不同商品间的分配，同时，还需要综合考虑同一商品的生产活动在不同区位间的配置情况，首次提出全球价值链（global value chain，GVC）概念。当前，垂直化分工与全球价值链的概念，日益受到国际贸易分析领域专家的重视，二者都体现出对国际贸易进行分解、分析的理念。

国际贸易的深化使得经济活动越发复杂，垂直专业化与全球价值链等概念的提出有利于反映国际经济活动的实质，直接钢铁贸易与间接钢铁贸易的统计也有利于反映各国钢铁消费的真实水平与消费模式。

依据前述分析，钢材进口国与钢材出口国之间不仅存在贸易关系，还存在资源消耗的转嫁关系，钢材进口国通过钢铁贸易避免了相应的资源消耗，钢材出口国承担了相应的资源消耗。

实际上，国民账户体系（SNA，1993，2008）中有关虚拟交易、变更交易流程、区分经济所有权与法定所有权等处理方式的规定，能够很好地解释钢铁制品出口国与钢铁制品进口国之间贸易关系的实质。[①] 为了

① 多数经济活动是按照机构单位之间的相互协议而发生的，这种按照两个机构单位双方协议而发生的活动在SNA中称作交易。为了更好地进行流量分析，SNA在记录某些交易时并不是按照直接观测到的结果来记录，而是采用设置虚拟交易、内部交易或变更交易流程等方式予以记录。例如，为了实现不同房屋租售比国家之间的可比性，SNA引入虚拟的“自有住房服务”来体现房屋所有者为自身提供的住房租赁服务；为了实现农户农产品消费与其他住户对农产品消费的统一，引入“自卖自买”的内部交易来体现农户生产并为自身最终消费的农产品与在市场上销售的同类商品的可比性；为了更真实地体现交易双方的特征，引入“变更交易流程”的概念，将雇主代雇员向社会保障基金支付的缴款处理为雇主先向雇员支付报酬、再由雇员向社会保障基金支付缴款的交易形式，将外国直接投资企业留存收益处理为先将留存收益汇给外国所有者、再由外国所有者进行再投资的交易形式（SNA2008：1.38、2.22、2.47、2.48、3.62、3.63、6.27）。

能够记录未通过与其他单位之间进行货币交易来处置其产出的行为，就必须用估算和虚拟的方法，这并非引入假设的交易行为，而是为了更好地反映在经济中已经发生但却被忽略的重要流量；变更交易流程，是要按照不同于实际发生途径来记录在经济意义上发生而事实上并不存在的交易；为了更好地体现交易活动的实质，引入经济所有权与法定所有权的概念，来规范产品由一个单位转移到另一个单位的交易活动，一产品的经济所有权转移给另一单位才对这一转移予以记录，且不将被送到国外仅进行简单加工的货物处理为进出口。按照 SNA 有关概念的界定，钢铁制品的出口交易完全可以通过变更交易流程被认为是出口国对进口国提供的钢材出口与钢铁制品加工服务两项交易。其可以视为先由出口国钢材生产厂商 A 通过虚拟交易将钢材转移至进口国在出口国的合作钢铁制品加工厂商 B，此时，已经完成了两国间经济所有权的让渡；合作厂商 B 对相应的钢材进行加工后，再将钢材制品出口至进口国，完成两国间法定所有权的让渡①。因而，与用于出口的钢铁制品加工相关联的能源消耗、污染物排放及钢铁消费，与用于出口的钢材生产一样，都应统计为与钢铁制品消费国相关而非与钢铁制品生产国相关。

8.2 主要国家钢铁贸易情况分析

自 2013 年起，世界钢铁协会（World Steel Association）在使用原有钢铁产品进出口（exports/import of semi-finished and finished steel products）数据的基础上引入了间接钢铁进出口（indirect export /import）的概念，以更好地反映各国真实的钢铁使用量。

表 8 -1 列出了 2002 ~2013 年 16 个钢铁生产大国（其中，比利时与卢森堡两国数据合并统计）的钢铁净出口情况。表 8 -2 列出了各主要的

① 此为一家之言，并非学术共识，只是建立在相关理论基础上的个人探讨。

钢铁生产大国钢铁贸易额与本国生产量的对比状况，给出了基于 12 年合计数的各国直接钢铁、间接钢铁净出口率或净进口率。

表 8－1　**2002～2013 年各国钢铁贸易统计**　单位：千吨

国家	直接钢铁出口净额	间接钢铁出口净额	钢铁总出口净额	钢铁生产总量
美国	－212174	－193173	－405347	1068514
加拿大	－32405	－54134	－86539	170687
英国	－748	－48523	－49271	144353
西班牙	－28659	8923	－19736	198267
法国	13955	－24644	－10689	212576
墨西哥	－19875	10841	－9034	198723
印度	4428	595	5023	664245
意大利	－35036	55454	20418	330510
南非	30073	－3751	26322	101471
比－卢	82964	－4447	78517	143621
巴西	99321	1078	100399	387030
德国	47533	95221	142754	528419
韩国	－3880	174876	170996	651777
日本	389718	240958	630676	1321149
中国	196856	446374	643230	5936460

注：出口净额为正值，表示存在钢铁净出口；出口净额为负值，表示存在钢铁净进口。

资料来源：笔者根据国际 2003～2014 年钢铁年鉴整理而得。

表 8－2　**2002～2013 年各国钢铁贸易率**　单位：%

国家	直接钢铁净出口率	间接钢铁净出口率	钢铁总净出口率
加拿大	－18. 99	－31. 72	－50. 70
美国	－19. 86	－18. 08	－37. 94
英国	－0. 52	－33. 61	－34. 13
西班牙	－14. 45	4. 50	－9. 95
法国	6. 56	－11. 59	－5. 03
墨西哥	－10. 00	5. 46	－4. 55
印度	0. 67	0. 09	0. 76
意大利	－10. 60	16. 78	6. 18
中国	3. 32	7. 52	10. 84
巴西	25. 66	0. 28	25. 94
南非	29. 64	－3. 70	25. 94
韩国	－0. 60	26. 83	26. 24
德国	9. 00	18. 02	27. 02
日本	29. 50	18. 24	47. 74
比－卢	57. 77	－3. 10	54. 67

资料来源：笔者由表 8－1 计算而得。

通过对表 8－1、表 8－2 的考察，研究发现以下五点。

第一，2002～2013年，美国、加拿大、英国、西班牙、法国和墨西哥处于钢铁净进口国的地位；中国、日本、俄罗斯、韩国、德国、巴西、比利时－卢森堡、南非、意大利和印度处于钢铁净出口国的地位。其中，中国钢铁净出口总额达到643230千吨，是第一大钢铁净出口国；美国钢铁总出口净额达到－405347千吨，是第一大钢铁净进口国。

上述有关各国钢铁贸易的分析反映出，发达国家与发展中国家在国际钢铁贸易中的地位，主要的钢铁净进口国均为发达国家，而主要的发展中国家均为钢铁净出口国。同时，以上分析也在一定程度上揭示了同为发达国家的美国、加拿大、英国等钢铁净进口国与比利时－卢森堡、德国、日本等钢铁净出口国人均钢铁生产量存在巨大差异的原因。日本、比利时－卢森堡和德国是发达国家中钢铁总出口率最高的国家，美国、加拿大与英国却通过直接、间接钢铁贸易进口了大量钢铁，这对于解释各国人均钢铁生产的不同变动模式具有很好的效果。钢铁贸易模式的差异，造成了主要的发达国家人均钢铁生产量走势的区别：日本、德国人均钢铁生产量在达到历史峰值水平后在较高水平得以保持；而美国、加拿大与英国人均钢铁生产量在达到历史峰值水平后显著下降。

值得注意的是，尽管美国是第一大钢铁净进口国，且通过直接、间接钢铁贸易大量进口钢材，该国依然保持了可观的钢铁生产规模。2002～2013年，美国生产的钢铁总量位列全球第三位，仅次于中国，与日本大致相当。

第二，在16个主要的钢铁生产大国中，直接钢铁净出口率大于10%（含）的有比利时－卢森堡、南非、日本、巴西，直接钢铁净进口率大于10%（含）的国家有美国、加拿大、西班牙、意大利、墨西哥；间接钢铁净出口率大于10%（含）的有韩国、日本、德国和意大利，间接钢铁净进口率大于10%的有英国、加拿大、美国和法国。钢铁总净出口率大于20%（含）的国家有比利时－卢森堡、日本、德国、韩国、巴西和南非，钢铁总净进口率大于20%（含）的国家有加拿大、美国和英国。主要的发展中国家均处于钢铁净出口国的地位，主要的钢铁净进口国都是发达国家。在主要的钢铁净进口国中，美国与加拿大直接、间接钢材进口比例都较高，但英国以间接钢铁进口为主。主要的钢铁净出口国中，中国直接、间接钢材出口率均较小，且以间接钢材出口为主；日本直接与间接钢材出口率均较高，且以直接钢材出口为主；德国直接与间接钢材出口率均较高，且以间接钢材出口为主；俄罗斯直接钢材出口率很高，但间接钢材出口率为负值；韩国间接钢材出口率很高，但直接钢材出口率为负值。

第三，同为发达国家，美国、加拿大与英国通过直接或间接贸易大量进口钢材，西班牙与意大利通过直接贸易进口钢材的同时又以间接贸易出口钢材，法国通过直接贸易少量出口钢材的同时又以间接贸易大量进口钢材，比利时－卢森堡通过直接贸易大量出口钢材的同时又以间接贸易少量进口钢材。同为发展中国家，中国同时通过直接贸易与间接贸易大量出口钢材；韩国通过间接贸易大量出口钢材，但又通过直接贸易少量进口钢材；巴西同时通过直接贸易与间接贸易大量出口钢材，但以直接贸易为主；南非通过直接贸易大量出口钢材，同时甚至需要通过间接贸易少量进口钢材；印度同时通过直接贸易与间接贸易出口钢材，但二者规模均较小。

第四，由前述分析可以看出，即便同为钢材净进口国/钢材净出口国抑或同为发达国家/发展中国家，各国钢铁贸易模式也有所区别，这或许与各国工业结构有关。由于间接钢铁贸易是以钢铁制品的形式开展贸易，而钢铁制品的附加值比之钢材的附加值要高，因而有理由认为，主要以间接贸易出口钢材的国家制造业实力要强于主要以直接贸易出口钢材的国家，也有理由认为主要以直接贸易进口钢材的国家制造业实力要强于主要以间接贸易进口钢材的国家。

第五，值得注意的是，2002～2013年，16个主要的钢铁生产大国钢材净出口总额达到14.48亿吨，其中，通过直接钢铁贸易净出口钢材8.06亿吨，通过间接钢铁贸易净出口钢材6.42亿吨。可见，主要的16个钢铁生产大国整体上处于钢铁出口地位。实际上，2002～2013年全球钢材总产量为154.45亿吨，主要的16个钢铁生产大国生产了128.58亿吨，占全球总产量的83.25%。16个钢铁生产大国同时也是钢铁消费大国，但总体而言对于其他国家同时存在直接与间接钢铁出口，反映出这

16 个钢铁生产大国是全球主要制造业中心的事实。

8.3　经济发展水平与钢铁消费拐点：基于三种口径的分析

前文通过对钢材国际贸易尤其是间接钢铁贸易理论的介绍，阐释了国际贸易对于一国钢铁生产模式与消费模式的影响；通过对各国钢铁产业发展轨迹的观察，也从直观上验证了相关理论的合理性。下面，可以进一步通过计量经济学方法对前述结论予以证实。

为了考察钢铁生产量、表观消费量与真实消费量的变动特征，本节对比这三种口径下钢铁产业发展与经济发展之间的关系。本节选取 16 国人均粗钢产量、人均钢材表观消费量、人均钢材真实消费量分别表示其钢铁生产、消费（表观消费与真实消费）情况；以 2011 年 PPP 标准下的人均 GDP 表示各国经济发展水平。分别通过设定固定效应、随机效应的面板数据模型来拟合 16 国钢铁生产行为与消费行为，以考察其变动特征。有关各国钢铁生产与消费的数据，来自《世界钢铁年鉴》，各国人口水平与人均收入水平的信息来自世界银行数据库。鉴于世界银行公布的以 2011 年 PPP 为基准的各国人均 GDP 数据始于 1990 年，而世界钢铁协会已发布的各国真实钢材消费量的数据仅限于 2002～2013 年，则本书的钢铁产量模型（pro 模型）与钢铁表观消费量模型（asu 模型）对应的分析时段，限制在 1990～2013 年，而钢铁真实消费量模型（tsu 模型）对应的分析时段是2002～2013 年。有关 16 国钢铁生产行为与消费行为的拟合分析结果，如表 8－3 所示。

如表 8－3 所示，在各国钢铁生产量与不变价人均 GDP 关系的分析模型（pro 模型）中，固定效应模型与混合 OLS 模型的 F 检验结果显示，Prop > F = 0.0000，即个体效应不显著的假定不成立，则固定效应模型优于混合 OLS 模型；固定效应模型与随机效应的 hausman 检验结果显示，Prob > chi2 = 0.2941，说明尽管固定效应模型与随机效应模型都具有一致性，但随机效应模型更有效，随机效应模型优于固定效应模型。因此，

pro 模型应优先选取随机效应模型。同理可知，asu 模型也应该优先选择随机效应模型，而 tsu 模型应该优先选择固定效应模型。

表 8-3　16 国钢铁生产行为与消费行为模型的设定与拟合结果

对应模型		项目	参数值	显著性水平
pro 模型	固定效应模型	GDP 系数	0.0503578	P > |t| =0.000
		GDP^2 系数	-7.34E-07	P > |t| =0.000
		联合显著性检验	F（2，366）=123.77	Prop > F =0.0000
		模型选择检验：固定效应模型与混合 OLS 模型的 F 检验	F（15，366）=241.76	Prop > F =0.0000
	随机效应模型	GDP 系数	0.0496202	P > |z| =0.000
		GDP^2 系数	-7.25E-07	P > |z| =0.000
		联合显著性检验	Wald chi2（2）=253.45	Prob > chi2 =0.0000
		模型选择检验：固定效应模型与随机效应模型的 hausman 检验	chi2（1）=1.10	Prob > chi2 =0.2941
asu 模型	固定效应模型	GDP 系数	0.0457849	P > |t| =0.000
		GDP^2 系数	-5.82E-07	P > |t| =0.000
		联合显著性检验	F（2，366）=162.16	Prop > F =0.0000
		模型选择检验：固定效应模型与混合 OLS 模型的 F 检验	F（15，366）=190.153	Prop > F =0.0000
	随机效应模型	GDP 系数	0.0327629	P > |z| =0.000
		GDP^2 系数	-3.33E-07	P > |z| =0.002
		联合显著性检验	Wald chi2（2）=58.31	Prob > chi2 =0.0000
		模型选择检验：固定效应模型与随机效应模型的 hausman 检验	chi2（1）=1.94	Prob > chi2 =0.1632
tsu 模型	固定效应模型	GDP 系数	0.0288281	P > |t| =0.000
		GDP^2 系数	-2.24E-07	P > |t| =0.064
		联合显著性检验	F（2，174）=20.37	Prop > F =0.0000
		模型选择检验：固定效应模型与混合 OLS 模型的 F 检验	F（15，174）=61.83	Prop > F =0.0000
	随机效应模型	GDP 系数	0.02377	P > |z| =0.000
		GDP^2 系数	-2.12E-07	P > |z| =0.054
		联合显著性检验	Wald chi2（2）=43.76	Prob > chi2 =0.0000
		模型选择检验：固定效应模型 VS 随机效应模型的 hausman 检验	chi2（1）=35.21	Prob > chi2 =0.0000

资料来源：笔者依据分析结果整理而得。

在前述模型选择基础上能够发现，人均收入水平（GDP 项）与人均收入水平的平方项（GDP^2 项）的拟合回归系数分别为正值与负值，三个模型都显示各国钢铁生产行为与消费行为确实呈现出随人均收入水平提升而提升，在达到一定峰值水平后会逐步下降的倒“U”形特征。鉴于本书着重考察各国钢铁生产行为与消费行为变动的一般规律，因而，仅分析各国生产行为与消费行为的平均变动特征，而不对单个国家的生产行为与消费行为（如单个国家对应的截距项、拟合效果等个体参数的拟合值）开展分析。通过对随机效应 pro 模型、随机效应 asu 模型与固定效应 tsu 模型的分析，可依据 GDP 项与 GDP^2 项的拟合回归系数计算出各自模型峰值水平对应的人均收入水平。依据二次曲线的特征，可以分别计算出 pro 模型、asu 模型与 tsu 模型峰值对应的人均收入分别为 34303.68 美元、39334.11 美元和 64348.44 美元。可见，虽然各国钢铁生产行为与消费行为都会在人均收入达到一定标准后开始下降，但生产行为会优先于消费行为提前达到倒“U”形曲线的拐点，而表观钢铁消费量又会提前与真实钢铁消费量达到拐点。这解释了为何部分老牌工业发达国家呈现出钢铁生产下降与钢铁消费增长并存或钢铁消费下降速度慢于钢铁生产下降速度的现象。

虽然这一分析总结了主要大国钢铁生产模式与消费模式的一般特征，但是，有关中国等新兴工业国家钢铁产业发展前景的问题值得思考。若中国将来同时面临钢铁生产下降与钢铁消费上升的状况，则必然需要从外部市场通过直接方式与间接方式大量进口钢材，如何确保相应的海外钢材供给渠道？仅依靠市场的力量能否实现？是否需要提前布局、制订相应的国际产能合作方案？若缺乏可靠的外部钢材供应渠道，中国钢铁生产模式与消费模式的变动趋势是否会呈现出与其他发达国家不同的道路？

8.4　研究总结

本章梳理了钢铁消费统计指标体系，指出国际贸易对一国钢铁消费统计的影响，还考察了间接钢铁贸易统计的核算基础。通过前述分析，直接钢铁贸易与间接钢铁贸易都是各国利用国际市场调剂国内钢材余缺的重要手段，确实会对各国钢铁生产模式与消费模式产生关键影响。鉴于此，在今后的分析研究中，有必要考察国际贸易与产能合作对中国钢铁产能过剩形势及钢铁行业产业发展规划的影响。

通过前文分析，可以得到以下五点结论。

第一，国际贸易与国际产能合作，确实是化解中国钢铁产能过剩的一项可行举措。

2002～2013年，中国钢铁直接净出口量与钢铁间接净出口量仅占总生产量的10.84%，虽然所占份额远低于日本、德国等制造业出口大国及韩国、巴西与南非等发展中国家，但国际贸易对拉动中国钢铁产品消费的作用已经不可或缺。尤其在国内钢铁产能过剩的背景下，积极拓展国际市场仍将是化解国内钢铁产能过剩的重要渠道之一。

第二，要充分重视间接钢铁贸易，以装备制造合作推动钢铁产能合作。

开拓国际市场以助力化解国内钢铁行业产能过剩，可以通过直接输出钢材或通过出口钢铁制品以间接输出钢材。随着中国出口贸易结构的改善，2002～2013年中国钢材净出口中的近七成，是通过间接钢铁贸易完成的。相比较而言，通过间接钢铁贸易输出钢材能够有更多的增加值，能够加大国内就业并拉动经济增长；且通过间接钢铁贸易输出钢材可以规避相关贸易壁垒，减少贸易摩擦。国务院提出《关于推进国际产能和装备制造合作的指导意见》，以装备制造合作推动钢铁行业国际产能合作，不仅对于化解钢铁行业产能过剩具有指导意义，还有利于实现中国经济提质增效升级。

第三，化解钢铁产能过剩，关键仍然在于拉动国内需求。

改革开放以来，中国逐步建立起具有国际竞争力的完整工业体系。通过直接钢铁贸易或间接钢铁贸易大量输出钢材，创造就业、拉动经济增长。尽管中国制造畅销世界，中国钢材净出口规模位居全球第一位，但是，中国钢材净出口比率仅为10%左右。鉴于中国钢铁生产规模占据全球产量的一半，且发达出口市场已基本饱和，外贸增速放缓且面临新兴发展中国家的挑战，因此，完全寄希望于开拓国际市场拉动国内钢铁需求是不可行的。虽然继续保持在发达国家的市场份额并积极争取发展中国家新兴市场份额颇有希望，但外需对钢材供求形势的缓解更多地体现在“增量调整上”，国内钢铁行业的主要市场仍然是满足国内需求。化解钢铁产能过剩，出路在于加大市场需求，而加大市场需求的关键在于积极开拓国际市场的同时促进国内需求增长，加大公租房建设是拉动国内钢铁需求的可行性举措之一。

第四，从长远来看，立足国际市场，以直接方式或间接方式进口钢材更符合国家利益。

通过对全球主要发达国家钢铁产业发展轨迹的分析可以发现，全球主要发达国家都经历了钢铁产业由小变大、由弱变强而后不断收缩的历史进程。即便是日本与德国等以工业制造立国的发达国家，其钢铁生产在全球生产中所占的份额也显著下降。英国、美国、加拿大、法国、西班牙等国充分利用国际市场满足其自身钢材的消费需求，甚至意大利等国在直接进口钢材的同时又通过间接钢铁贸易输出钢材。通过国际贸易进口钢材，有利于降低国内能源消耗和缓解环境污染压力，有利于调整产业结构、提升在国际产业体系中的地位，有利于提高国民福利。因此，通过产业结构升级，降低钢铁等高污染、高消耗产业在国民经济中的比重，适时、适度通过直接方式或间接方式进口钢材是可取之道。从长远来看，出于提高国民经济质量、增加国民福祉的考虑，应该立足国际市场满足国内钢材需求，而非借助国际市场大量出口钢材。

第五，出于长远战略考量，中国必须始终保持可观的钢铁工业规模。

第五章研究表明，城镇化与工业化确实都是钢铁消费增长的促进因素，当城镇化比率超过一定阶段后，人均钢铁消费便不再随城镇化水平的提高而增长，甚至会出现降低的情况。在 16 个主要钢铁生产大国中，大部分国家均已达到或超过钢铁生产倒“U”形曲线的顶点，但是，中国尚未出现钢铁生产增长速度放缓的迹象。中国正处在城镇化与工业化进程之中，短期之内，中国的城镇化与工业化水平依然会有所提高①，从而形成巨大的钢铁消费需求。可见，通过持续推进中国城镇化与工业化进程，依然有增加国内钢铁消费需求的潜力。第 6 章与第 7 章研究表明，房地产业景气状况对中国钢铁行业经营状况有密切影响，从紧的房地产宏观调控措施客观上是造成 2012 中国钢铁行业产能过剩的关键因素，适时地加大公租房建设，必然能够创造可观的钢铁消费需求，化解钢铁行业的产能过剩困境。从长远来看，中国钢铁行业所面临的重要任务不是化解产能过剩，而是满足国内市场需求；更多地借助国际市场满足国内市场需求是中国钢铁产业发展的必然战略抉择，但是，这一调整的力度与进度有待妥善把握。

中国已处于世界第一大出口国和第一大货物贸易国的地位，同时，也是第一大间接钢铁净出口国。为了促进就业与拉动国内经济增长，中国在短期之内若需维持当前的发展模式，则必然会产生可观的间接钢铁消费需求。与巨大的国内钢铁消费需求与国际（直接与间接）钢铁消费需求相比，短期内，任何国家都不能为中国提供足够的钢铁供给；同时，无论出于经济安全、军事安全或维护社会稳定的角度考虑还是出于降低成本、提高产品竞争力的角度考虑，中国都不应该通过外部供给满足自身需求。钢铁工业在国民经济体系中具有关键的基础性地位，美国等世

① 随着中国经济社会发展水平的提高，第三产业在国民经济中的比重按照国际经验很可能继续稳步提升，但是，在中国制造业竞争优势仍在、建筑业需求旺盛的背景下，第二产业的绝对规模有望继续提高，因而，也会相应地带动钢材消费需求；此外，虽然第三产业单位 GDP 钢材消耗水平低于第二产业，但中国第三产业的发展也必将带来可观的直接钢材消费需求与间接钢材消费需求。

界大国在充分利用国际市场满足自身消费需求的同时始终保留了可观的钢铁生产规模，这对于维护国家经济安全与军事安全具有战略意义，并不能仅从市场因素角度来分析问题；[①] 同时，保留一定的自有生产规模，以避免国外厂商在国内市场形成支配性的垄断地位，从经济学角度而言也是合理的。[②]

综上所述，可以认为中国仍存在巨大的钢铁消费需求增长空间，且无法通过外部市场来满足，因而，需要国内市场大量钢材供给以支持城镇化建设中的基础设施建设与房地产开发等需求。考虑到中国客观上存在的巨大钢铁消费需求潜力及其快速增长的势头，虽然 2012 ~ 2015 年，中国确实暂时性地存在钢铁产能过剩的事实，但完全可以通过充分挖掘国内需求潜力而化解钢铁行业产能过剩；积极开拓国际市场的基础设施建设等新增市场可以造福其他国家并助力国内钢铁行业供求失衡的化解，缩短达到供求均势所需要的时间，降低社会成本。

① 中国大力加强国防工程都需要强大的钢铁工业作为支撑。鉴于本书主要从宏观上讨论中国钢铁产业的供求失衡原因与化解方略，故不对这一问题开展专门分析，但钢铁工业的战略意义不容忽视。

② 国际上有一种防止中国钢铁行业形成全球性支配地位的论调，因而，主张通过贸易保护等各种方式对中国钢铁产业的发展予以限制，本书认为，中国钢铁产业的发展更多的是出于经济因素的考虑、受市场机制的支配，故不对相关论调予以讨论。

第9章　结语与研究展望

9.1　研究逻辑总结

如图1-1所示，本书依据分析问题、提出假设、验证假设、解决问题的思路展开，章节之间具有一定的逻辑演进关系，本章将先对其进行梳理、总结。

9.1.1　篇章结构的逻辑关系总结

无论是一些中文文献认定的“自2003年以来中国钢铁行业持续产能过剩”还是本书在第3章依据企业调查数据计算结果得出的“中国钢铁产能过剩始于2012年”，无论是长期产能过剩的观点抑或是阶段性产能过剩的观点，在2012~2015年，钢铁行业深陷产能过剩困境的现状是有共识的。本书的主要目的是，考察中国钢铁行业产能过剩的诱发根源、形成机制及其化解方法，全书依据文献综述提出研究假设、结合经济问题检验研究假设、根据实证分析结果提出政策建议的逻辑思路展开。全书的主体内容按理论思索、实证检验与政策前瞻三部分依次展开。

首先，在对主流文献反思的基础上，尝试提出了一个针对中国钢铁产业产能过剩问题研究悖论的解释，认为需求因素在钢铁产能过剩评估中具有不可或缺的关键影响，将产能过剩问题等同于过度投资/盲目投资/重复建设是不妥当的。在新的产能过剩表述模型基础上，研究表明2012年以前中国钢铁行业供需关系并未发生根本性变化，产能利用率始终保持在80%以上，不存在产能过剩问题，相关文件与主流文献可能出现了误判；在新的产能过剩分类标准基础上，结合宏观经济运行特征，本书进一步提出中国钢铁行业2012～2015年所面临的产能过剩有可能属于因国民经济出现需求短板而造成钢铁行业产能过剩的论断。

其次，从中国钢铁行业经营状况、中国钢铁行业与国民经济的互动关系、世界主要钢铁工业大国发展经验三个角度开展分析，检验有关“中国钢铁行业产能过剩有可能属于短板性产能过剩”的假设。有关中国钢铁行业经营状况的分析，在一定程度上证实了钢铁行业产能利用率自2012年才开始逐步降低至产能过剩水平的结论；有关钢铁行业与国民经济关系的分析，证实了钢铁生产受到固定资产投资与房地产开发影响且房地产开发对钢铁生产的拉动作用出现显著下滑的结论，同时，也证实了从紧的房地产市场宏观调控政策会通过影响房地产市场景气程度而降低相应的钢材需求；有关世界主要钢铁工业大国发展经验的分析认为，各国人均钢铁消费量呈现出倒“U”形曲线的特征，该曲线的拐点受经济发展水平、城镇化水平及工业化程度的影响，尚无迹象表明中国在短期内将达到钢铁需求的拐点，有理由认为中国钢铁消费需求仍有上涨空间。通过前述分析可以证实，中国钢铁市场需求仍有长期上涨空间、钢铁需求明显受到房地产市场宏观调控的负面影响以及钢铁行业经营绩效在2012年前后才开始出现明显下滑等三条结论。经研究所得的前述三条结论，与3.1节关于中国钢铁行业产能过剩始于2012年、2012年之前年份并不存在产能过剩的结论相符。这证实了3.2节有关中国钢铁行业在2012～2015年遭遇的产能过剩属于短板性产能过剩的研究假设。

最后，通过实证检验对本书研究假设的证实，基本可以认定中国钢铁行业的产能过剩始于2012年，且钢铁行业产能过剩形势的变化与房地产市场宏观调控密切相关；同时，也可以在中国工业化进程尚未完成、城镇化进程仍将持续推进以及经济增长前景长期向好等乐观判断基础上得出国内钢铁市场需求潜力巨大、通过挖掘中国市场内部需求潜力可以化解钢铁行业产能过剩困境的结论。由于钢铁行业产能过剩是乐观投资预期遭遇市场需求的增速放缓甚至负增长而导致的，因此，通过加大公租房建设以增加房地产开发对钢材的需求力度是化解钢铁产能过剩的可行途径。在房地产市场库存积压、走势不明朗的形势下，本书又从公租房建设的必要性和可行性、公租房建设对经济社会发展的促进作用等角度展开分析，认为通过加大公租房建设、化解钢铁行业产能过剩是可行的举措。

依据第 3 章的研究结论，除了继续加大落后产能淘汰力度、控制新增投资增速之外，积极开拓市场、拉动市场需求是缓解钢铁行业供求失衡的关键。在国内经济增速放缓、进入经济增长“新常态”之际，继续推进城镇化进程、加大公租房建设力度是开启内需的可行性措施。此外，通过国际贸易与国际产能合作拉动外部市场需求也是可行的途径之一，尤其在发达国家市场竞争激烈之际，积极推进与发展中国家的产能合作，开辟新的钢材需求增长点大有可为。

9.1.2　研究内容的逻辑关系总结

除了前述理论反思、实证检验与政策前瞻层次的逻辑关系外，本书各章有一定的关联性，在此梳理如下。

逻辑线索 1：由第 2 章和第 3 章提出全书的研究假设。

第 2 章通过对主流文献的反思，发现中国工业行业产能过剩问题具有一定的独特性，现有主流的工业行业产能过剩问题研究中存在一些分析悖论，这些分析悖论或许与中国工业行业产能过剩问题久治不愈的现象密切相关；第 3 章通过新的产能过剩表述模型结合历年钢铁产能利用率，发现 2011 年之前各年份钢铁产能利用率大于 80%，2012 年、2013 年钢铁产能利用率开始低于 80%，并由此得出钢铁产能过剩始于 2012 年的结论。通过新的产能过剩分类方式及产能过剩表述模型，发现乐观投资预期与市场需求增速放缓会造成钢铁行业供需状态的转变，也支持提出“中国钢铁行业产能过剩有可能属于短板性产能过剩”的论断。

逻辑线索2：第4章到第6章证实全书的研究假设。

第4章通过对钢铁行业经营状况分析发现，从行业扩张速度、行业亏损率、行业利润率、产品价格变动、行业投资情况等角度都有理由认为2003～2007年是中国钢铁行业发展的黄金时期，这段时间不存在钢铁产能过剩；相关指标也证实了2012年开始钢铁行业经营状况显著下滑的事实，有理由认为2012～2015年钢铁行业存在产能过剩；此外，通过相应分析能够看出，始于2008年的国际金融危机一度对钢铁行业经营状况造成严重冲击，同时，也能够发现2008～2011年，钢铁行业经营状况呈现恶化，并最终导致了钢铁行业由盛转衰。综上所述，从钢铁行业企业经营状况的角度能够得出2003～2007年是钢铁行业的黄金时期，2008～2011年开始由盛转衰，2012年以后开始产能过剩的结论。

第5章通过对钢铁行业与国民经济之间的关联关系，尤其是钢铁行业与房地产行业之间关联关系的分析，证实了从紧的房地产调控政策客观上会抑制钢材需求的结论。从紧的房地产调控政策，降低了房地产开发的用钢需求增速；伴随着新一轮“史上最严厉的房地产调控政策”，中国钢铁行业受其影响最终自2012年起进入产能过剩阶段。房地产开发项目钢材需求的变动，主导了钢材需求变动，进而决定了钢铁行业供求关系的相对态势。

第6章通过对全球主要国家钢铁工业发展的历史轨迹得出结论，认为经济发展水平、城镇化水平及工业化水平是影响一国钢铁生产与消费的决定性因素，一国人均钢铁生产量受前述三项因素影响会呈现出倒“U”形曲线的走势。中国城镇化与工业化进程尚未完成，从国际经验来看，有理由认为中国在短期内不会达到人均钢铁生产量的拐点水平，即从长期来看可以认为，中国钢铁消费需求尚有较大上涨潜力。由此可以认为，始于2012年的中国钢铁行业产能过剩有可能是因国民经济出现短板而使得市场需求受抑制引发的短板性产能过剩。

逻辑线索3：由2.1节、2.2节与2.3节的文献思索，引出3.1节新的产能过剩表述模型。

第2章2.2节先在2.1节理论回顾基础上提出中国工业行业产能过剩问题的特殊性及现实与理论的一些悖论，提出研究问题；2.3节则结合前述特殊性与研究悖论，思索主流研究文献中可能存在的疏忽，以试图诠释产能过剩问题中的一些悖论。通过对中国工业产能过剩诱发根源的思索，指出由于投资具有滞后性，在良好的投资预期下工业产能会持续增长，若一旦遭遇市场需求下降或需求增速低于预期，便会造成供需失衡，从而引发工业产能过剩。由此可以说明，将产能过剩等同于盲目投资或投资过度是片面的；此外，将产能过剩等同于盲目投资，忽视了中国在持续形成新增产能的同时也在不断淘汰落后产能的现实，从而夸大了中国工业行业产能过剩的程度。由此，3.1节顺理成章地提出综合考虑新增投资、淘汰落后产能以及市场需求变动来评估产能过剩形势的新表述模型。

逻辑线索4：由4.1节～4.4节证实历年钢铁产能过剩程度被误判的结论。

本书2.3节通过对产能利用率计算方法的思索，提出“通过计量经济学方法所得的产能利用率存在诸多不足，通过企业调查法计算产能利用率效果更佳”的判断；3.1节在新的产能过剩表述模型基础上，估算了历年钢铁行业产能过剩形势的变动情况。综合前述两部分分析可以认为，中国钢铁行业的产能利用率存在被低估的倾向。2012年以前的产能利用率并未突破80%的下限水平，即2012年以前中国钢铁行业不存在产能过剩。本书4.1节～4.4节通过对钢铁行业历年经营数据的分析，呈现出2003～2007年钢铁行业形势大好，2008～2011年供需紧张形势逐步逆转但仍保持乐观态势的局面。由此也证实了“2012年以前尤其是2003～2007年中国钢铁行业并未出现产能过剩，中国钢铁行业产能过剩程度被夸大，属于误判形势”的判断。

逻辑线索5：通过5.2节与5.3节的分析，证实6.1节对钢铁需求影响机制的判断。

在本书第6.1节文献梳理的基础上，结合经济常识，提出一国钢铁消费需求主要受经济发展水平、城镇化水平及工业化水平决定的认识，并在此基础上建立计量经济模型以表述人均钢铁消费需求演变轨迹，证实了一国人均钢铁消费需求呈现为倒“U”形曲线走势的结论。5.2节、5.3节通过建立钢铁行业与国民经济尤其是房地产业互动关系的计量经济模型，考察钢材生产的拉动因素及房地产宏观调控对钢铁行业的影响分析，在数值上也能够证实钢铁消费需求确实和经济发展、城镇化等因素密切相关的判断。

逻辑线索6：通过第8章解释第6章所呈现的各国钢铁生产模式与消费模式的区别。

第6章通过对各国钢铁产业发展轨迹的分析，证实了人均钢铁生产曲线呈现为倒“U”形走势的特征，并在此基础上，验证了钢铁需求受经济发展水平、城镇化水平及工业化水平影响的一般规律。第5章有关房地产开发项目景气状况对钢材供求关系的影响，实际上与第6章所得到的城镇化进程影响一国钢材生产与消费模式的结论一致，城镇化对钢材需求的拉动体现在基础设施建设、房地产开发、汽车消费等诸多领域，其中，房地产开发项目至关重要。

第6章的统计分析对各国钢铁生产模式与消费模式的影响因素进行了总结，但相关研究并不能解释为何经济与社会发展条件相近的国家之间呈现出不同的人均钢铁生产曲线走势。在对钢铁国际贸易尤其是间接钢铁贸易统计的基础上，第8章解释了国际贸易对一国钢铁生产模式与消费模式的影响——钢材净进口国可以通过直接钢铁贸易或间接钢铁贸易满足自身钢铁消费需求而无须大量自行生产，钢材净出口国则会通过直接钢铁贸易或间接钢铁贸易将自身消耗的钢材转让给他国使用。

由此可见，国际贸易确实会对一国钢铁生产模式与消费模式产生重要影响，通过开拓国际市场有助于化解中国钢铁产能过剩；同时，还必须意识到间接钢铁贸易的附加值更高，但也会给出口国带来较大的能源消耗压力与环境污染压力，各国应根据自身情况合理利用国内市场与国际市场满足自身需求，提高国民福利。

逻辑线索7：通过拉动内需与国际产能合作两方面的分析，得出化解钢铁产能过剩的方法。

第5章和第7章的分析，证实了中国钢铁供求关系受房地产景气状况影响的结论，房地产开发需求旺盛促使钢铁产能持续扩张，而从紧的房地产宏观调控政策是客观上引发钢铁行业供求失衡的关键原因；第8章的分析，证实了中国钢铁生产主要用于国内消费的结论。在此基础上，很明显地能够得出中国钢铁供求失衡的根本原因在于国内市场需求不足。中国钢铁生产占据全球一半的份额，从长期来看，中国钢铁行业的主要市场仍然在于国内。

9.1.3　小结

综上所述，本书首先，通过文献综述考察主流研究文献在解释经济现实中的局限性，以新的产能过剩表述模型和产能过剩分类方式解释学术研究中的悖论，提出了一个可能的研究假设；其次，从多个角度开展分析研究以检验研究假设，并最终证实了相关假设，基于中国钢铁行业产能过剩属于短板性产能过剩、从紧的房地产宏观调控措施诱发了2012～2015年钢铁行业产能过剩困境的结论，本书又论证了通过加大公租房建设以化解钢铁产能过剩的可行性、必要性以及其他经济社会影响；最后，结合国际贸易与国际产能合作会影响一国钢铁行业供需关系的客观现实，本书又补充讨论了国际贸易与国际产能合作在化解中国钢铁行业产能过剩中的定位问题，认为短期内尝试借助开拓国际市场化解国内钢铁行业产能过剩困境，长期内要立足国际市场满足国内市场需求，同时，出于战略考虑还要保留可观的钢铁生产能力。

9.2 研究结论

本书第2章、第3章先通过对已有产能过剩问题研究文献的梳理，结合现有产能过剩研究文献中的悖论，依据中国经济的特殊性，提出了一个适用于中国工业行业产能过剩问题分析的新架构以及与之相符的产能过剩分类标准；在此基础上，提出中国钢铁产能过剩属于短板性产能过剩的研究假设，认为中国钢铁行业发展深受房地产市场景气状况影响，在经济增速放缓、钢材需求增长乏力的背景下，受从紧的房地产调控政策影响而客观上形成产能过剩的困境。

为检验前述研究假设，本书第4～第6章依次从会计视角考察中国钢铁工业运营的财务状况，从计量经济学角度考察钢铁行业与房地产行业的关联性，从统计视角考察各主要钢铁生产国钢铁工业发展的特征。在这些分析基础上，认为中国钢铁生产与消费尚未达到理论拐点，既有主流研究文献并不能合理解释中国工业行业的实际运营状况，相关文件及主流研究文献夸大了中国钢铁行业的产能过剩程度。有较充分的证据认为，中国钢铁行业产能过剩并非始于2003年，而是自2012年左右开始显现；同时还发现，房地产宏观调控确实客观上会抑制钢铁消费需求进而诱发钢铁产能过剩。

在本书的分析逻辑之下，有理由认为相关分析证实了中国钢铁行业产能过剩确属短板性产能过剩的特征。在良好的市场预期下，钢铁行业持续投资并经过一定的滞后期而形成新增产能；但是，在经济增速放缓之际，一旦遭遇到因房地产宏观调控而引发的消费需求下降、需求增速放缓或未如预期增长，则会客观上造成供需失衡从而导致钢铁行业的短板性产能过剩。对症下药，若加大公租房建设，则有可能化解钢铁产能过剩问题。

房地产去库存成为2015年房地产研究领域的热门话题，在此情势下若要提出加大公租房建设的政策建议，则需要翔实的理论论证与实证分析。本书从加大公租房建设的可行性、必要性及其重要意义等角度开展分析，得出了房地产统计领域存在一些核算偏差、传统研究对中国房地产市场供求关系的分析过于乐观，由此可以得出加大公租房建设恰逢其时的结论。中国居民的整体住房保障水平尚有待提高，尤其低收入群体的基本住房需求应在政府的资助下适当予以保障。中国房地产市场的关键问题在于结构性失调，加快完善公租房保障体系，并在有效区分公租房市场与商品房市场的基础上逐步放松从紧的房地产宏观调控政策，将有助于通过拉动房地产开发项目的钢材消费需求。

综上所述，本书认为既有主流研究文献忽视了需求因素及其变动对产能过剩评估的重要性，因而在新的研究架构下可以得到2012年以前中国钢铁行业不存在产能过剩的结论，这解释了中国钢铁行业产能过剩问题久治不愈的现象——市场没有错，主流研究文献对中国钢铁行业运行状态的评估上出现了一定偏误。由此，我们提出并论证了中国钢铁行业产能过剩为短板性产能过剩的结论，这是我们对这一问题的认识。在前述研究基础上可知，对加大公租房建设以化解钢铁产能过剩问题的探索具有一定的理论支撑。

本书的研究结论可以概括为如下六点。

第一，相关文件与主流文献对2003～2011年中国钢铁行业供需形势的评估出现了误判，这期间并不存在钢铁产能过剩问题。

上述误判的根源在于，没有充分意识到中国钢铁消费需求呈现持续增长态势的现实，中国钢铁消费持续增长的态势是由经济发展水平稳步增长与城镇化、工业化进程持续推进的客观现实决定的。投资扩张是产能过剩的必要条件，而非充分条件。若不考虑中国经济持续增长会带来可观的钢材消费需求，以及中国大规模淘汰落后产能需要有新的产能来弥补供给缺口，则能够自然地得出大规模投资必然带来产能过剩的结论；但是，若充分考虑中国属于“转型中的发展中大国”这一本质特征，则能够更好地理解中国钢铁行业逆宏观调控而持续扩张产能的“不解之谜”。

第二，2012～2015 年，中国钢铁行业确实陷入了产能过剩的困境。

这一困境形成的根源在于，钢铁行业与国民经济整体运行状况紧密相关，从紧的房地产宏观调控政策客观上抑制了房地产开发领域的钢材需求，使得钢材需求增长放缓，并最终引发钢铁行业供需失衡，造成日趋严峻的产能过剩形势。2012～2015 年中国钢铁行业所面临的产能过剩属于短板性产能过剩，是因国民经济下滑尤其是房地产不景气而诱发的。

第三，市场机制在中国钢铁行业产能扩张与产能过剩过程中均发挥了主导作用。

中国尚处在经济社会体制不断改革完善的过程之中，市场机制尚有不完备之处；同时，即便理想的条件下，市场机制也会存在一些难以克服的缺陷，因而需要政府宏观调控措施的配合才能确保国民经济持续、健康发展。

第四，化解产能过剩困局的优先方向在于扩大需求而非卸载产能。

淘汰落后产能、实现产能的持续更新，有利于保护环境、减少资源消耗压力；但是，要注意产能淘汰的力度，并做好配套保障措施。化解中国钢铁行业产能过剩的方向是加大市场需求，拉动需求增长较之大规模卸载产能对经济社会的负面影响要小很多。从长期来看，钢铁消费水平尚未达到拐点：中国城镇化进程远未结束，户籍人口城镇化与转移农村剩余劳动力任重道远，这是国内钢铁消费需求增长的潜力所在。加大公租房建设具有现实必要性，在资金保障、土地供应与原材料保障等方面也颇具可行性。加大公租房建设，能带来极其可观的钢材需求，必将化解当前的钢铁产能过剩困境。加快公租房建设是当务之急，是长远之策。[①]

第五，国际贸易确实会对一国钢铁生产模式与消费模式产生重要

① 加快完善公租房保障体系，不仅在短期内有利于化解钢铁产能过剩，更能够提高居民福利，降低居民储蓄水平并提高其消费意愿，在长期内，为中国经济增长储备动力。

影响。

钢铁国际贸易有利于各国发挥比较优势，共享贸易红利。钢铁国际贸易包括直接的钢铁产品贸易与通过钢材制品进出口开展的间接钢铁贸易。尤其是间接钢铁贸易对一国钢铁生产模式与消费模式有关键性的影响，解释了同等发展程度国家在钢材生产模式与消费模式上的显著差异，同时，也要意识到，直接钢材贸易与间接钢铁贸易之间的区别，更好地谋求国民福利最大化。从短期来看，积极开拓国际市场，尤其是在“一带一路”框架下加强对发展中国家基础设施建设等潜在市场的开发，有利于助力中国钢铁行业走出产能过剩困境。

第六，从长远来看，中国应该积极利用国际市场满足自身消费需求，提高居民福利。

除了拉动内需、扩展外部需求并继续加大落后产能淘汰以化解现阶段的产能过剩困局外，应加快中国经济结构转型，实现经济提质增效升级。从长远来看，中国应立足国际市场，通过直接方式与间接方式进口钢材来满足国内需求。出于战略安全的考虑，作为一个全球大国，中国还要始终保持可观规模的钢铁生产能力。

9.3　研究展望

本书的主要贡献在于，强调需求因素在中国钢铁行业产能过剩形成机制中的关键作用，并指出房地产需求变动对打破钢铁行业供求均衡格局的关键影响；此外，在前述分析逻辑基础上，本书还有针对性地提出了通过加大公租房建设以化解钢铁行业产能过剩困境的可能性。

钢铁行业与房地产业在国民经济体系中具有关键地位，钢铁产能过剩和房地产去库存问题是 2015 年宏观经济管理的重要任务。通过本书分析可以认为，已有研究对中国钢铁行业产能过剩程度的认识有偏颇之处，中国钢铁行业产能过剩问题始发于 2012 年前后。同时，也有理由认为，钢铁行业产能过剩的诱发根源与化解之道都与房地产行业息息相关。宏观经济运行有其内在机制，对宏观经济运行规律的把握有赖于对一系列统计指标的观测，但是，有限的统计数据并不能反映宏观经济运行机制的全貌。在有限的数据基础上，并不能仅寄希望于通过分析方法改善来提高对相关问题的研究深度；在必要情况下，反而通过合理的假定简化模型，能够有助于问题的把握，出于这一考虑，本书的分析过程中也难免存在各种局限，如何权衡有待深入探讨。

有关公租房建设方案的讨论也不够成熟；何时、何地，以何种力度推进公租房建设尚不可知；如何在推广公租房的同时确保商品房市场健康发展，也需要多方权衡。相关研究均有进一步深入推进的价值。在没有大规模变更房地产调控政策基础上，随着时间的推移，房地产市场的结构性问题或许能逐步缓解；按照第 3 章的公式，在淘汰落后产能与积极开辟国外市场的作用下，即使没有大规模提振内需，甚至在国内产能适度提高的前提下，依然有可能缓解暂时性的供求失衡问题，但具体的分析有待细致研讨。

参考文献

［1］巴曙松．当前产能是否真的过剩［J］．中国投资，2006（7）：16－17.

［2］鲍丹．钢铁业：如何迈过生死线［N］．人民日报，2013－5－6（19）.

［3］北京师范大学国民核算研究院，赵楠等．2013年国民核算报告［M］．北京：中国财政经济出版社，2014：1－48.

［4］曹建海，江飞涛．中国工业投资中的重复建设与产能过剩问题研究［M］．北京：经济科学出版社，2010：15－37.

［5］陈建奇．开放视角下中国产能过剩问题重估及战略选择［J］．国际贸易，2013（4）：20－26.

［6］陈明森．产能过剩与地方政府进入冲动［J］．天津社会科学，2006（9）：84－88.

［7］陈剩勇，孙仕祺．产能过剩的中国特色、形成机制与治理对策［J］．南京社会科学，2013（5）：7－14.

［8］陈文玲．产能过剩、分类及化解方法［J］．中国市场，2014（1）：16－20.

［9］程国栋．虚拟水——中国水资源安全战略的新思路［J］．中国科学院院刊，2003（4）：260－265.

［10］董敏杰，梁泳梅，张其仔．中国工业产能利用率：行业比较、

地区差距及影响因素［J］. 经济研究，2015（1）：84－98.

［11］窦彬，汤国生. 钢铁行业投资过度、产能过剩原因及对策［M］. 北京：经济科学出版社，2009：46－78.

［12］窦彬. 需求拉动对钢铁产业增长动态效应的实证研究［J］. 工业技术经济，2007（5）：37－41.

［13］范德成，王晓辉. 中国产业结构的动态投入产出模型分析［M］. 北京：科学出版社，2011：15－39.

［14］冯俏彬，贾康. 投资决策、价格信号与制度供给：观察体制性产能过剩［J］. 改革，2014（1）：17－24.

［15］付启敏，刘伟. 不确定性条件下产能过剩的纵向一体化模型［J］. 系统管理学报，2011（3）：188－195.

［16］高铁梅，孔宪丽，刘玉，胡玲. 中国钢铁工业供给与需求影响因素的动态分析［J］. 管理世界，2004（6）：73－81.

［17］耿强，江飞涛，傅坦. 政策性补贴、产能过剩与中国的经济波动［J］. 中国工业经济，2011（5）：27－36.

［18］工业和信息化部原材料司等. 钢铁产业发展报告2015［M］. 北京：冶金工业出版社，2015：34－69.

［19］国务院发展研究中心课题组. 当前我国产能过剩的特征、风险及对策研究［J］. 管理世界，2015（4）：1－10.

［20］韩国高. 中国工业产能过剩研究：形成、影响及监测预警［M］. 北京：科学出版社，2014.

［21］韩国高，高铁梅，王立国，齐鹰飞. 中国制造业产能过剩的测度、波动及成因研究［J］. 经济研究，2011（12）：18－30.

［22］何彬. 基于窖藏行为的产能过剩形成机理及其波动性特征研究［D］. 吉林大学博士学位论文，2008.

［23］贾帅帅. 城镇居民发展性消费支出结构差异演变分析［J］. 东北财经大学学报，2011（9）：79－84.

［24］贾帅帅，邢美慧. 产能过剩背景下国内外钢材价格联动关系研

究［J］. 价格理论与实践，2016（6）：118－121.

［25］贾帅帅，徐滇庆. 产能过剩悖论与中国投资扩张之谜——一个新的解释［J］. 经济学家，2016（11）：71－82.

［26］贾帅帅. 中国钢铁行业产能过剩研究悖论与理论反思［J］. 产业组织评论，2017（4）：48－71.

［27］贾帅帅，徐滇庆. 多维视角下的公共租赁住房建设与保障［J］. 财政研究，2017（3）：87－96.

［28］贾帅帅，孙辉. 去产能背景下我国钢铁价格走势研究——基于钢铁行业供给侧结构性改革成效的分析［J］. 价格理论与实践，2017（9）：64－67.

［29］贾帅帅. 钢铁行业供求失衡与产能过剩诱发机制问题研究——基于与房地产业关联性视角的分析［J］. 经济统计学（季刊），2018（1）：221－237.

［30］江飞涛，曹建海. 市场失灵还是体制扭曲［J］. 中国工业经济，2009（1）：53－64.

［31］江飞涛. 中国钢铁工业产能过剩问题研究［D］. 中南大学博士学位论文，2008.

［32］江飞涛，陈伟刚，黄健柏，焦国华. 投资规制政策的缺陷与不良效应［J］. 中国工业经济，2007（6）：53－61.

［33］江源. 钢铁等行业产能利用评价［J］. 统计研究，2006（12）：13－19.

［34］蒋萍. 也谈 GDP 的口径与算法［J］. 统计研究，2008（8）：20－24.

［35］李江涛. 产能过剩——问题、理论及治理机制［M］. 北京：中国财政经济出版社，2006：18－47.

［36］李连济，王云. 中国转型期的产能过剩问题研究［J］. 经济问题，2012（12）：29－32.

［37］李平，江飞涛，曹建海. 产能过剩、重复建设形成机理与治理

政策研究 [M]. 北京：社会科学文献出版社，2015：26－79.

[38] 李若谷. 对我国钢铁产能过剩问题的思考. [J]. 经济导刊，2016 (6)：20－23.

[39] 李伟，吴敬琏，夏斌等. 小趋势 [M]. 北京：中信出版社，2014：37－68.

[40] 李昕，徐滇庆. 房地产供求与演变趋势：澄清一种统计口径 [J]. 改革，2014 (1)：33－42.

[41] 李迅雷. 如何抑制常态化产能过剩 [J]. 企业观察家，2013 (4)：22－23.

[42] 厉以宁. 中国可以实现 GDP 6%——在第二届大梅沙中国创新论坛上的讲话（易汇网、搜狐网），2015.

[43] 联合国等. 国民账户体系 2008 [M]. 北京：中国统计出版社，2012：178－204.

[44] 梁云芳. 我国经济转轨时期房地产增长周期波动 [D]. 东北财经大学博士学位论文，2007

[45] 梁云芳，高铁梅，贺书平. 房地产市场与国民经济协调发展的实证分析 [J]. 中国社会科学，2006 (5)：74－84.

[46] 林春山，白龙. 中国钢铁长期需求：影响因素与政策选择 [J]. 经济管理，2010 (1)：35－40.

[47] 林毅夫. 潮涌现象与发展中国家宏观经济理论的重新构建 [J]. 经济研究，2007 (1)：126－131.

[48] 林毅夫. 从西潮到东风 [M]. 北京：中信出版社，2012：57－92.

[49] 林毅夫，巫和懋，邢亦青. 潮涌现象与产能过剩的形成机制 [J]. 经济研究，2010 (10)：4－19.

[50] 刘航，孙早. 城镇化动因扭曲与制造业产能过剩 [J]. 中国工业经济，2014 (11)：5－17.

[51] 刘西顺. 产能过剩、企业共生与信贷配比 [J]. 金融研究，2006 (3)：166－173.

[52] 卢锋. 大国追赶的经济学观察：理解中国开放宏观经济（2003—2013）[M]. 北京：北京大学出版社，2014：236-251.

[53] 卢锋. 治理产能过剩问题探讨 [J]. 中国房地信息，2009 (12)：54-57.

[54] 罗云毅. 产能过剩若干问题辨析 [J]. 中国投资，2011 (9)：57-60.

[55] 吕铁. 日本治理产能过剩的做法及启示 [J]. 求是杂志，2011 (5)：47-49.

[56] 麦迪逊. 世界经济千年统计 [M]. 伍晓鹰，施发启译. 北京：北京大学出版社，2009：1-19.

[57] 茅于轼. 质疑"产能过剩"说 [J]. 上海经济，2006 (7)：4-5.

[58] 倪中新，卢星，薛文俊. "一带一路"战略能够化解我国过剩的钢铁产能吗——基于时变参数向量自回归模型平均的预测 [J]. 国际贸易问题，2016 (3)：161-174.

[59] 牛桂敏. 从过度竞争到有效竞争：我国产业组织发展的必然选择 [J]. 天津社会科学，2001 (5)：63-66.

[60] 邱东. 宏观测度的边界悖律及其意义 [J]. 统计研究，2012 (8)：83-90.

[61] 邱东，陈梦根. 中国不应在资源消耗问题上过于自责 [J]. 统计研究，2007 (2)：14-26.

[62] 邱东，宋旭光. 可持续发展层次论 [J]. 经济研究，1999 (2)：64-69.

[63] 上海财经大学中国产业发展研究院. 2013 中国产业发展报告——产能过剩和产业升级 [M]. 上海：上海财经大学出版社，2013：1-27.

[64] 史丹. 产能过剩，治理宜"疏"不宜"堵" [N]. 人民日报，2013-12-23 (23).

[65] 苏剑. 产能过剩背景下的中国宏观调控 [J]. 经济学动态，2010 (10)：47-51.

[66] 孙大午，王小鲁，霍德明等．在北京师范大学《2015 年国民核算报告》研讨会的发言（根据录音整理，未经本人确认），2015.

[67] 孙巍，李何，王文成．产能利用与固定资产投资关系的面板数据协整研究［J］．经济管理，2009（3）：38－43.

[68] 谭英平．也谈中国钢铁工业供需机制的动态分析［J］．统计研究，2007（11）：29－33.

[69] 王峰．房价与调控——2001～2010 年深圳房地产市场发展研究［M］．北京：中国建筑工业出版社，2011：5－37.

[70] 王立国，鞠蕾．地方政府干预、企业过度投资与产能过剩：26个行业样本［J］．改革，2012（12）：52－62.

[71] 王立国，张日旭．财政分权背景下的产能过剩问题研究［J］．财经问题研究，2010（12）：30－35.

[72] 王立国．重复建设与产能过剩的双向交互机制研究［J］．企业经济，2010（6）：5－9.

[73] 王鹏．2014～2015 年中国工业发展质量蓝皮书［M］．北京：人民出版社，2015：1－46.

[74] 王文甫，明娟，岳超云．企业规模、地方政府干预与产能过剩［J］．管理世界，2014（10）：17－36.

[75] 文件起草组．《中共中央关于制定国民经济和社会发展第十三个五年规划的建议》辅导读本［M］．北京：人民出版社，2015：1－34.

[76] 向晨曦．中国钢铁产业产能过剩特征分析［J］．中国管理信息化，2014（4）：91－94.

[77] 熊艾伦，蒲勇健，张勇．“一带一路”与过剩产能转移［J］．求索，2015（12）：75－79.

[78] 徐朝阳，周念利．市场结构内生变迁与产能过剩治理［J］．经济研究，2015（2）：75－87.

[79] 徐滇庆，贾帅帅．问粮——详解十八亿亩耕地红线［M］．北京：北京大学出版社，2014：63－92.

［80］徐滇庆，柯瑞思，李昕．终结贫穷之路［M］．北京：机械工业出版社，2009：1－67.

［81］徐滇庆，李昕．房地产的供求与保障［M］．北京：机械工业出版社，2014：73－124.

［82］徐滇庆，刘颖．看懂中国产能过剩［M］．北京：北京大学出版社，2016：1－87.

［83］许宪春，贾海，李皎，李俊波．房地产经济对中国国民经济增长的作用研究［J］．中国社会科学，2015（1）：84－101.

［84］许宪春．经济分析与统计解读［M］．北京：北京大学出版社，2014：46－91.

［85］许宪春．准确了解中国的收入、消费和投资［J］．中国社会科学，2013（2）：5－24.

［86］杨燕青，周艾琳．美国财长雅各布·卢：中国应妥善处理产能过剩［J］．中国中小企业，2016（7）：40－43.

［87］易宪容．房价博弈［M］．北京：中国经济出版社，2008：1－37.

［88］于立，张杰．中国产能过剩的根本成因与出路：非市场因素及其三步走战略［J］．改革，2014（2）：40－51.

［89］余南平．世界住房模式比较研究——以欧美亚为例［M］．上海：上海人民出版社，2011：1－52.

［90］张纯威．我国经济外部失衡的量化分解与评估［J］．国际金融研究，2008（11）：75－80.

［91］张军扩，赵昌文．当前中国产能过剩问题分析——政策、理论、案例［M］．北京：清华大学出版社，2014：13－47.

［92］张日旭．我国产能过剩中的地方政府行为研究［D］．东北财经大学博士学位论文，2013.

［93］张新海．产能过剩的定量测度与分类治理［J］．宏观经济管理，2010（1）：50－52.

［94］张永岳．中国房地产业与国民经济的互动效应及其协调发展

[J]. 华东师范大学学报（哲学社会科学版），2008（11）：126－134.

[95] 赵建奇. 开放视角下中国产能过剩问题重估及战略选择 [J]. 国际贸易，2013（4）：20－26.

[96] 植草益. 日本的产业组织：理论与实证前沿 [M]. 北京：经济管理出版社，2000：18－37.

[97] 中国钢铁工业协会. 钢材市场需求预测研究报告之二，2010 年重点行业钢材需求预测 [R]. 2006.

[98] 中国钢铁工业协会. 钢材市场需求预测研究报告之一，2010 年中国钢材市场需求预测 [R]. 2006.

[99] 钟春平，潘黎. "产能过剩" 的误区——产能利用率及产能过剩的进展、争议与现实判断 [J]. 经济学动态，2014（3）：35－47.

[100] 周劲，付宝宗. 我国工业领域的产能过剩问题研究 [M]. 北京：中国计划出版社，2014：34－67.

[101] 周劲，付保宗. 产能过剩的内涵、评价体系及在我国工业领域的表现特征 [J]. 经济学动态，2011（10）：58－64.

[102] 周劲. 产能过剩的概念、判断指标及其在部分行业测算中的应用 [J]. 宏观经济研究，2007（9）：33－39.

[103] 周黎安. 晋升博弈中政府官员的激励与合作 [J]. 经济研究，2004（6）：33－40.

[104] 周黎安. 中国地方官员的晋升锦标赛模式研究 [J]. 经济研究，2007（7）：36－50.

[105] 周其仁. 产能过剩的原因 [N]. 经济观察报，2005－12－12（040）.

[106] 周业樑，盛文军. 转轨时期我国产能过剩的成因解析及政策选择 [J]. 金融研究，2007（2）：183－190.

[107] 祝宝良. 产能过剩的成因与化解 [J]. 中国金融，2013（7）：74－75.

[108] 左小蕾. 产能过剩并非根源 [J]. 中国电子商务，2006（3）：

100 -101.

［109］左娅．水泥业：产能扩张必须急刹车［N］．人民日报，2013 -5 -13（19）．

［110］Artus J. 1977，Measures of Potential Output in Manufacturing for Eight Industrial Countries，1955 -1978. International Monetary Fund Staff Papers 24：1 -35.

［111］Basu，Susanto，Kimball，Miles，1997，Cyclical Productivity and Unobserved Input Variation. NBER Working Paper #5915.

［112］Baxter，Marianne，Farr，Dorsey D. 2001，Variable Factor Utilization and International Business Cycles. NBER Working Paper 8392.

［113］Baylor M.，2001，Capacity Utilization and Inflation：Is Statistics Canada's Measure An Appropriate Indicator of Inflationary Pressures?. Department of Finance Working Paper 2001 -06.

［114］Beaulieu J.，Mattey J.，1998，"The Workweek of Capital and Capacity Utilization in Manufacturing"，Journal of Productivity Analysis（10）：199 -223.

［115］Berndt E. R.，Hesse D. M. 1986，"Measuring and Assessing Capacity Utilization in The Manufacturing Sectors of Nine OECD Countries". European Economic Review，30：961 -989.

［116］Berndt E. R.，Morrison C. J. 1981，"Capacity Utilization Measures：Underlying Economic Theory and an Alternative Approach"，American Economic Review，Vol. 71.

［117］Berndt Ernst R.，Melvyn A. Fuss.，1986，Productivity Measurement with Adjustment for Variations in Capacity Utilization and Other Forms of Temporary equilibria，journal of Econometrics 33.

［118］Bresnahan T.，Ramey V.，1994，Output Fluctuations at The Plant Level，Quarterly Journal of Economics 109：593 -624.

［119］Burnside，C.，Eichenbaum，M.，1996，"Factor Hoarding and The Propagation of Business Cycle Shocks"，American Economic Review 86：

1154 – 1174.

[120] Burnside C., Eichenbaum M., Rebelo S., 1995, Capital Utilization and Returns to Scale. In: Rotemberg J. J., Bernake B. S. (Eds.), NBER Macroeconomics Annual 1995. MIT Press, Cambridge, MA.

[121] C. Planas, W. Roeger, A. Rossi., 2013, The Information Content of Capacity Utilization for Detrending Total Factor Productivity [J]. Journal of Economic Dynamics & Control 37: 577 – 590.

[122] Carol Corrado, Joe Mattey. 1997, Capacity Utilization. The Journal of Economic Perspectives, Vol. 11.

[123] Cassels J. M., 1937, Excess Capacity and Monopolistic Competition [J]. Quarterly Journal of Economics, Vol. 51.

[124] Catherine J. Morrison. 1985, Primal and Dual Capacity Utilization: An Application to Productivity Measurement in the U. S. Automobile Industry [J]. Journal of Business & Economic Statistics, Vol. 3, No. 4.

[125] Catherine J. Morrison, 1986. " Productivity Measurement with Non-static Expectations and Varying Capacity Utilization" . Journal of Econometrics 33.

[126] Chamberlin E., 1947, The Theory of Monopolistic Competition. Cambridge, Harvard University Press.

[127] Chetan Save, Scott J. Dressler, 2010, Technology Shocks, Capital Utilization and Sticky Prices. Journal of Economic Dynamics & Control 34: 2179 – 2191.

[128] Christiano L., 1981, A Survey of Measures of Capacity Utilization. International Monetary Fund Staff Papers, 28: 144 – 198.

[129] Claus, I., Conway, P. and Scott, A., 2000, The Output Gap: Measurement, Comparisons and Assessment, Reserve Bank of New Zealand Research Paper 44.

[130] Copeland A., Hall G., 2005, The Response of Prices, Sales, and Output to Temporary Changes in Demand, NBER Working Paper 11870.

[131] Corrado C., Mattey J., 1997, Capacity Utilization [J]. Journal of Economic Perspectives, (11): 151-167.

[132] Denidon E. R., 1962, "Sources of Economic Growth in the U. S. and the Alternatives Before US", Supplementary Paper 13, Committee for Economic Development, Washington, DC.

[133] Denidon E. R., 1969, "Some Major Issues in Productivity Analysis: An Examination of Estimates by Jorgenson and Griliches", Survey of Current Business 49 (5).

[134] Diego Escobari. Jim Lee., 2014, "Demand Uncertainty and Capacity Utilization in Airlines", Empir Econ, 47: 1-19.

[135] Dotsey M., Stark T., 2005, The Relationship Between Capacity Utilization and Inflation [J]. Business Review, Federal Reserve Bank of Philadelphia, (9): 8-17.

[136] Escobari D., Gan L., 2007, "Price Dispersion under Costly Capacity and Demand Uncertainty". NBER Working Paper 13075.

[137] Fare R., 1984, "The Existence of Plant Capacity", International Economic Review 25: 209-213.

[138] Fare R., Grosskopf S., Kokkelenberg E. C., 1989, "Measuring Plant Capacity Utilization and Technical Change: A Nonparametric Approach", International Economic Review 30: 655-666.

[139] Fare R., Grosskopf S., Valdmanis V., " Capacity Competition and Efficiency In Hospitals: A Nonparametric Approach", Journal of Productivity Analysis 1989, 1: 123-128.

[140] Foss, M. F., "The Utilization of Capital Equipment: Postwar Compared to Prewar", Survey of Current Business, 1963, 43 (6).

[141] Gabszewicz J. J., Poddar S., Demand Fluctuations and Capacity Utilization under Duopoly [J]. Economic Theory 1997, 10: 131-146.

[142] George J. Hall, Non-convex Costs and Capital Utilization: A Study

of Production Scheduling at Automobile Assembly Plants [J]. Journal of Monetary Economics 2000, 45: 681 -716.

[143] Greenwood J., Hercowitz Z., Huffiman G. W., 1988, "Investment, Capacity Utilization, and The Real Business Cycle", American Economic Review 78: 402 -417.

[144] Hickman B. G., 1964, "On a New Method for Capacity Estimation", Journal of American Statistical Association, 59.

[145] Hickman B. G., 1957, "Capacity, Capacity Utilization, and the Acceleration Principle", NBER.

[146] Hornstein A., 2002, "Towards A Theory of Capacity Utilization: Shiftwork and The Workweek of Capital", Federal Reserve Bank of Richmond Economic Quarterly, 65 -86.

[147] Jean Francois Fagnart, Omar Licandro, Henri R. Sneessens, 1997, "Capacity Utilization and Market Power", Journal of Economic Dynamics and Control 22: 123 -140.

[148] Johansen L., 1968, "Production Functions and the Concept of Capacity", Collection Economie Et Math Ematique Et Econometrie.

[149] Justiniano A, Primiceri G. E., 2008, "The Time Varying Volatility of Macroeconomic Fluctuations", American Economic Review 98: 604 -641.

[150] Justiniano A., Primiceri G. E., Tambalotti A., 2010, Investment Shocks and Business Cycles [J]. Journal of Monetary Economics 57: 132 -145.

[151] Kichian M., 1999, Measuring Potential Output Within State-space Framework. Bank of Canada Working Paper 99 -9.

[152] Kim H. Y. 1999, Economic Capacity Uutilization and Its Determinants: Theory and Evidence. Review of Industrial Organization 15: 321 -339.

[153] Klein L. R., Virginia Long. 1973, Capacity Utilization: Concept, Measurement, and Recent Estimates [J]. Brookings Papers on Eco-

nomic Activity, Vol. 1973.

[154] Klein L. R. , 1960, "Some Theoretical Issues in the Measurement of Capacity", Econometrica, Vol. 28.

[155] Licandro O. , L. Puch, 1995, "Capital Utilization, Maintenance Costs and The Business Cycle, Working Paper.

[156] Lucas R. , 1970, "Capacity, Overtime, and Empirical Production Functions", American Economic Review Papers and Proceedings 60: 23 -27.

[157] Marianne Baxter, Dorsey D. Farr. , 2005, "Variable Capital Utilization and International Business Cycles", Journal of International Economics 65: 335 -347.

[158] Morin N. , Stevens J. , 2004, "Estimating Capacity Utilization from Survey Data", Working Paper 49, Federal Reserve Board, Washington, DC.

[159] Morrison, Catherine J. , 1982, "Capacity Utilization and Productivity Measurement: An Application to the U. S. Automobile Industry", in Studies in Productivity Analysis, ed. A. dogramaci, boston: kluwer nijhoff.

[160] Morrison, Catherine J. , 1985, "On the Economic Interpretation and Measurement of Optimal Capacity Utilication with Anticipatory Expectations", Review of Economic Studies 52.

[161] Nnelson R. A. , 1989, "On the Measurement of Capacity Utilization", Journal of Industrial Economics 37: 273 -286.

[162] Pindyck R. S. , 1988, "Irreversible Investment, Capacity Choice, and The Value of The Firm" . American Economic Review 78: 969 -985.

[163] Rees W. , Wackernagel M. Urban Ecological Footprints: Why Cities Cannot Be Sustainable and Why They Are A Key to Sustainability. Environmental Impact Assessment Review. 1996

[164] Roman Sustek. , 2011, Plant-level Nonconvex Output Adjustment and Aggregate Fluctions [J]. Journal of Monetary Economics, 58: 400 -414.

[165] Schultze C. L. , 1963, Uses of Capacity Measures for Short-run Eco-

nomic Analysis" [J]. American Economic Review, Papers and Proceedings 53: 293 – 308.

[166] Shaikh A. M. , Moudud J. K. , 2004, Measuring Capacity Utilization in OECD Countries: a Cointegration Method. the Levy Economics Institute Working Paper, No. 415.

[167] Shapiro, Matthew D. 1996, "Capacity Utilization and The Workweek of Capital", Brooking Papers on Economic Activity, 79 – 133.

[168] Spence a. m. , 1977, Entry, Capacity, Investment and Oligopolistic Pricing, the Bell Journal of Economics, Vol. 8, No. 2: 534 – 544.

[169] Subhash C. Ray. Nonparametric Measures of Scale Economies and Capacity Utilization: an Application on US Manufacturing. European Journal of Operational Research. 2015.

[170] Theologos Dergiades and Lefteris Tsoulfidis. A New Method for the Estimation of Capacity Utilization: Theory and Empirical Evidence from 14 eu Countries. Bulletin of Economic Research, 2007, 59: 361 – 381.

[171] Tim Coelli, Emili Grifell-tatje, Sergio Perelman. Capacity Utilisation and Profitability: A Decomposition of Short-run Profit Efficiency. International Journal of Production Economics, 2002, 79: 261 – 278.

[172] Tomoyuki Nakajima. A Business Cycle Model with Variable Capacity Utilazation and Demand Disturbances. European Economic Review 2005, 49: 1331 – 1360.

[173] Windyon G. C. , 1974. The Theory of Capital Utilization and Idleness [J]. Journal of Economic Literature (12): 1301 – 1320.

[174] World Steel Association. Indirect Trade in Steel: Definitions, Methodology and Applications, 2012.

后　记

本书是在我的博士论文基础上完善而成的，其中相当一部分内容曾经被核心期刊收录或转载。为了成体系地展示研究思想，为国家经济社会发展提供系统性政策建议，特结集出版。我在经济科学出版社王柳松编辑的协助下，对部分表述进行了调整。本书的更新与出版，受惠于教育部人文社会科学基金青年项目（18YJC910008）的资助，一并表示感谢！

在付梓之际，先要向我的父母报告好消息，在博士就读的三年中，父母每次来电都会嘱咐我好好学习、做出成就，本书出版对他们而言绝对是一个值得庆贺的好消息。还要特别感谢我的老师和友人。

在本书写作过程中，老师们投入了大量心血，很多内容都闪烁着他们的智慧光芒。区分哪部分成果源于老师、计算老师的贡献几何是徒劳的，因为他们是无私的，而我便是他们的一份教学成果。

在我博士就读期间，对我影响最大的无疑是邱东老师，三年间，我所经历的每一天背后几乎都有他的身影，受惠之深难以言表。实际上，我对邱东老师的了解是从接触他的著述开始的。初入东北财经大学图书馆闲逛的时候，见到那么多由本系教授完成的成果，让我为之震撼，骄傲与自豪之情油然而生。此后，便一本本借阅学习，长了不少见识，觉得“统计使人豁达”似乎确实颇有道理，“搭建桥梁”也是理所应当，渐渐地就像当面听作者授课一般。2011 年，在蒋萍老师的认可与鼓励下，我坚定了报考邱东老师的博士生以继续深造的决心，即便第一年未能顺利考取也未曾丝毫动摇。进入北京师范大学就读以来，便开始正式受教于邱老师，有幸记录了接触中的点点滴滴，感觉导师确有先贤风范！

邱东老师对信仰很执着，对自己的要求很高。有一次，我完成了一篇自鸣得意的稿件，署上了邱东老师的姓名，他得知后立刻郑重地说“你怎么知道我一定同意文中的观点?!”，这是我印象最深刻、再次震撼到我的一件事。邱东老师对学术极较真儿，教导学生更是一丝不苟：他一字一句地指导我修改开题报告，说一句让我记一句，他会指出某一个词语用得不恰当，说明我的认识有偏差，他会指出某一篇参考文献引用得不妥当，不具有权威性和代表性，会递给我一份最新的文献；他对我讲，不要单纯为了发表而写作论文，“只有当某个问题观点存在交锋、不能不说、不得不说的时候，你再去讲”；我去听他给别人全英文授课，他先谦虚地给我一份课件让我学习并检查里面是否有问题，然后，又对我说“没必要浪费时间来陪着我，有时间还不如去多阅读一篇文献”；他资助我去加拿大访学后，我特意带了点儿特产给他，他坚决不收，让我转赠家人，又说“给我礼品还不如多写点东西让我帮你看看（更让我高兴）呢”。当然，我导师也有过激动的时候：他看到我荒废时光、不努力，痛心疾首地对我讲“我的导师，当年70多岁高龄的时候还在孜孜不倦地做研究；我自己，快60岁了，也在认真地读文献；你年纪轻轻，不下苦功夫怎么行?!”。古人说“师者，所以传道受业解惑也”，《道德经》也讲“圣人居无为之事，行不言之教”，我的导师虽不是圣人，但肯定能算得上是一位以身作则、言传身教的“传道之师”！单这一点，我已算得上不虚此行了。

徐滇庆老师是享誉海内外的知名学者，也是邱老师的好朋友。作为邱老师请到北师大指导青年教师与研究生做科研的客座教授，徐老师提携后辈，乐于助人，深受爱戴。邱老师对徐老师也十分推崇，要求我多向徐老师求教；因为邱老师的缘故，徐老师对我格外优待、倾囊相授，甚至被同学们称为“贾帅帅的徐大爷”。这篇博士论文的选题便是徐老师与邱老师共同商定的，在邱老师海外讲学之际，徐老师担当起了对我耳提面命的角色。本书得以成型，徐老师厥功至伟。徐师母对我也是极好。在加拿大期间，曾经多次为我们提供满桌的丰盛菜肴，甚至准备了饭盒让我们打包带回宿舍慢慢享用；师母勉励说，能有机会跟随邱老师和徐老师学习，实属不易，一定要珍惜；有一天在食堂吃过饭后她突然转身对我说，“贾帅帅啊，要争气呀”，这句话应该会让我记忆良久。

每个求知的学子都似一颗种子，蒋老师令我适时地生根发芽，邱老师是为我固本培元的沃土，徐老师如雨露般滋润我成长。入学成绩中游的我，能幸运地受到蒋老师启蒙，实在是好运气；回顾一路走来的历程，拜入邱老师的门下受教，似乎是缘分使然；至于能获得徐老师的青睐，绝对算得上是缘分。能承教于三位恩师，实在是三生有幸。如有机会站上三尺讲台，一定要努力效法我的导师们，传承师道，授人以渔。

我身处的国民经济核算研究团队人才辈出，群星璀璨，院长宋旭光老师是其中的杰出代表。他精力充沛，年轻有为，已然跻身大家之列，曾因一篇论文而令蒋老师赞叹“中国国民经济核算（教育）的未来，在北京师范大学”。因为经常需要到国外开会、讲学的缘故，邱老师并不能每天都来学院坐班，他对我说“有事尽可向院长请示，跟我是一样的”，所以，宋老师也是我的学业监护人之一。宋老师育人有道，因材施教，对我既鼓励帮助，又施压催促，令我受益颇深。值得一提的是，本书曾经一度陷入困顿，经宋老师提点后才拨云见日、豁然开朗，凝聚研究主线后得以顺利推进。

陈梦根老师也是我的授课教师，他为人谦和而又很有修为。他对我期望颇高，曾经指导我对很多问题进行了有益的探索。在我的心中，觉得陈老师极其亲切，他鼓励我要积极进取、开拓创新，才对得起“帅”字，令人倍感温馨。李昕老师是徐老师的高足，学术水平高而又特别热心，深得徐老师真传。她曾经无私地分享给我很多宝贵资料，传授了很多研究技巧，徐老师的那一句“不知道的就去问李昕！”是对李老师学术水平与热情的最佳诠释。席玮老师跟亚菲老师经常和我一起去食堂吃饭，即便在路上我们也会谈论各种学术问题和趣事，她们是我的良师益友。尤其亚菲老师跟吕光明老师一起带着我做了很多科研工作，没少替邱老师教导我，在我心中，他们两位居于邱老师忠诚的追随者与听话的学生之列；依稀记得，我最初怕考不上北京师范大学的博士时，吕老师和亚菲老师都热忱地鼓励我，支持我，他们对我提高信心有着存亡续绝的大恩惠。赵楠老师经常找我谈心，我们师生二人非常投机，聊天的话题非常广泛，大至宏观经济，小到校园新闻，他为我提高个人修养树立了榜样；他所领导的国民核算研究院后勤团队也很高效，为学生们做了不少工作。东北财经大学的杨仲山老师与江西财经大学的罗良清老师也对我非常关怀，东北财经大学的张抗私老师与孙玉环老师、河北大学的金剑老师都对我的论文提出了有建设性的指导，三年间，另有几位未经允可而不便注明的专家也曾经给过我很多关键性的帮助，在此一并致谢！

父母对我的教育非常重视，他们从小就教我要忠厚待人、敬奉师长，我遵行多年，受益良多。多年来，父母付出了很多，希望自己能够尽快自立，祝福双亲能多福多寿。亚茹既是我的妹妹，也算是我的“姐姐”，善待她便等于是孝敬父母；她是我最坚定的支持者和最温馨的亲友团，是我极为珍视的瑰宝。希望她能继续谦和恭敬，善待生活，愿她能够拥有美满的姻缘和幸福的家庭。

我的朋友圈非常强大，武鹏、魏巍、瞿思典、杨修、陈世金、王智强、刘盛宇都是我的室友，胡雪梅、牛华、刘浩、杜立新都是我的同学，彭刚、尹德才、余俊彪等都是我的好兄弟，王岩、杨冬、王勇、张钊铭等都是我的密友，是他们陪我走过了博士三年的学习时光。

成长于孔孟之乡、礼仪之邦，受教于金牌团队、梦幻组合，上天待我不薄！最后，要代表所有家庭成员对我的母亲表示感谢，感谢母亲的默默付出；代表邱老师与团队对徐老师表示感谢，感谢徐老师的无私帮助！

从论文选题到定稿的漫长时间里，我几乎每天都在思考如何写作论文，如何完善论文，如何发表论文；作息时间紊乱使我长期失眠，必得凌晨一两点钟才能入睡。躺在床上等待入睡的时光是难熬的，我总是天马行空地想到很多事情，除了论文写作的细节外，我曾经反复琢磨论文的后记该如何撰写：一个个熟悉的身影、一桩桩难忘的故事，一遍遍地在我的脑海中闪过。这篇经过无数不眠之夜浸润的腹稿，句句含情，字字入心，实则是从我的心底里挖出来的——或许它原本便是我的一瓣心。感恩我所获得的一切，我很知足。希望在今后的生活中，我能够多一些成熟，留一丝纯真，做一个有益于社会的人。为了纪念曾经受过的恩惠、保存曾经的记忆，特将原博士论文致谢部分修改后作为本书的后记。

贾帅帅

2020 年 3 月